生活·讀書·新知 三联书店

图说

5000 YEARS OF
ROYALTY

古今帝王

KINGS, QUEENS, PRINCES, EMPERORS & TSARS

［美］托马斯·克劳威尔 著　卢欣渝 译

图书在版编目（CIP）数据

图说古今帝王 /（美）托马斯·克劳威尔著；卢欣渝译. —北京：
生活·读书·新知三联书店，2018.6
ISBN 978 – 7 – 108 – 05771 – 6

Ⅰ.①图…　Ⅱ.①托…　②卢…　Ⅲ.①帝王 – 生平事迹 – 世界 – 通俗读物
Ⅳ.① K817-49

中国版本图书馆 CIP 数据核字（2016）第 184015 号

特邀顾问　暴永宁
特邀编辑　张艳华　徐　进
责任编辑　徐国强
装帧设计　康　健
责任校对　张国荣
责任印制　徐　方
出版发行　生活·讀書·新知 三联书店
　　　　　（北京市东城区美术馆东街 22 号　100010）
网　　址　www.sdxjpc.com
图　字　01-2016-8954
经　销　新华书店
印　刷　北京图文天地制版印刷有限公司
版　次　2018 年 6 月北京第 1 版
　　　　　2018 年 6 月北京第 1 次印刷
开　本　720 毫米 × 1020 毫米　1/16　印张 31.25
字　数　200 千字　图 280 幅
印　数　00,001 – 10,000 册
定　价　118.00 元
（印装查询：01064002715；邮购查询：01084010542）

前　言

　　君主政体几乎毫无例外地存在于地球这一行星的每一个有人的地方，其存在的区别仅仅是时间上或早或晚而已。人类历史的大部分时间是在建立这样一种秩序：皇室成员理所当然地位于宝塔顶端，而其余所有人服从他们，为他们做工，更为常见的是，为他们打仗，为他们战死。与之相应，人们期待着君王能给子民带来安全和富足。

　　君主政体的诱惑甚大，远古时期，由于没有君王，以色列的国力弱于邻国，以色列人竟然因此怨声载道！

　　更为明理的人们同样渴望拥有国王！19世纪，希腊人终于战胜了奥斯曼土耳其人，赢得了独立，但他们却没有借鉴二千三百年前雅典人享受的民主政体；意大利终于统一成了单一的国家，它也没有恢复罗马共和体制，这两个国家均反其道而行之，建立了君主政体！

　　对于喜欢在书海里猎奇的人们来说，国王、女王、王后及以其他种种头衔出现的君王，他们的日常生活总能勾起强烈的阅读兴趣，例如权位之争、豪侠义举、深宫迷情、皇室冤案、刀光剑影，等等。君主们深知，嗣承王位易如反掌——而令他们寝食难安的是，如何才能守住嗣承的王位。所有皇室成员也都知道，对维护皇权来说，牢狱以及刽子手用于砍头的砧板很实用。不过，为赢得庶民的忠诚，他们也会寻求各种更为复杂的办法。在埃及和日本，皇室成员自称是天神的后裔，因而不可冒犯。英格兰斯图亚特王朝的君王甚至创造性地提出了"君权神授论"，即授予他们王权者为上帝，故也只有上帝才能收回。

由于所有宫廷故事都充斥着阴谋、战乱、篡权，致使君王们对人类文明非同凡响的众多贡献，世人往往视而不见。诸如在埃及和中美洲，他们构筑了许多金字塔，在罗马修建了圆形斗兽场，在巴黎郊外修建了凡尔赛宫，在北京修建了紫禁城，凡此种种。君王们还成就了大音乐家海顿和莫扎特，大科学家兼画家达·芬奇，文学泰斗乔叟和莎士比亚，等等。

在当今社会，娱乐明星成了新生权贵，不过，每当真正的皇室成员出场，娱乐明星便黯然失色，例如20世纪90年代，有关戴安娜王妃的一切都成了重磅新闻。她亡故后，全世界竟有20亿人通过电视观看她的葬礼！唯有真正的王妃才可能吸引如此多的观众。

目 录

前2700

吉尔伽美什

前1378

埃赫那吞

前991

所罗门

前432

狄奥尼修斯一世

540 B.C.

前259

秦始皇

前100

尤利乌斯·凯撒

483

查士丁尼一世

688

查理·马特

742

查理曼大帝

849

阿尔弗雷德大帝

1005

麦克白

1137

萨拉丁

1157

1308

1162

成吉思汗

1214

路易九世

1394

航海家亨利

1459

马克西米利安一世

1466

蒙特祖马

1530

伊凡四世

1542

苏格兰女王
玛丽一世

1638

路易十四

1769

1672　
彼得大帝

1738　
乔治三世

1819　
维多利亚

1822　
塔华欧

1835

慈禧

1885

费萨尔一世

1901

裕仁

1926

伊丽莎白二世

1845

路德维希二世

1895

乔治六世

1924

阿卜杜拉

1926

贾比尔三世

1926

图说

5,000 YEARS OF

ROYALTY

古今帝王

KINGS, QUEENS, PRINCES, EMPERORS & TSARS

乌鲁克国王吉尔伽美什

（约前 2700 年）

  前往远古时期乌鲁克国所在地参访的人们可以看到一大片错综复杂的城垛遗迹，它曾经围绕古城周边绵延9公里——这些都是吉尔伽美什（Gilgamesh）国王的杰作，他最大的抱负是让人们记住他，他的确做到了。毫无疑问的是，撰写美索不达米亚诸王历史的作家们在他的传记里对他赞誉有加，称其为某国王和某女神的嗣子。依照《吉尔伽美什史诗》的说法，这孩子的长相随母亲的族裔，三分之二血脉来自某神，仅有三分之一血脉来自凡俗之人，而《吉尔伽美什史诗》赞颂了吉尔伽美什传奇的一生，人们赞其为世界上第一部史诗。

  《吉尔伽美什史诗》的主题为：追求名誉永续，探索生与死的意义。在该史诗里，天地之间仅有一层薄纱相隔，男女诸神与人类的交际犹如水乳交融。例如，吉尔伽美什与伊师塔——司性爱和战争之女神——某次相遇之际，后者直截了当地提出让前者做她丈夫！然而，不知什么理由，吉尔伽美什断然拒绝了这位女神！凡俗之人竟敢如此抗命，这惹恼了伊师塔，她派遣天庭的公牛攻击吉尔伽美什。不过，在最要好的朋友恩奇都的帮助下，吉尔伽美什杀死了公牛。令人扼腕的是，这场恶斗严重削弱了恩奇都的体力，使其病倒，随后故去。

  至亲好友的亡故让吉尔伽美什悲痛欲绝，几近发疯，致使其放弃了对名誉的追逐，为寻找"存在"的意义，他开始云游四方。在云游途中，他遇见一位长者，长者对他讲述了大洪水的故事（或许这正是《圣经·创世记》中大洪水和挪亚方舟情节的出处）。长者还给国王上了重要的一课：人的命运是预先设定的，凡抗命者，终身得不到享乐。

2

浮雕像，吉尔伽美什位于两个托举着有翼太阳盘的"牛人"之间

阿卡德国王萨尔贡大帝

（约前 2316—前 2261）

世界上第一个帝国的创建者是萨尔贡（Sargon）。刚出道时，萨尔贡只是个出身卑微的人，他父亲是园丁，母亲是祭司，尚为孩童的他已经开始工作了，成了基什国乌尔扎巴巴国王的托盘侍者。当地一位武士征讨基什国，为萨尔贡创造了机会，此时，他已经成长为胸怀壮志的青年。在随后的战乱中，萨尔贡来到位于河湾的城市阿卡德，这里成了他的根据地。在一批勇于冒险又深谙如何从动乱中获利的人的辅佐下，萨尔贡拼出了自己的国土：从波斯湾一直绵延到叙利亚北部。

萨尔贡大帝的成功源自他天生的作战禀赋。当时大多数军人携带笨重的武器奔赴战场，身穿笨重的盔甲，排着密集的队形。萨尔贡大帝的战士们却轻装上阵，人手一把长剑和一把匕首，因而可以向行动迟缓的敌军发起类似于闪电般的冲击，遂即分散开，再重新集结，赶在敌人重整旗鼓和恢复队形前发起第二轮攻击。

萨尔贡大帝的进攻方式令人印象深刻，但他的主要功绩是将弓箭手引入战场。徒手搏斗的结果无法预测，且人员损失惨重，弓箭手却可以避开惨重的自身战损，大量歼灭敌人。

萨尔贡王朝有一批来自他征服的国土的官员，均为原来的统治精英。他视这些人为顾问，不过，人人都清楚，这些人同时也是人质——一旦当地有人谋反，这些"谋士"注定会被处死。

随着征战结束和平到来，萨尔贡大帝在整个帝国疆域内拓展了商业领域，统一了度量衡，还派兵把守道路，路人的安全因而得到了保障。

虽然萨尔贡大帝出身平民，从社会底层登顶，坐上了王位，但他为人处世却从不民主。坐稳江山后，他成了个独断专行的君王，绝不与任何人分享权力。

阿卡德国王萨尔贡侧面铜像

巴比伦国王汉谟拉比

（约前 1795—前 1750）

1901年，在远古时期的波斯城市苏萨遗址考古期间，几位考古学家发掘出一块近2.25米长的黑色石碑，圆柱体顶端为一幅刻像，内容为一位国王站在巴比伦城太阳神沙玛什面前，刻像下部的石头表面布满了铭文，这就是《汉谟拉比法典》，即由某位国王为自己的臣民制定的一套完整的法律。据信，此为世界上已知的第一部法典。它曾经矗立在巴比伦城，每一位路人都可以随意接近并阅读这部法典。汉谟拉比（Hammurabi）过世以后，它被运到了苏萨城，并长久地放置在了那里，因为，外来者征服了巴比伦，将这块巨大的石碑当作战利品搬到了苏萨城。

《汉谟拉比法典》推崇秉持公正、深挖动机、注重证据的思想。实际上，自那时以来，西方世界每一条法律的形成，均可说基于法典中的这几条理念。例如，依据《汉谟拉比法典》，若未能在偷盗者身上或家里找到赃物，便不足以确认其为盗窃犯。另外，防卫杀人或意外杀人不能定性为谋杀，因而不足以判处死刑。然而，因过失致人死亡另当别论，例如医生因误诊致人死亡，会被处以剁掉双手的刑罚。

可以说，该法典"有据可查"的律令有282条，但实际上，该法典涵盖了日常生活的各个方面，从离婚和子女监护、误伤奴隶的赔偿，到违反合同以次充好的罚款，可以说是面面俱到。

汉谟拉比国王将巴比伦从城市国家拓展国土面积覆盖了整个美索不达米亚（包括现如今的伊拉克全境，以及土耳其、叙利亚、伊朗三国的部分领土）的帝国。在战乱多发的年代，允许帝国的每个族群对法律和秩序保留自己的看法，不失为一剂良方，对汉谟拉比国王而言，最为重要的是制定一套法律，让其适合帝国的每一位成员。

对美国有影响的立法大师共计23位，美国国会大厦众议院大厅里有他们的雕像。作为对立法者汉谟拉比成就的认可，美国国会将他的雕像列在其中。至于前述的黑色石碑，如今它立在巴黎卢浮宫里，向世人展出。

祈祷中的巴比伦国王汉谟拉比

埃及女王哈特谢普苏特

（约前 1504—前 1458）

　　哈特谢普苏特（Hatshepsut）并非第一个凭借自身实力统治埃及的女性，然而她聪颖过人，她意识到，如果坐在王位上的人是个男性，人们会更加心安理得，这些人包括朝臣、军人、祭司，或许还包括埃及老百姓。因而她沿用了几位前法老的传统称谓"上下埃及国王"，并不时佩戴法老的标志物：假胡须。太阳神阿蒙神庙的祭司们给予她坚定有力的支持，他们甚至四处散布一种说法：实际上，哈特谢普苏特是诸神之王的女儿。

　　哈特谢普苏特女王在位21年，其间，埃及享受了持久的和平。在位初期的哈特谢普苏特女王曾经在非洲东北的努比亚以及叙利亚，还有如今的黎巴嫩成功地打了几场速决战。不过，她更属意于的是，通过贸易让国家变得富足。她开辟了连接亚洲、爱琴群岛、东非蓬特地区的贸易通道，黄金、乳香、没药、象牙、乌木、奴隶，以及狒狒等珍禽异兽大量涌入埃及，在埃及以及东地中海地区形成了交易奢侈品的大型集市。借助哈特谢普苏特女王的经济政策，埃及在随后数十年里富足得令人难以置信（她的继任者图坦卡蒙国王的财富即是明证）。

　　与之前的所有法老一样，为使自己当政时期的辉煌成就得以记载，哈特谢普苏特女王与最宠幸的建筑师艾纳尼和赛尼马特建造了许多巨型建筑。她启动了一项规模宏大的工程，其规模远超自修建金字塔以来任何一位前任法老的建筑工程。她的杰作是由赛尼马特设计的位于帝王谷入口的哈特谢普苏特神庙。这是个利用巨型峭壁分级开凿的跃层平台，其登峰造极的成就在于它"超越神圣之巅"，或称"超越庄严之巅"，即那绝无仅有的对称而庄重高雅的柱廊。在帕特农神殿出现以前，世界上从未再出现过类似的建筑。

　　数十年来，考古学家们一直在寻找哈特谢普苏特女王的木乃伊，但始终一无所获。2007年，埃及最高文物委员会秘书长、著名考古学家札希·哈瓦斯宣布，他们终于找到了因未作标识而被人遗忘的哈特谢普苏特女王的木乃伊——发现地点是在开罗的埃及博物馆。

埃及国王阿蒙霍特普三世

（约前 1416—前 1353）

阿蒙霍特普三世（Amenhotep Ⅲ）继承法老王位时年仅 12 岁，当时的埃及处于鼎盛时期，他统治的帝国从如今的伊拉克延伸到苏丹。

阿蒙霍特普三世尚未成年时，母亲穆坦维娅王后一直扮演着摄政王的角色，但成年后的阿蒙霍特普三世牢牢地掌握了权力，并且进行了一些有意思的改革，他是世界上第一位定期发布新闻简报的国王。简报刻在圣甲虫形状的石板上，内容包括国王工程的进度，国王新近娶的妻子，甚至包括国王近期外出打猎期间捕获了什么动物。信使们将这些简报送往其他国家的王宫，送交给帝国境内各行省以及重要城市的总督们。

阿蒙霍特普三世国王有三个妻子，其中最爱并最尊重的是提伊。提伊是双轮战车驭者的女儿，阿蒙霍特普三世国王并不在乎她的出身，提伊自信、聪慧、可爱，两人的婚姻看起来美满如意，阿蒙霍特普三世国王称颂提伊为"伟大的王妻"。后来，提伊成了阿蒙霍特普三世国王的政治伙伴，经常为埃及政府官员以及邻国的国王、王公提供咨询、排忧解难。

由于帝国在非洲东北的努比亚开采金矿，阿蒙霍特普三世国王在位期间的埃及非常富有。除了国家自身拥有的财富，帝国各处还源源不断地呈来贡品，法老的库府从未如此充盈。阿蒙霍特普三世国王以典型的法老风格展示财富——启动宏伟的建筑工程，在底比斯建造了一座规模宏大的宫殿，还命令施工大军开挖了一处巨大的港湾，构建运河系统，将宫殿与尼罗河联结在一起。他还修建了埃及有史以来最大的陵庙，实际上，他修建了两座比邻而立的陵庙——一座为他自己，另一座为提伊。可惜他选定的陵址过于靠近尼罗河，时间流逝尚不足二百年，两座陵庙就被洪水摧毁殆尽。

阿蒙霍特普三世国王还因为一件事名扬天下：大约有 250 尊他的塑像幸存下来，他是留存塑像最多的埃及国王。

埃及国王埃赫那吞和王后纳芙蒂蒂

（约前 1378—前 1336，约前 1370—前 1330）

阿蒙霍特普三世的儿子登基时的名字是阿蒙霍特普四世。一如当年的父亲，新法老也有一位美丽、勤奋、聪慧的妻子，名叫纳芙蒂蒂（Nefertiti）。他把妻子当作"共同掌权者"看待，甚至还允许艺术家们塑造纳芙蒂蒂杀戮埃及之敌的形象，此类做法以前只能用于表现法老。

这一对王室夫妻为埃及带来了戏剧性的变化。首先，他们号召艺术家们放弃高雅而过分理想化的模式来塑造王室人物，从此以后，埃及的艺术家采用了写实主义方式来描绘法老和王后的真实长相。就阿蒙霍特普四世而言，他的长相实在难以恭维：一张大长脸，细胳膊细腿，腹部前突，臀部又宽又厚！至于纳芙蒂蒂，她的确美艳惊人。1912 年，德国考古学家路德维希·博尔夏特在"泰勒阿马尔奈"的一处废墟里发现了一尊华丽的纳芙蒂蒂半身像。这一发现证实，纳芙蒂蒂的名字在埃及文里的意思是，"终于来了个美丽的女子"，这的确名符其实。

公元前 1348 年，也许是这一年前后，阿蒙霍特普四世做出了一项令人震惊的决定：他关闭了埃及的所有庙宇，只允许子民拜太阳神阿吞，不许拜其他任何神祇。尽管他允许子民们暗地里供奉埃及诸神，但明面上，他强迫人们必须像他那样，只供奉一位神，即太阳神阿吞。为纪念这一天翻地覆的变化，阿蒙霍特普四世法老将自己的名字改为"埃赫那吞"，意即"阿吞精神光芒四射"。在远古时期的人类世界，此前还没有哪个国家有胆量将多神崇拜改为一神崇拜！

接着，埃赫那吞又做出了一个与埃及的过去决绝的举动：在旧都底比斯以北 350 公里建立新都，取名"泰勒阿马尔奈"。待到新都宜居之时，埃赫那吞法老下令底比斯的所有人——一共两万人——收拾家具细软，一律搬迁至新都。

埃赫那吞刚刚过世，他苦心营造的一切转瞬间就分崩离析了。他的朝臣们放弃了新都，祭司们拆除了各个地方的阿吞神庙，复兴了旧时的祭祀对象，艺术家们也重新回归到以理想化的方式形塑法老造型。至于埃赫那吞本人，长达数个世纪的时间里后人故意将他的名字从埃及国王的名录里隐去。直到 19 世纪末，人们才重新发现这位失踪已久的法老。

埃赫那吞和纳芙蒂蒂小雕像，出土于泰勒阿马尔奈，
此图片源自《新王国，阿玛尔纳时期，前 1353—前 1337》

赫梯国王穆瓦塔立斯

（约前 1320—前 1272）

赫梯王朝统治的地域包括如今的土耳其东部到黎巴嫩。赫梯人期盼着把疆域再往南拓展到更远的地方，而埃及人总是渴望将他们的帝国向北扩张，这就埋下了冲突的种子。同一时期，两位富于进取心的国王分别统治两个国家时，激烈的冲突终于爆发了。

穆瓦塔立斯（Muwatallis）登基不久，平定了帝国疆域内诸侯纷争，与特洛伊国签订了一个共同防御协议，因而确立了自己的统治地位。由于占领了爱琴海沿岸一片狭长地带，又不想被敌对的邻国掠去，赫梯人与特洛伊国达成的协议尤显重要。既然与爱琴海沿岸亚洲一侧最强大的王国特洛伊结成了盟友，赫梯人认为，在爱琴海的沿岸领土如今有了保障。然而，埃及始终是个悬而未决的麻烦。

在好战的法老当中，拉美西斯二世是否称得上最伟大的法老，至今尚存争议，但他想得到叙利亚却是不争的事实。穆瓦塔立斯国王则决意让他的想法落空。两国决战在位于奥伦提斯河畔高墙环绕的叙利亚城市卡叠什，拉美西斯二世率领的大军约有4.1万人，一路向北行进了1700公里，穆瓦塔立斯国王率领超过4.7万人的大军迎战。除了人数占优势，穆瓦塔立斯国王还有个秘密武器：他的军事工程师们发明了一种新型的、体积更大的两轮战车，乘员为三人，而非两人。拉美西斯二世大军使用的传统两轮战车乘员为两人，一个驭马，另一个杀敌。在穆瓦塔立斯国王麾下的每辆战车除了车夫还配有两名战士，因而他每辆车的战斗力超过对方一倍。

两个超级强国之间的冲突爆发于公元前1274年5月12日，两位国王的军队均遭到了重创，而哪一方都没有取得决定性胜利。末了，拉美西斯二世重新集结了手下人，退回了埃及，将卡叠什城和叙利亚留给了赫梯人。历史学家认为，在卡叠什之战中双方战平。不过，穆瓦塔立斯国王的看法却是：既然埃及人撤退了，他就是胜利者。

弗里兹壁画：穆瓦塔立斯的宿敌拉美西斯二世乘两轮战车征战于卡叠什战场

埃及国王拉美西斯二世大帝

（约前 1303—前 1213）

　　拉美西斯二世大帝（Ramses Ⅱ The Great）曾娶了八个妻子，拥有众多妃子；而临近生命终点的他夸下海口：自己是八十多个儿子和六十多个女儿的父亲。这种可能性的确存在。这位国王活过了九十岁，这是个令人惊异的成就！在他那个年代，多数成年人认为，若能活到四十岁生日那天，便已经是万幸了。

　　1956 年，塞西尔·布·德米尔执导的史诗电影《十诫》上映，由此引发了一种广为流行的误解，即拒绝希伯来奴隶离开埃及的法老正是拉美西斯二世大帝，埃及因他而受到上帝"十灾"的惩戒。然而拉美西斯二世大帝当政时期的史实与《圣经·出埃及记》里记载的灾难风马牛不相及。

　　在他漫长的生命旅途中，拉美西斯二世大帝留存的业绩，远胜于单纯地作为率领足以组成一队军兵的孩子之父亲。他开建的工程都是埃及最雄心勃勃的工程。与他留下的建筑相比，所有前任建造的陵墓和陵庙从各个方面看都显得小家子气。正是他建造了两座阿布辛贝勒神庙，以及拉美西斯二世巨石像（石像没有完工，不过，石像残骸高度也已接近 11 米）。最值得一提的是，他所建造的拉美西姆神庙极为壮观，为建成这一建筑，无数艺术家和建筑工人被他编入建筑大军，仅工时就耗费了 20 年！

　　在那样的年代，人们都期盼自己的国王是个威猛的、无往不胜的斗士，拉美西斯二世大帝却冲破了传统，签署了世界上第一个和平协议。他与赫梯人的战争经过多年打打停停、停停打打（高潮为卡叠什之战，双方在血拼中形成了僵局），最后，拉美西斯二世大帝与赫梯国王达成了协议，双方不仅承诺结束敌对状态，进而还承诺，若遭受第三方入侵，双方将互为援手。这份协议的文本留存了下来，其中包括拉美西斯二世大帝对赫梯国王的承诺："对我而言，他是个与我和平相处的兄弟；对他而言，我是个与他永世和平相处的兄弟。"

　　虽然盗墓贼洗劫过拉美西斯二世大帝的陵墓，但他那制作精良的木乃伊却仍旧留存了下来。他有一副坚毅的下巴，鹰钩鼻、红头发，身高 1.70 米，稍低于古埃及人当时的平均身高。

特洛伊国王普里阿摩斯

（约殁于前 1250 年）

　　海因里希·施利曼是 19 世纪最有个性的考古人之一。他是德国企业家、业余考古学家，还是史诗《伊利亚特》的狂热信奉者。他执意要通过考古发掘来证实荷马所描述的"特洛伊战争"确有其事。他真的找到了特洛伊遗迹，还找到了窖藏的黄金饰物。不过，他所说的普里阿摩斯（Priam）国王的宝物，却是他一厢情愿的想象。

　　后来，20 世纪 80 年代，发生了一件出乎人们意料的事：一些考古学家发现了公元前 13 世纪的三封信和一份协议书，其中提到的一些人物和地点，人们听起来耳熟！最开始的文件讨论的是某个名叫皮亚马拉杜（Piyama-Radu）的诸侯或叛军领袖在维鲁萨城（Wilusa）周边地区制造麻烦；后来的文件提到，维鲁萨国王亚拉克山杜（Alaksandu）与赫梯人签署了一份协议，协议中涉及亚拉克山杜祈求阿帕琉纳斯（Apaliunas）神保佑的内容。

　　学者们据此认为，皮亚马拉杜极有可能是普里阿摩斯国王的原型；而亚拉克山杜则演变为普里阿摩斯国王的儿子亚历山大（他的昵称帕里斯更加广为人知）；维鲁萨城实为伊利奥城（Ilios），希腊人将其命名为特洛伊；阿帕琉纳斯就是阿波罗，即在特洛伊人抗击希腊人的十年战争中偏向保佑特洛伊人的神祇。换句话说，这些赫梯人的文件揭示，在史诗《伊利亚特》里，至少有两个主要人物是有历史依据的。

　　希腊神话里的普里阿摩斯国王是个英雄人物，他依靠自身力量，在今天的土耳其西部创建了一个伟大的王国。据传，他是五十个儿子的父亲，包括特洛伊战争中最伟大的斗士赫克托尔和亚历山大——即帕里斯，正是由于帕里斯对希腊国王墨涅拉俄斯的妻子海伦的爱情，才引发了特洛伊战争。

　　特洛伊战争爆发之际，普里阿摩斯国王年纪老迈，无法参战，他亲眼看着自己精心养育的杰出的儿子们在战斗中一个接一个倒下，悲痛欲绝。阿喀琉斯杀死赫克托尔，这让普里阿摩斯国王的悲痛达到了顶点。老国王祈求阿喀琉斯允许他将儿子的遗体带回家厚葬。这一情节是《伊利亚特》中几个最感人的段落之一。

　　根据荷马的描述，在希腊人夺取特洛伊城之际，普里阿摩斯国王逃往一个祭坛避难，不过，阿喀琉斯的儿子涅俄普托勒摩斯违反避难法，将老人从祭坛里拖了出来，还割断了他的喉咙。

皮埃尔·纳西斯·盖兰所绘的《普里阿摩斯之死》

以色列国王扫罗

（约前1067—前1007）

　　大约公元前1400年至公元前1050年，以色列人生活在审判官的统治下，由他们仲裁纠纷，强制推行"摩西律法"。以色列周边所有邻国都有国王，因而以色列民也提出想要有个国王，还因此怨声载道，而以色列的先知、审判官、祭司却提醒人们，上帝才是他们的国王。《旧约》称以色列的百姓由"硬着颈项的百姓"所构成，对于这样的民族而言，没有国王，国民就无法得到心理的满足。

　　最后，经上帝授权，希伯来先知撒母耳给了以色列人一个国王。选出来统治子民的那个人身高远远超过其他竞争者，《圣经》这样描述他："身体比众民高过一头。"（《撒母耳记上》9：2）此人的名字为扫罗（Saul）。

　　扫罗面临的最大挑战是如何保卫自己的小王国，如何抵御侵略性十足的邻国，诸如非利士人、亚扪人、亚玛力人组成的国家。不过，扫罗没有充分的自主权——他必须执行上帝通过撒母耳传达的指令。出于自负，扫罗开始擅自行动，上帝明确指示他灭除亚玛力人和他们的国王，以及他们的家畜，扫罗却近乎明目张胆地违背了上帝的指令。不仅如此，扫罗还放了对方国王一条生路，仅仅围捕了所有质量上乘的牛和羊。扫罗王朝覆灭的端倪即始于此。"你既厌弃耶和华的命令，"撒母耳对扫罗说，"耶和华也厌弃你做王。"（《撒母耳记上》15：23）

　　扫罗变得郁郁寡欢。为抚慰情绪恶劣的国王，扫罗的几位家人邀请了一个名叫大卫的牧羊娃来到扫罗家里，为扫罗弹琴歌唱。通常情况下，音乐的确能给国王带来慰藉，但是这一次，国王无端横生暴怒，抄起一柄长矛，向大卫抢掷过去，差点伤及大卫。

　　公元前1011年，撒母耳去世，从那往后，扫罗比以前更加失落。在一场重大战斗的前夜，扫罗违背了一条重要的希伯来戒律，他找来一个巫师，为撒母耳招魂。先知现身了，由于扫罗打扰了先知的安息，犯了如此深重的罪孽，先知非常生气。接着，撒母耳预言扫罗会战败，其所有儿子将遭到杀戮。撒母耳最后一个预言一语成谶，非利士人在基利波山击溃了以色列人，杀死了扫罗王的所有儿子，扫罗王自己也伤势严重，他担心会成为非利士人的俘虏，就让拿他兵器的人刺他，但那人惧怕，不肯刺，结果他自己伏在刀上，结束了自己的生命。

扫罗画像，意大利威尼斯安康圣母教堂画作的局部

以色列国王大卫

（约前 1037—前 970）

    继扫罗王之后，希伯来先知撒母耳奉上帝之命立大卫（David）继任以色列国王。当时大卫只是个放羊娃，在八个兄弟中，他排行老末。为避免这个消息惊动扫罗王，遭他报复，所有知情者对此守口如瓶。

    放羊娃大卫最著名的故事是他与非利士巨人歌利亚对决的故事。歌利亚身高3米，手执巨型武器。歌利亚每天在以色列人阵前叫骂挑衅，让对方派个最能打仗的人与他"单练"，可是，以色列方没有一个人敢应战。然而，大卫说，他愿意出战。大卫走向战场时，随身仅仅携带了牧羊铲和五块圆石，他手疾眼快，把一块石头放在牧羊铲上，将其抛向歌利亚。石头嵌入巨人的前额，致使其脸朝下倒地身亡，为保险起见，大卫割下了歌利亚的头颅。

    大卫成为国王数年后，他偷窥了一位出浴的美女，她名叫拔示巴。尽管拔示巴已婚，大卫王还是想出了一个解决方案：他把女子的丈夫乌利亚派到了战争最前线。正如大卫王所料的，那男人战死了，大卫王名正言顺地迎娶了拔示巴。

    按照当时的风俗，大卫王拥有众多妻子和孩子。他是个受人爱戴的国王，虽然如此，他却不是个称职的父亲，因为他始终管教不了他的孩子。由于大卫王从未宣布由哪个王子继承王位，他的众多儿子长大以后个个骄横、自负、不安分。事实上，大卫王早已决定将自己和拔示巴所生的儿子所罗门立为王储，不过，他从未向家人披露这一决定。大卫王另外两个儿子押沙龙和亚多尼雅曾经率领叛军谋反，两人都差一点将父亲从王位拉下马，两次都是忠心耿耿的将领们将大卫王从叛军手里救出。

    古老的传说中有一种说法：《圣经》里有150首赞美诗出自大卫王的手笔。的确存在这种可能性，或者说，他极有可能创作了其中一部分赞美诗，包括一首牧羊诗，这首诗显然是一位牧养羊群多年的牧人之作，例如赞美诗第二十三首里有这样的诗句："耶和华是我的牧者，我必不至缺乏。"

老年时期的大卫王

David

以色列国王所罗门

（约前 991—前 831）

所罗门王朝最辉煌的成就是其所建造的耶路撒冷圣殿。自《圣经·出埃及记》中描述的事情发生后的数个世纪以来，以色列最神圣的宝物"约柜"（其内部珍藏着刻有"十诫"的石版原物以及其他遗物）一直存放在一个亭子里。从本质上说，存放上帝遗物的地方是座帐幕——一座非常华丽的帐幕，然而，再怎么着，它不过是座帐幕。大卫王曾经希望修建一座殿宇，可是，上帝制止了他。上帝说："你不可为我的名建造殿宇，因你是战士，流了人的血。"（《圣经·历代志上》28：3）无论如何，由于期待着也许有朝一日上帝会允许某个以色列王为他建造适宜的殿宇，大卫王囤积了黄金、白银、青铜、蚕丝、杉木，以及其他宝贵的材料。建造殿宇的国王正是所罗门，而他所建造的殿宇，是以色列人见过的最富丽堂皇的建筑。

所罗门王登基不久便请求上帝赐予他智慧，上帝真的应允了他，并在赐予他智慧的同时，还给了他巨额的财富、巨大的权力，以及从如今的伊拉克南部延伸到红海岸边的领域。示巴女王到访以色列，为所罗门王的辉煌业绩锦上添花，女王的帝国包括如今的埃塞俄比亚、索马里、厄立特里亚和也门。古代有个传说：所罗门王和示巴女王有过风流韵事，女王回国后生了个儿子，即曼涅里克一世，埃塞俄比亚人将其视为王国的奠基者，其血脉一直延续到1975年海尔·塞拉西皇帝辞世。

进入暮年的所罗门王丧失了理智。他迎娶了上百位外国公主，而她们个个都是异教徒。为了诸多年轻漂亮妻子的幸福，所罗门王为她们各自的神祇修建了祭坛和神龛，甚至还亲自祭拜那些神。似乎这么做对自己的臣民们刺激得还不够，所罗门王继续进行着规模宏大的建筑项目，这迫使他提高了税赋，甚至强迫以色列的男人们在建筑工地上劳作。所罗门王朝后期，社会矛盾开始积聚，终于在他当政的最后一年，以色列王国覆灭。

犹大国王亚哈和王后耶洗别

（约前 897—前 850，约殁于前 845 年）

亚哈（Ahah）和耶洗别（Jezebel）是古代世界最臭名昭著的王室配偶之一，在他们之前和之后，极少有哪个王朝让自己的臣民如此不堪。

亚哈是所罗门王的六世孙。耶洗别是腓尼基公主。公元前9世纪，许多腓尼基人是地中海沿岸地区的巨商。由于迎娶了耶洗别，一夜之间，亚哈的王国获得了通向世界市场的渠道。犹大王国变得非常富有，亚哈国王拥有的财富令人瞠目结舌，富得流油的他为自己建造了一座用象牙片堆砌的宫殿。

耶洗别给犹大王国带来的不只是财富，还有腓尼基人信奉的神祇：一个是巴力神，专司雨水、雷电、庄稼、丰饶之神；另一个是阿施塔特神，专司繁衍和性爱之女神。按当时的普遍习俗，国王的配偶可以继续祭拜从前在娘家供奉的诸神，不过，这种做法在以色列却为律法所不容。虽然亚哈国王和耶洗别知道这么做与律法相抵触，可他们仍置律法于不顾。

亚哈国王投耶洗别所好，建造了许多供奉巴力神和阿施塔特神的神庙，建庙的位置占据了以色列人认为神圣不可侵犯的、预留给上帝的地块。不久后，耶洗别开始更加为所欲为，她根本不把丈夫放在眼里——她强迫以色列的大人物在她的神殿里祭拜，且公开宣称，她与以色列人的上帝不共戴天，她还杀害了十几位希伯来先知，甚至以莫须有的"亵渎神明"罪名，用乱石将一个可怜的农夫拿伯砸死，使亚哈国王得以抢占此人的葡萄园。对所有这类暴行，亚哈国王都不闻不问。对此，《圣经》描述说："他所行的惹耶和华以色列神的怒气，比他以前的以色列诸王更甚。"（《圣经·列王记上》16：33）

亚哈国王登基后大约十九年，发动了针对亚述人的战争，结果在约旦河沿岸的一场战斗中战死。至于耶洗别，她比亚哈国王多活了几年。其间，她把她的孩子全都培养成了邪恶的小异教徒，并且继续凌辱希伯来臣民。耶户是王室成员之一，对于耶洗别的恶行他实在是忍无可忍，最终说服女王的太监将其杀死。几个奴隶将耶洗别从宫殿的一个窗口抛了出去。女王的尸体被摔得稀巴烂，没有人愿意为她收尸并埋葬——留在人行道上的尸体最终成了流浪狗的口中餐。

拿伯不愿出售葡萄园，亚哈因此心烦意乱

巴比伦国王尼布甲尼撒二世

（约前 630—前 562）

古巴比伦城坐落在当今伊拉克境内，在如今的巴格达以南95公里处。公元前7世纪的巴比伦王国是个新兴的强国，国王尼布甲尼撒二世（Nebuchadnezzar II）试图将王国的版图扩大到叙利亚和犹大王国，如果运气好，可希望扩大到埃及。

公元前605年，尼布甲尼撒二世率领奏凯的远征军杀向埃及。出乎意料的是，却在小小的犹大王国面前遇到了未曾想见的麻烦。一开始，犹大王国在巴比伦人的进攻面前很快败了阵，国王约雅敬发誓向尼布甲尼撒二世称臣。然而，不久后，约雅敬即开始与埃及人合谋。尼布甲尼撒二世第二次入侵了犹大王国，处死了约雅敬，将其曝尸街头，直至腐烂。然后，他围捕了超过3000名犹太人做人质，将他们驱赶到巴比伦。他还把犹大王国的王位交给了约雅敬的儿子约雅斤，然而，约雅斤最终也成了谋反之人。

时间过去不足三个月，尼布甲尼撒二世迫不得已再次入侵了犹大王国，这一次，他围捕了犹大王国的所有王室成员，以及上万名显赫家族的男人、女人、孩子，将所有这些人掳入并流放到巴比伦境内。

尼布甲尼撒二世再次任命了一位傀儡国王统治犹大王国。这次任命的是约雅斤的叔叔西底家。在其后的九年时间里，西底家对巴比伦统治者言听计从。不过，密谋肯定是这个家族的裏性，这么说是因为，为摆脱巴比伦人对犹大王国的控制，西底家最终也试图与埃及人达成某种秘密协议。

这一次，尼布甲尼撒二世再也没有了任何怜悯心，他血洗了耶路撒冷，洗劫了所罗门圣殿里的所有圣器，将这处圣地以及这座城市的其他地方都彻底摧毁了。他逮捕了西底家，迫使他睁眼看着巴比伦军人屠杀他所有的儿子。最后，尼布甲尼撒二世让人剜了西底家的双眼，用铜链锁住他，带回巴比伦，投入一个小牢房关押至死。

除了不断对付犹大王国，还有一件事让尼布甲尼撒二世名扬四海：他的妻子安美依迪丝王后总是思念故乡的花园，作为送给王后的礼物，尼布甲尼撒二世建造了世界七大奇观之一的巴比伦空中花园，他在层层高低错落的田园上种满了精心养护的植物。这座花园得名于挂满一层层栏杆、爬出一层层围墙外、生长十分茂盛的蔓藤植物和植被。

按照《圣经·但以理书》的说法，尼布甲尼撒二世将三个被俘的以色列人扔进了一个烈火的窑中

波斯国王居鲁士大帝

（约前 600—前 530）

居鲁士大帝（Cyrus The Great）是他那个时代征服大片领土的第一人，在短短 20 年时间里，他创建的帝国，版图从印度一直延伸到希腊边境。

与其他许多帝国创建者不同，居鲁士是个受人爱戴的国王，甚至被他征服的臣民也爱戴他。他赢得巴比伦人心的做法是，将胜利果实归于巴比伦神殿的主神马杜克，换句话说，他让巴比伦国民对他有认同感。

在居鲁士大帝时代，巴比伦境内依然生活着尼布甲尼撒二世强行带回的犹太人。公元前 538 年，居鲁士释放了犹太人，允许他们返回故国，重建耶路撒冷，再葺神殿。按照《旧约·以斯拉记》的记述，居鲁士大帝颁布了一个公告，其中有这样的内容："耶和华天上的神，已将天下万国赐给我，又嘱咐我在犹大的耶路撒冷为他建造殿宇。"（《以斯拉记》1：2）无论是犹太历史学家还是基督教历史学家都认为，居鲁士大帝是个拯救世界的人物。

居鲁士大帝的帝国标志着美索不达米亚地区诸多小王国的末日，至少在先前的五百年里，这些小王国称得上是中东地区的强国，而如今都成了波斯帝国的附庸，而且永远无法恢复从前的政治影响力了。

居鲁士大帝刚开始征伐时，爱琴海沿岸地区——如今的土耳其境内——有一大批希腊的从属国。当然，所有这些国家均倒向了居鲁士大帝，这标志着希腊人和波斯人冲突的开始。这一严重事态主导了未来二百年希腊的对外政策，直到亚历山大大帝入侵并征服了波斯帝国，希腊才扭转了颓势。

居鲁士大帝后来的结局始终是个谜，希腊历史学家希罗多德和克泰夏斯认为，他死在了战场上；另一位希腊历史学家色诺芬则认为，这位伟大的国王寿终正寝、尽享天年。对他的遗产，今人也仍然没有定论。如今流行的观点为，人类早期主要的人权和宗教宽容倡导者非居鲁士莫属。形象地说，他是聪明的公共关系践行者，他示人以同情与宽容，因他充分理解宽容与同情是有利于统治的。

吕底亚王国的末代国王克洛伊索斯（Croesus，约公元前 546 年）面对波斯国王居鲁士大帝，居鲁士大帝将其打败并生擒

吕底亚国王克洛伊索斯

（约前 595—前 547）

　　"富得像克洛伊索斯（Croesus）一样"——这是人们因克洛伊索斯国王之富有产生的比喻。据说，由于拥有众多金矿和银矿，以及为他的王国带来整船整船财富的商业航线，克洛伊索斯生活之奢靡，超越了他那个时代的所有君王。希腊作家普鲁塔克对他的描述是："身上满是名贵的宝石、染色的服饰，以及被人们视作珍稀、奢华、让人艳羡的精美黄金饰品，这些不过是为了让他自己的样子显得最为庄重高雅、富有华贵而值得人们尊重而已。"

　　许多人物的身世介乎历史的真实和神话之间，克洛伊索斯便是其中之一。例如，据说金属币为克洛伊索斯发明。实际情况是，金属币的确首先在吕底亚王国得到应用，不过，将其开始流通的不是克洛伊索斯，而是他的前任裘格斯（Gyges）国王，时间在公元前650年左右。

　　还有一个故事，说的是伟大的雅典哲学家梭伦造访克洛伊索斯朝廷的经历。克洛伊索斯极为得意地向尊贵的客人展示王宫里的所有宝贝，他说自己肯定是活在现世最幸福的人，然后问客人信不信。梭伦答曰："是否幸福，死后才能判断。"

　　在波斯王国的居鲁士大帝计划征伐吕底亚王国之际，克洛伊索斯与斯巴达人、埃及人、巴比伦人结成了战略联盟。这段历史的记载中也掺进了神话成分。据说，准备抗击居鲁士之前，克洛伊索斯去德尔斐城和底比斯城的两处神所拜求神谕，结果得到回复说，如果他率领大军抗击波斯人，他将毁掉一个伟大的帝国。克洛伊索斯以为这个预言指的是他会打败居鲁士，因而他继续执行自己预定的战斗安排。

　　双方大军在如今土耳其境内的哈里斯河畔遭遇。不过，战斗未分胜负。克洛伊索斯回撤到萨迪斯城里，居鲁士紧随其后。波斯人洗劫了整座城市，抓住了克洛伊索斯，居鲁士宣布用火刑将其活活烧死。当火焰在克洛伊索斯四周升起时，这位国王一定是想起了那位雅典哲学家有关幸福的论述，因为他喊出的最后一个词是"梭伦"！

身处财富中的克洛伊索斯，作于1624年

斯巴达国王列奥尼达

（约前540—前480）

必须感谢电影《斯巴达三百勇士》将列奥尼达（Leonidas）的事迹前所未有地周知天下观众，让他妇孺皆知。他是希腊最伟大的英雄之一。该电影是根据弗兰克·米勒和林恩·华莱的同名插画小说改编摄制而成。

公元前480年，波斯国王薛西斯一世统领一支庞大的军队征伐希腊。后世的古希腊历史学家希罗多德宣称，薛西斯一世统领的军队人数超过200万，现如今人们估计，当年波斯军队的兵力大约为20万。薛西斯一世从北部进入希腊，沿东海岸南下。在希腊诸城邦国家全体代表参加的一次会议上，代表们就两件事达成战略共识：一是，在山区守住狭窄的隘口温泉关，以阻止或至少延缓波斯军队的入侵；二是，派出一支希腊海军船队，摧毁或驱逐波斯的庞大舰队。斯巴达国王列奥尼达主动请缨，前去守卫温泉关。

可是，时间偏偏不凑巧，正赶上"卡尔涅亚祭"，这是祭奠阿波罗神的庄严节日，斯巴达法律禁止军队在节日期间参与任何军事行动。列奥尼达国王只好率领300名贴身卫士和一小队斯巴达军人前往温泉关。其他希腊城邦国家前往支援的军人总数介于3000—6000人之间。

接连两天，列奥尼达国王指挥的防御战略既简单又机智——希腊人肩并肩站在一起，牢牢地堵住了狭窄的隘口，使薛西斯一世的军队造成了重大伤亡。

然而，第二天对峙行将结束时，在一个希腊叛徒带领下，波斯人抄了希腊人的后路。为避免成千人遭到屠杀，列奥尼达国王遣散了联军里的外国军人，只留下遵守斯巴达法律，不得从战场后退的斯巴达人死守。另有700名塞斯比城邦战士和400名底比斯城邦战士自愿留下，要与斯巴达人一起战斗到底。

留下的希腊人被数量远超己军的敌人围困，可他们浴血奋战，一直坚守到最后一刻：全部希腊人倒在了波斯人所发射的、铺天盖地的利箭之下。

一座丰碑矗立在如今的温泉关，以铭记列奥尼达国王和他手下那些不屈的希腊军人，墓碑上的铭文写道："路过的人啊，请转告斯巴达人，我们遵从了律法，因而长眠在这里。"

矗立于斯巴达的列奥尼达雕像，创作灵感来源于薛西斯一世要求斯巴达人放下武器时列奥尼达说的一句话："你们过来拿呀！"

波斯国王薛西斯一世

（约前519—前465）

每一位英雄都需要反面人物作陪衬，对于斯巴达的列奥尼达而言，这一角色要由薛西斯一世（Xerxes Ⅰ）充当了。薛西斯一世是波斯国王，历史给了他这样的评价：暴虐、记仇、残忍。

公元前486年，薛西斯一世继承了波斯王位，当时他仅有一个想法：惩罚希腊人以报前仇，因为他父亲大流士一世四年前惨败于希腊人手下。在马拉松之战（the Battle of Marathon）中，一支希腊军队以大约九比一的人数优势屠杀了超过6000名波斯人，希腊方面的战争损失却不足200人。

公元前480年，薛西斯一世在整个帝国疆域内征召了20万人，组成一支大军杀向希腊。在温泉关，列奥尼达和300位斯巴达人加上其他联军战士将波斯人阻挡了三天。最终，薛西斯一世国王杀光了守关的希腊人。

波斯军队进入希腊后，薛西斯一世国王放任军人们对当地人胡作非为。他们所到之处，将大大小小的城镇放火烧成了焦土，还杀死男人，轮奸女人，将所有活下来的人当奴隶驱使。推进到雅典时，波斯人发现，下城区已经人去屋空——该城区的人全都逃走了，只有一支希腊卫戍部队以及数十位自愿留下的市民驻守着雅典卫城。波斯人又洗劫了上城区，杀死了所有驻守雅典卫城的人，然后放火烧毁了雅典娜神庙。

战争的最后一役不是在陆地，而是在海面。与薛西斯一世国王的军舰相比，希腊海军联军的船体更大，吨位更重，采用与列奥尼达国王完全相同的战略：选择了一片封闭的水域当战场。波斯人发现，萨拉米海湾水域狭小，无法展开作战，因而成了希腊人的活靶子，希腊人冲撞并放火焚烧波斯舰船，半数波斯战舰沉入了海底。随后，薛西斯一世国王将这次入侵的指挥权交给马多尼乌斯将军，自己则返回了波斯。

希腊历史学家希罗多德说，薛西斯一世国王生命中最后的十五年是在"后宫的阴谋诡计中"度过的，他最终死在了贴身卫士的刀下。

公元前480年9月，波斯国王薛西斯一世的舰队在雅典附近埃伊纳湾的萨拉米海战中败给了希腊人

卡里亚和伊奥尼亚女王阿特米西亚一世

（约殁于前 480 年）

阿特米西亚一世（Artemisia Ⅰ）的丈夫死后，她成了卡里亚和伊奥尼亚（今土耳其境内）的女王，她是古代世界最富军事智慧又骁勇好战的女王之一。没有人知道她生于何年以及她生命的早期都经历过什么，甚至也没有人知道她丈夫的名字。有关阿特米西亚一世女王的多数事实出自希腊历史学家希罗多德，他记述的内容有：女王在哈利卡纳苏斯城统治她的王国，与波斯人结盟反对希腊人，向薛西斯一世的海军贡献了五艘战舰并由她亲自指挥。

萨拉米海战前夕，薛西斯一世召集将领们开了个军事会议，在会议上所有人力主向希腊舰船发动袭击，唯独阿特米西亚一世女王反对。她指出，薛西斯一世已经征服了希腊的大部分地区，还摧毁了雅典，不久后，这个国家的其他地区也会落入他的掌控，这是大势所趋。女王恳请薛西斯一世说："千万不要动用你的舰船打海仗，因为希腊人在水面作战方面比我们强大无数倍。"尽管有阿特米西亚一世这番话在先，但薛西斯一世还是听从了其他与会将领们的意见。

第二天，阿特米西亚一世女王仍然忠于盟誓，率领她的五艘战舰参加了战斗，不过，当意识到自己陷入雅典舰船的重围时，她做出了大胆的出逃举动——撞沉一艘波斯战舰。薛西斯一世从远处看到了这一幕，但他以为阿特米西亚一世女王摧毁的是希腊战舰，而希腊人看见她冲向波斯战舰，也误以为她成了己方的盟友。因此无论是波斯方面还是希腊方面，谁都没有试图阻止阿特米西亚一世，她的临阵脱逃成功了。

阿特米西亚一世女王在萨拉米海战中，精明地将敌对双方玩弄于股掌之中，由此衍生出有关她的一段传奇：阿特米西亚一世女王自此成了海盗，当她追捕希腊战舰时，她会挂起波斯旗帜；而当遭到希腊战舰攻击，她就会挂起希腊旗帜。

阿特米西亚一世女王的最终归宿是个谜，后人不知道她因何而死，死于何时，人们只知道她的王位由她的孙子继承了。

希腊人在萨拉米海战中击败波斯人

叙拉古暴君狄奥尼修斯一世

（约前 432—前 367）

在古希腊，"暴君"(Tyrant)意指通过非法手段攫取绝对权力的统治者。公元前5世纪以前，这个词与残暴和专制没有任何关联，而正是狄奥尼修斯一世（Dionysius Ⅰ）赋予了这个词新的含义。

成年以后的狄奥尼修斯从普通官吏起家，然而，公元前409年，因争夺西西里岛控制权，他所在的城邦国家叙拉古与迦太基人开战，此时他报名参了军。随后他发现，在带兵打仗和公开演讲方面，他有着意想不到的天赋。当叙拉古在迦太基人手下灰溜溜地吃了败仗后，在城邦会议上，狄奥尼修斯站起来发言，敦促与会者选举一个新军事统帅，还毛遂自荐为候选人之一。该动议获得通过，狄奥尼修斯当选，用时不到一年，他已经掌握了绝对权力。作为统领整个叙拉古城邦国家军队的最高统帅，他终于可以为所欲为了。

狄奥尼修斯一世将位于意大利南部听命于希腊的一些小国视为威胁，因而摧毁了克罗顿和图里两个小国，血洗了勒基乌姆（今意大利的雷焦卡拉布里亚），将所有幸存者贩卖为奴隶。

狄奥尼修斯一世持续一生的梦想是，将迦太基人赶出西西里，使自己成为整个岛屿的主人，尽管他持续不断地尝试，但他真正攻克的区域从未超过该岛面积的三分之二。

狄奥尼修斯一世自视为满腹经纶之学问家，他经常邀请诗人、历史学家、哲学家——其中便有柏拉图——进宫，有时候，他还为这些人朗诵自己的诗作。不过，他的写作并不总是很好，尽管他晚年因创作戏剧《赫克托耳的赎金》获过奖，但在古代奥林匹克运动会上，当他当众朗诵他的诗作时，人们不断给予嘘声。有个很可能是后人杜撰的故事：狄奥尼修斯一世偶然听说诗人菲洛塞奴贬低他的诗作，他便派人逮捕了诗人，判其到采石场强制劳动。几天后，他又派人将其带回宫参加诗词朗诵会。朗读过后，狄奥尼修斯一世询问诗人对他的诗作有何评价，菲洛塞奴答曰："还是把我送回采石场吧。"

马其顿国王腓力二世和王后奥林匹亚丝

（约前382—前336，约前376—前316）

在腓力只有14岁时，为保证马其顿不主动攻击希腊，其父兄便将他作为人质交给了希腊人。希腊当时已经成为世界强国，虽然如此，希腊人仍然将马其顿人视为日益迫近的威胁。腓力在希腊生活了三年，其间，他一直在观察希腊军队如何演练，以及思考如何打败希腊军队的方法。

希腊人让腓力回国以后，他立即进入了战备状态：重新训练和重新整合马其顿军队。他的革新之一是用超过5米的长矛武装军队。借助这些超长矛枪，加上复杂的战场调动和布阵，敌方军队几乎没有可能接近马其顿人。

他在21岁继位，即为腓力二世（Philip Ⅱ）。这时他的王国已经四面树敌，正处于崩溃边缘。不过，不出一年，腓力二世国王已经稳住了国家的政治局面。他用奢华的礼物与色雷斯（如今的保加利亚）国王达成了和平协定；他割让一座马其顿沿海城市给雅典，与雅典人成了朋友；他在战场上击败了一位与其争夺王位的对手。

两年后，腓力二世国王来到萨莫色雷斯岛，参加一个神秘教派膜拜司饮酒和狂欢之神狄俄倪索斯的庆典。他在那里遇见了第一次参加公众活动的15岁少女奥林匹亚丝（Olympias）。后来他们结了婚，公元前382年，奥林匹亚丝产下一子，他们为孩子取名亚历山大——这孩子正是未来的亚历山大大帝。

这一对王室夫妻的婚后生活充满了狂风暴雨，主要原因不只是腓力二世国王已经结婚七八次之多，他还一直强迫奥林匹亚丝放弃王室正妻地位。虽然他们两人做正常夫妻已经毫无希望，但为了亚历山大，两人仍然忠实地履行着父母神圣的职责。

公元前337年，腓力二世国王再次娶妻，然而，这次的婚姻不同以往——这一次，他休了奥林匹亚丝，甚至褫夺了亚历山大的王储地位。一年后，一位名叫保萨尼亚斯的马其顿贵族刺死了腓力二世国王。长期以来，人们一直怀疑雇用杀手的人就是奥林匹亚丝。

埃及国王救主托勒密一世

（前 367—前 282）

马其顿国王腓力二世聘用亚里士多德管教儿子亚历山大时，允许一帮幸运的男孩和亚历山大同堂上课，男孩之一为托勒密（Ptolemy）。亚历山大和托勒密最终成了生死与共的密友。亚历山大成为国王开始征伐时，托勒密是亚历山大的主要军事伙伴之一，也是最核心的领导成员和最可信的谋士。

亚历山大的帝国随着他的陨落而瓦解，他死后，他的朋友们和将领们瓜分了他的帝国，托勒密得到了埃及。托勒密是希腊人，他不知道如何当法老，不过，他决心认真学习，并找来一帮埃及人，给他传授埃及国王的古代生活习俗。

托勒密最早的行动之一是抢夺亚历山大大帝的遗体。一位名叫帕迪卡斯的将军护送遗体返回马其顿，在途经大马士革之际，托勒密的手下伏击了卫队，将遗体带回了亚历山大城，该城位于地中海沿岸，靠近尼罗河三角洲西岸，为亚历山大大帝所建。这件事似乎很悖逆，不过，托勒密相信，只要成为亚历山大大帝遗体的守护者，他本人以及他的继任者，都会因此获得好名声。

公元前304年，托勒密一世国王接受了人们送给他的称号"救主"：因为他拯救了罗德岛，使那里的人民免遭自己的敌手、原亚历山大大帝手下将领的儿子、野心勃勃的迪米特里厄斯的荼毒。接下来数十年，托勒密一世将叙利亚南部以及巴勒斯坦并入了埃及帝国的版图，还把政治影响力扩大到了如今的土耳其。

虽然战争事务占据了托勒密一世的大部分精力，但他仍不忘将希腊文化和文明传播到埃及。他修建了规模宏大的亚历山大图书馆，建起了博物馆，还为艺术家、科学家、哲学家建造了一所学府。他还为亚历山大大帝编写了传记，然而令人遗憾的是，该传记没有流传下来。

托勒密一世的后人统治埃及将近三百年，随着克利奥帕特拉自杀身亡，希腊裔的埃及法老王朝就此终结。

救主托勒密一世，亚历山大大帝最伟大的将军之一，后来成为埃及国王

J. Chapman

马其顿国王亚历山大大帝

（前 356—前 323）

亚历山大（Alexander）是个闲不住的年轻人，对建功立业的渴求诱使他不断地尝试征服当时的全部已知世界——而且是在有限的 13 年时间里！他差一点大功告成。他的大军横扫巴尔干半岛诸国以及色雷斯，占领了如今土耳其和叙利亚的全部国土，所有中东国家也全都臣服在他的麾下。在他的大军面前，埃及竟然不攻自破；长期以来被认为战无不胜的波斯帝国竟然应声倾圮，波斯国王大流士一世也被自己人害死。亚历山大的大军穿过阿富汗的崇山峻岭（虽然人们对他实际控制了该国多少领土仍存争议），一直挺进到了印度，在这里亚历山大最终被迫停了下来——因为军队拒绝向更远的地方挺进。

作为帝国的开创者，亚历山大大帝的锐意创新非同凡响。他的帝国统领着数不清的民族，而且各说各的语言。对于如何统治好这样的帝国，亚历山大大帝的解决方案为：首先，对所有国家和民族的事务顺其自然，对帝国内的所有臣民一视同仁；其次，将希腊文明引荐给那些被希腊人嘲讽为野蛮人的民众。通过这种方法，他希望构建一种所有人都认同的文化，以减少不同民族间的敌对。

亚历山大大帝的傲慢常常成为他实现诸多理想的绊脚石，他喜欢将自己想象为普通的马其顿骑兵战士，同时喜欢身穿波斯国王穿的奢华战袍——他手下的马其顿士兵们认为这种装扮过于招摇。他还喜欢目睹波斯臣民俯伏在他面前，致使马其顿人认为这无异于亵渎神明，因为唯有在神面前，人们才应该俯伏在地。亚历山大大帝还下令，当他与自己的波斯姻亲同行时（因他娶了波斯公主为妻），马其顿人和希腊人都应当俯伏在地。此令险些引起兵变。

虽然亚历山大大帝勉强同意军队的要求，从印度撤了回来，但他依然不改初衷，梦想着要征服世界的其他地方。公元前 323 年，在巴比伦谋划新的征战时，他身患重病，溘然长逝，那时他刚刚 33 岁！由于亚历山大大帝没有立王储，于是他的帝国随他而去了。

迦太基独裁者哈米尔卡·巴卡

（约前 275—前 228）

哈米尔卡·巴卡（Hamilcar Barca）家族是迦太基帝国最著名的家族之一——其祖先可上溯到具有半传奇色彩的迦太基女王狄多。狄多陷入了无望的爱情，因为她不顾一切地爱上了埃涅阿斯。可是埃涅阿斯为了寻找并创建将演变为罗马的城市抛弃了她，致使她自杀身亡。临死时，她不停地诅咒埃涅阿斯及其罗马后裔。

几乎可以肯定地说，上述故事是个传说，不过，迦太基人与罗马人之间的深仇大恨却是真实的。数世纪以来，迦太基人从军事、文化，以及商业层面控制了西地中海地区。公元前 3 世纪，罗马人完成了征服整个意大利半岛的计划，做好了在地中海地区示强的准备。迦太基人和罗马人的第一次冲突发生在西西里岛，该岛是地中海最大的岛屿，位于该地区所有海上航线交汇的中心点。该岛名震四方，还因其拥有丰富的物产，葡萄、谷物、柠檬，样样都有。

与罗马人的这场战争史称"第一次布匿战争"——开打之际，迦太基人正深陷于与利比亚人的战事，正因为如此，迦太基人不可能派遣人数众多的大部队前往西西里。哈米尔卡遂将手头现有的少量迦太基战士和雇佣军整合为有效协作的作战部队，在六年时间里，这支部队不断地袭扰西西里岛的罗马人，消耗着他们的人力、武器、后勤供给等。虽然哈米尔卡在陆地作战方面从胜利走向胜利，迦太基海军却惜败于一支新组建的罗马海军，这次失利迫使哈米尔卡和他的手下退回迦太基。而这位将军在自己的故乡受到广泛赞誉，随后不久便得到独裁者（dictator）的称号。

当政八年期间，哈米尔卡组建了一支新军，以保卫迦太基领土免受罗马人的下一轮攻击（他知道此次攻击必定会发生），进而他还入侵了伊比利亚半岛——这次行动旨在扩大迦太基帝国的版图，同时侧击罗马人。而在当时的伊比利亚半岛的一个镇子里，他遭遇袭击，溺毙在了如今西班牙境内的胡卡尔河。

中国皇帝秦始皇

（约前 259—前 210）

秦始皇是个卓越的、无人能比的统治者，他没有建造什么规模宏大的艺术品或建筑物使人铭记，不过，他留给子孙后代的东西的确是世界上最别具一格的。他命令中国最好的艺术家和工匠们按真人大小为他制作了一支兵马俑大军——由8000名步兵、骑兵、弓弩手，以及马匹、战车、车夫组成的完整的大军。每一尊塑像都是手工描画的，每一副面孔都是独一无二的，一些学者据此认为，每一副面孔都源自真人模特。秦始皇驾崩后，人们将这些别具匠心的陶俑排列成战斗队形，与秦始皇一起埋进了巨大的陵寝。

秦始皇是个眼光高远、抱负宏大、唯我独尊的人。他征服了各守一方封地、互相之间虎视眈眈的诸侯，将他们统一起来，成为一个单一国家，从此开创了如今人们所知道的中国。秦始皇将治下的一统江山划分为36个郡县，由只忠于他的人治理。他在整个帝国疆域内建立了路网，以便快速通商、传递情报。他把中国文字的书写方式标准化，还统一了货币，这些必须的改革受到广泛赞誉。不过，秦始皇的成就远不止这些。

为了在中国北部边界设防，秦始皇派遣数万、或许高达数十万奴隶和囚犯，修建了一个规模宏大的防御工事，即万里长城。这是个史诗般的建筑工程，它历时一个世纪建成，付出的生命代价有百万之多。

为了在帝国范围内控制人们的文化和信仰，始皇帝下令焚烧帝国开国以前成书的所有书籍。为压制谋反，他杀掉了所有批评他本人以及批评他作为的人。为保险起见，始皇帝还斩杀了这些人的族人。孔子学派的人对始皇帝压制学术思想的做法抵触尤烈，于是他下令逮捕了460位此类学者，并为儆示所有其他中国学者而将这些人活埋了。

执政后期的秦始皇有了新的追求——长生不老。他的医生开始给他配制所谓的具有神力的方剂，里面含有微量的汞，致使他慢慢地中毒。

迦太基统治者汉尼拔

（约前247—约前183）

汉尼拔（Hannibal）毕其一生唯有一个追求：打倒罗马帝国的威权，让迦太基成为地中海地区的超级强国。据说，在他年仅9岁时，父亲哈米尔卡·巴卡执意让他将一只手放在迦太基众神的祭坛上发了个毒誓：永远憎恨罗马帝国。

26岁时，汉尼拔被任命为迦太基军队的统帅。当时迦太基与罗马帝国的战争刚刚打响，不久后，汉尼拔便展现出一个更为成熟的男人的胆略和远见。他统领大军来到伊比利亚，然后穿越高卢地区（即如今的法国），最后翻过了阿尔卑斯山脉。公元前218年10月，人们在意大利北部见到了浩浩荡荡行进的迦太基大军，计有3.8万名步兵、8000名骑兵，以及一群战象。

在接下来的两年，汉尼拔打败了罗马帝国派来与他作战的每一支军队，有时候甚至会全歼对方。最后，公元前216年夏，罗马帝国元老院派来一支8万人的大军与迦太基人对阵。两军在意大利东岸的坎尼附近遭遇，汉尼拔让自己的士兵排成凸面的新月阵形以迎敌，罗马人进攻时，迦太基人慢慢后退，直到阵形反转为凹陷的新月阵形。此时迦太基骑兵从阵地后部冲出，完全包围了罗马人，开始围歼他们。

事已至此，罗马下决心与汉尼拔拼个你死我活，而汉尼拔未能夺取罗马人的几个关键港口，这让他几乎不可能得到迦太基的增援。当一支罗马大军迫使他退到意大利南部之际，普布利乌斯·科尔内利乌斯·西庇阿（后人称其为"非洲征服者西庇阿"）率领另一支罗马大军攻占了伊比利亚，而后直接攻打迦太基本土。汉尼拔紧急赶回国内支援，但在扎玛会战中败于西庇阿。

罗马强迫迦太基签署了屈辱性的条约，然而，迦太基人并未因此责备最高统帅——他们反而将汉尼拔推选为最高执政官。面对这样的窘境，汉尼拔一直在寻找机会重建军队，以便最终消灭自己的大敌。汉尼拔的密谋引起了罗马人的注意，他被迫出逃，首先在叙利亚避难，然后躲到了黑海岸边的比提尼亚。但罗马人不断紧逼，汉尼拔选择了以服毒作为最后的摆脱手段。

　　　　　　　　　　　　　　　　　　　　　汉尼拔发誓永远憎恨罗马帝国

犹大统治者犹大·马加比

（约前 205—前 160）

犹太人的"光明节"是为纪念犹大·马加比（Judas Maccabeus）的辉煌一生而立的。正是犹大将叙利亚人和希腊人赶出了耶路撒冷，将他们的众多神像清除出了耶路撒冷圣殿，之后，他还计划将犹太祭司们请回圣殿，重启对犹太上帝的崇拜。可是后来他得悉，叙利亚人和希腊人在亵渎犹太神明期间，将圣殿里的圣油全糟蹋了，仅有一小罐幸存，这区区圣油在圣殿的灯盏里仅够一天之用，而整个洁净仪式需要保持油灯持续不断地燃烧八天。然而，当祭司们将仅有的灯油倒进灯盏点燃时，奇迹出现了，灯油燃烧了八天，恰如人们所愿。

犹大一生的多数时间段充满了传奇，至少可以说，充满了令人惊诧的行止。公元前175年，安条克四世（Antiochus Ⅳ）国王宣布犹太教非法，禁止犹太教活动，强迫犹大国人民祭拜叙利亚和希腊神祇。其时，作为犹太祭司的儿子，犹大正平静地生活在某个偏远的乡间。反犹迫害活动越来越猖獗时，犹大和父亲以及四个兄弟领导了一场游击抵抗运动，袭扰了安条克四世的军队。

随着越来越多犹太人加入进来，犹大领导的袭扰活动变成了真正的战斗。犹大在战斗中表现出过人的力量和无畏，带领犹太人取得了一系列胜利。为他赢得了"马加比"——"铁锤"的称号。

经过十一年战斗，公元前164年，犹大和他领导的军队终于将叙利亚人和希腊人赶出了耶路撒冷。然而，战争并未因此结束，在生命的最后四年，犹大一直在抵御新的叙利亚入侵，并一直试图恢复传统的犹太教生活方式。他的努力遭到两个大祭司麦尼劳斯（Menelaus）和阿尔息穆斯（Alcimus）的反对。他们想把希腊宗教的一些做法移植到犹太教里。麦尼劳斯对犹大构成了巨大的威胁，结果被犹大处死。

公元前160年，叙利亚人派出一支两万人的大军攻打犹大国，犹大的军队落荒而逃，仅有为数不多的一些久经沙场的忠诚士兵留了下来。犹大率领这些人投入战斗，所有人都战死沙场。

犹大的牺牲转化为一种精神激励，成为一个转折点，让全体犹太人团结在一起，下决心苦斗，最终赶走了叙利亚人。犹大的地位由他的几个兄弟继承，他们创建了哈斯摩尼（Hasmonean）王朝，统治以色列王国长达103年。

犹大·马加比追击提莫忒乌斯（Timotheus）

努米底亚王后索福尼斯巴

（约殁于前 203 年）

索福尼斯巴（Sophonisba）是迦太基贵妇，她理应以东努米底亚（包括如今的阿尔及利亚全境以及突尼斯的一部分）王后身份尽享荣华富贵的特权生活，然而她的经历却成了古代最让人伤感的人生故事之一。

苦难出现在公元前206年，与她订婚的东努米底亚国王马西尼萨（Massinissa）原打算与迦太基王室通过联姻结盟，后来却改变了主意。在地中海地区，罗马人逐渐上升为地区主宰，马西尼萨因而认为，最好娶个今后尽可能少给他带来政治包袱的人为妻。然而，他尚未来得及解除婚约，西努米底亚国王西法克斯（Syphax）即入侵并夺取了马西尼萨的王国。

当时，索福尼斯巴尚未出嫁。不过，她父亲是个实用主义之人，他接近西法克斯，试探对方是否有兴趣迎娶他女儿。毫无疑问的是，对迎娶索福尼斯巴，与迦太基结盟，西法克斯都非常感兴趣。

西法克斯真的娶了索福尼斯巴。成婚后，努米底亚和迦太基联盟短期内相当成功。当罗马人入侵北非，试图夺取乌提卡城之际，西法克斯和迦太基盟友将其赶了回去。可悲的是，他们的胜利太短暂。随着增援部队赶到，罗马人杀了个回马枪，马西尼萨还做了罗马人的后援。面对罗马帝国大军横扫北非，西法克斯和索福尼斯巴向东逃去，来到了努米底亚的锡尔塔城。马西尼萨赶到那里，将他们双双抓获。

罗马人将西法克斯作为俘虏带回了意大利。索福尼斯巴理应一同前往——罗马人喜欢看被征服的王室成员游街。马西尼萨再次改变了主意。他希望罗马人将他立为整个努米底亚王国的国王，他心里想的是，如果臣民们看见他娶了他们的王后做妻室，他这个国王会更加名正言顺。

罗马帝国统帅"非洲征服者西庇阿"不同意这门婚事，因为索福尼斯巴反对罗马帝国的言论过于激烈，显然不能成为让人放心的王后。结果是索福尼斯巴喝下毒药。究竟是西庇阿请求索福尼斯巴自杀的，还是马西尼萨怕她在罗马蒙羞受辱，因而让她服毒的，后人不得而知。无论谁应当负责，终归是索福尼斯巴就此喝下了丈夫亲手递过来的毒药，结束了自己的生命。

索福尼斯巴接受丈夫马西尼萨递过来的毒药

中国皇帝汉武帝

（前156—前87）

对于马匹，中国的汉族人具有一种近乎宗教的情结，这方面，无人敢与汉武帝相比。汉武帝是中国西汉王朝第七位皇帝。现如今的乌兹别克斯坦境内当年有个费尔干纳国，汉武帝得知，费尔干纳国国王拥有一群强壮、耐力持久、奔跑极快的纯种马，马背高度达16掌（1.5米），于是派遣一名特使，携带大量黄金，前去购买这种他称之为"天马"的马匹。不过，费尔干纳国国王拒绝出售自己的马匹，为明确表示无意跟汉武帝做交易，他竟然斩杀了来使。汉武帝一怒之下发动了战争，荡平了费尔干纳国的国都，带着上万匹"天马"得胜还朝。

以上关于马匹的事例突显了汉武帝要将中国的每一件事做到极致的意志。在位54年间，汉武帝开拓了著名的"丝绸之路"，中国的奢侈品因而来到了位于阿拉伯半岛、小亚细亚、北非、欧洲各地的集贸市场，同时还欢迎远方的生意伙伴携带货物来中国做交易。中国学者孔子（前551—前479）早年创立了一套思想体系，即无论是在家庭里还是在政治体系内，人们的言行举止，其出发点必须是"德"。汉武帝宣布，此即当朝的立国之本。为广招贤士，他创立了由政府推行的全国性考试制度，以擢选官员。

尽管中国地域广阔，为加强统治，汉武帝一直秉持中央集权制，所有货币必须由中央政府铸造和分配，诸如盐和铁之类的必需品，生产和流通必须由国家垄断。

作为军事领袖，汉武帝打败了匈奴，而匈奴据信是打败了罗马帝国的中亚胡人游牧部落；汉武帝将他治下的疆域向西拓展到了如今的吉尔吉斯斯坦，向南拓展到了如今的越南。

令人扼腕的是，汉武帝在位晚期成了他一生的败笔，他偏执地相信巫蛊之说，戕害了一大批人，因巫蛊之祸遭害的个人及其族人高达数千，甚或上万，其中包括皇亲国戚。正因为如此，一些历史学家认为，汉武帝之残暴堪比秦始皇。

亚美尼亚国王提格兰二世大帝

（约前 135—前 56）

公元前95年，亚美尼亚国王去世，此时，他的儿子提格兰（Tigranes）作为人质已经在波斯人手里生活了十年。波斯人允许提格兰返回故里，作为从属国之一的国王统治亚美尼亚。但是，放他回归前，波斯国王要求得到名为"七十山谷"（Seventy Valley）的控制权，那是亚美尼亚南部山区一片具有战略意义的山谷和关隘，其沿线与波斯边境接壤。提格兰没有选择余地，唯有放弃这片国土。

与此同时，罗马帝国已经成为地中海地区的霸主，对于将小亚细亚纳入其势力范围，罗马帝国表现出了兴趣，提格兰二世则宣布中立。罗马帝国将军苏拉率部队向小亚细亚推进之际，提格兰二世不仅没有向罗马人发起挑战，反倒撤走了守卫卡帕多西亚军事要塞的驻军。对于跟罗马人打仗，提格兰二世没有兴趣，他的想法是，打败波斯人，重新夺回失去的亚美尼亚领土，摆脱从属国地位，使自己的国家变为无所不能的帝国，让本地区的所有国王都不敢觊觎。他和父亲曾经在波斯人手下蒙羞，作为雪耻的第一步，他夺回了七十山谷。他的第二步是打击米堤亚人，夺取如今的伊朗北部地区。接下来数年，他取得了一系列的军事胜利，让亚美尼亚帝国的版图横跨里海到加沙，纵跨卡帕多西亚到高加索山脉的广袤地区。

不过，罗马帝国是他绕不开的麻烦。公元前73年，罗马人打败了本都国国王米特司立得提六世，米特司立得提六世逃亡到提格兰二世的朝廷避难。罗马人命令提格兰二世交出米特司立得提六世。提格兰二世认为，这一要求不啻是对他的藐视和羞辱，因而拒绝了。

罗马帝国和亚美尼亚之间接下来爆发的战事残酷无比，罗马人血洗了亚美尼亚首都，提格兰二世引诱罗马人深入自己的领土，寒冷、饥饿、疲惫等让入侵者不堪忍受。罗马人的反制措施为，任命庞培为新统帅。庞培切断了提格兰二世与盟友的联络。由于孤立无援，缺少兵员，提格兰二世别无选择，只好投降。

对提格兰二世，庞培待之以善，并允诺他继续在位执政（以36万磅白银作为交换）。提格兰二世曾经打败了波斯人，但在其生命的最后十一年，却让自己的国家成了罗马帝国的附庸。

Gerif del

本都国王米特司立得提六世大帝

（前132—前63）

米特司立得提六世（Mithridates Ⅵ）是一位因寓居他国而导致该国蒙难的国王。他是本都国王，他的王国位于黑海南部沿岸。500年来，这一地区的国家差不多都是希腊的从属国，米特司立得提六世因而深受希腊文化的影响。实际上，他自以为是又一个亚历山大大帝，将带领希腊人和本都人走向更高层次的辉煌，能流芳百世。

米特司立得提六世首先夺取的领土之一是卡帕多西亚，这片领土正好位于罗马帝国向东扩展的道路之上，即今日之土耳其。罗马人不喜欢这种干扰行为，因而，罗马元老院派人送口信给米特司立得提六世，对他发出警告：撤回军队方为明智之举。米特司立得提六世听从了罗马元老院的提议——他尚未做好与罗马帝国打仗的准备。

不过，这一地区的紧张气氛犹存，一位名叫阿克维利乌斯的罗马执政官愚蠢地提议协助小亚细亚地区的某个盟国入侵本都。米特司立得提六世灭掉了入侵者和其罗马帝国的盟军。为报复这次无端的攻击，他围捕并屠杀了罗马帝国在该地区的8万居民。这是一场战争的起点，这场战争时打时停，断断续续，米特司立得提六世为此耗尽了余生。

公元前73年，战争进入尾声，是年，罗马人摧毁了本都国海军，在卡比拉打败了本都国王，迫使他为保命投奔了亚美尼亚国王提格兰二世。由于提格兰二世的妻子是米特司立得提六世的女儿，提格兰二世觉得有义务保护岳丈。可这件事让亚美尼亚国王陷入了危险境地：如果他拒绝将米特司立得提六世交给罗马人，势必导致罗马帝国入侵。提格兰二世捍卫了荣誉，庇护了米特司立得提六世，却打响了与罗马人的战争。战争的结局是，他丢掉了帝国，丢掉了独立。罗马人允诺提格兰二世继续坐在王位上，然而他必须听命于罗马帝国的国王。

至于米特司立得提六世，他喝下了毒药，然而，毒药没有起作用。急于逃脱罗马人报复的米特司立得提命令手下的一个士兵用利剑刺穿他，用这种方式结束了自己的生命。

国王米特司立得提请求手下的一个士兵杀死自己

罗马帝国独裁者尤利乌斯·凯撒

（前 100—前 44）

罗马人憎恨国王，公元前 510 年，他们从罗马城赶走了最后一位国王，建立了共和制。然而，四百年后，拥有国王般至高无上权力的想法总是萦回在尤利乌斯·凯撒（Julius Caesar）的脑际。

凯撒是远古时期名门的后代，像所有罗马贵族一样，他也参与到政治和军事活动中。公元前 58 年，罗马元老院授权凯撒统领四个罗马军团，管辖高卢地区（如今的法国）的各行省。凯撒意识到，拓展罗马帝国的机会来了，他可以凭借战争英雄之名抬高自己的知名度，通过掠夺高卢地区的物产及售卖高卢战俘，极大地充实自己的库府。凯撒征服高卢地区时，他的盟友格涅尔乌斯·庞培一直在罗马城注视着他的政治动向。

凯撒的权力基础是军队和罗马城的老百姓，他把打仗得来的战利品和金钱作为礼物撒向民间，赢得了百姓们的爱戴。凯撒的声望水涨船高之际，庞培也在培育自己的权力基础。他和权贵们气味相投，都瞧不起凯撒收买人心的做法。元老院命令凯撒交出权力，凯撒非但没有交权，还与古老的传统决裂，率领手下的军团向罗马城进军。元老院授权庞培保卫意大利，庞培发现，自己手下的多数部队反而听命于凯撒。庞培和大多数元老不敢冒战败风险，遂带着忠于他们的军队逃到了希腊。接下来三年，凯撒一直率军在环地中海地区追击庞培和元老院的军队，取得了一个又一个胜利。公元前 48 年，庞培死了，凯撒的其他对手也相继死去。凯撒举办了一次规模宏大的胜利庆典，在庆典活动中，他再次让人将大把的金钱撒向百姓和老部下。

凯撒被任命为终身独裁者后，开始接受帝王们的某些做法，包括允许人们给他的塑像上戴上桂冠。而在这同一时期，许多议员却在暗中密谋刺杀凯撒。

公元前 44 年 3 月 15 日，一些议员恳请凯撒看一份请愿书，将其骗到剧院的门廊。趁他阅读请愿书之时动了手。多达 60 位议员挥动兵刃刺向毫无防备的凯撒，其中有布鲁特斯，他是将塔昆（Tarquin）一世国王赶出罗马的贵族之直系后代，也是凯撒最信任的朋友。布鲁特斯将匕首刺入凯撒的身体时，临终的凯撒发出一声感慨："怎么也有你，布鲁特斯？"几分钟后，尤利乌斯·凯撒便离开了人世。

阿维尔尼国王维钦托利

（约前82—前46）

公元前52年，卡尔努特人起义，反抗罗马帝国对高卢地区的统治。卡尔努特人是高卢地区的一支部落民，生活在如今法国中部塞纳河与卢瓦尔河之间的广阔区域。30岁的维钦托利（Vercingetorix）是阿维尔尼人的酋长，他竭力劝说人们起义，但响应者寥寥，大多数阿维尔尼人，包括维钦托利家族的成员认为，如此造反过于危险，他们将反叛首领及其追随者们赶出了所在城市戈高维亚（即今日的克莱蒙费朗市附近）。

维钦托利并未因此退缩，他一个接一个地走访高卢人部落，招兵买马，组建起一支12万人的军队。这样的功绩将阿维尔尼人重新凝聚在维钦托利身边，他们还冠他以国王头衔。

维钦托利国王的战略是永远先行一步，在尤利乌斯·凯撒的罗马军团来到之前，将城镇和庄稼付之一炬，让罗马人所到之处无法得到赖以生存的物资，同时竭力避免与罗马人恶斗。而凯撒的回应是，血洗阿瓦利库姆城（如今的布尔日市），杀戮城里的十多万居民，然后向维钦托利国王的出生地和首府戈高维亚进军。维钦托利国王和罗马人在城外对阵，接下来的鏖战特别残酷，双方都损失了数百人。尽管高卢人赢得了战斗，但维钦托利国王却急需补充兵员，以便再次与凯撒对阵。他把兵力撤回了大本营阿莱西亚（Alesia），然而，罗马人穷追不舍。维钦托利国王意欲将阿莱西亚作为他和手下人得以休整和重新集结之地，但是，如今这里却成了陷阱，罗马人四面围城，环绕阿莱西亚建起了一个长达15公里的包围圈，困在里边的人插翅也难以从这堡垒飞出去。维钦托利国王孤注一掷，试图率领部下冲破罗马人的防线。他们的尝试以失败告终，只好退回阿莱西亚城。

接下来究竟发生了什么，至今没有定论。其中一种说法是，为了自保，为了保住臣民的性命，高卢的首领们将维钦托利国王拱手交给了凯撒；另一种说法为，维钦托利国王亲自来到凯撒的军营，当着罗马人的面将武器扔在了地上。姑且不论具体方式，总之是这位高卢国王最终成了凯撒的阶下囚。

维钦托利国王被关押在一个没有窗子的地牢里长达五年。公元前46年，在凯撒的胜利庆典上，维钦托利被人带出地牢，绕罗马全城游街示众。在罗马人庆贺狂欢之时，他又被带回原来的监狱，随后被绞死。

维钦托利当着尤利乌斯·凯撒的面将武器扔在地上

犹大国王希律大帝

（前 73—前 4）

经屋大维（即后来的奥古斯都·凯撒）和马克·安东尼向罗马元老院大力举荐，希律（Herod）成了犹大国王。严格意义上讲，希律是犹太人，尽管如此，向授权自己登上王位的天神致谢时，他去的却是供奉罗马神祇朱庇特的殿堂。返回犹大国后，希律为讨好犹太臣民，迎娶了米利暗一世。米利暗一世是当时不可一世的哈斯摩尼家族成员，他们的先辈声名显赫，其中包括犹大·马加比。随着时日的流逝，希律大帝感到哈斯摩尼王朝成员名声过大，于是他派人刺杀了妻子的祖父、母亲以及 17 岁的弟弟，然后又亲自谋划了米利暗一世之死。

为回报奥古斯都·凯撒，希律大帝在地中海沿岸修建了一座规模宏大、全新的城市凯撒利亚，城里遍布剧院、竞技场和供奉罗马诸神的神庙。为防患犹太臣民滥发议论，希律大帝修建了一座全新的耶路撒冷圣殿，据说其华美程度堪比所罗门王当年修建的同一建筑。

与此同时，希律大帝的嗜血倾向再次露了苗头：他杀死了三个亲生儿子，因为怀疑他们谋划暗杀他。他还试图杀死那个名叫"耶稣"的婴儿，因为占星师将其描绘成了未来犹太人的王。他派遣一队士兵前往伯利恒，命令他们斩尽杀绝所有两岁和不满两岁的头生男婴。对这些无辜的孩子实施杀戮，相关记载仅见于《圣经·马太福音书》。虽然无法从其他渠道找到证据，但这些事实应当是确凿的，听上去符合希律大帝的行事风格。

垂暮之年的希律大帝患了一种让他难以忍受的皮肤病。为了治病，他前往附近的死海洗温泉浴。然而，洗浴没有给他带来任何好处。在他卧床不起苟延残喘期间，家里人不理他，臣民们鄙视他，他派兵前往犹大国各地，将所有国内知名的犹太人抓起来，集中关押在耶利哥城的竞技场里。他命令士兵们在他去世之际屠杀所有囚犯。在希律大帝扭曲的思想意识里，这么做可以保证犹大国各地的人们在他死时能真正沉痛哀伤地悼念他。然而，希律大帝死时，士兵们并没有执行他的最后一道命令。

希律大帝命令手下的军人杀戮伯利恒的男婴

ICI FAIT HERODE OCIRRE LES INNOCENS.

IST LI SIRE
AL OUEN SEIG
NUR SE DEVERS
LES OOEIES DESTRES
Desque teo pose
le tuens enemis:
escamel de tes piez.

4

埃及女王克利奥帕特拉七世 "笃爱父亲之人"

（前 69—前 30）

现存的远自尼罗河女王克利奥帕特拉时代流传下来的多个肖像都向我们述说：她不是古典美女。她具有男性特征，还有个巨大的鹰钩鼻。不过，这些肖像都没有捕捉到她性感的特质，即诱惑男人的能力。

芳龄 17 岁或 18 岁时，克利奥帕特拉（Cleopatra）嫁给了年仅 12 岁的弟弟托勒密十三世（在法老时代，如此乱伦的婚姻关系十分流行，马其顿托勒密王朝在埃及当政时期也传承了这一习俗）。克利奥帕特拉试图凌驾于既是小弟弟又是小丈夫的国王之上，不过，托勒密十三世身边有个诡计多端的谋臣，这个谋臣帮助这个孩子废黜了克利奥帕特拉，并将其流放。克利奥帕特拉和托勒密十三世差点因此兵戎相见。这时，尤利乌斯·凯撒来到了埃及，他宣称调解托勒密十三世和克利奥帕特拉之间的争端。当时的埃及是罗马帝国最重要的粮食来源地之一，如果这样的王室内斗扰乱了埃及的粮食运输，罗马帝国会发生粮食短缺。为了将伟人凯撒拉到自己这边，克利奥帕特拉藏身在一卷地毯内，潜入了这位伟人位于亚历山大城的住地。一个奴隶将地毯展开后，女王现身于凯撒面前。他俩当晚即坠入爱河。

从那往后不久，克利奥帕特拉生了个儿子，取名凯撒里昂。凯撒将克利奥帕特拉带回罗马，赐给她数不清的荣耀，还公开宣告凯撒里昂为他的亲子。凯撒遇刺身亡后，这种田园诗般的美好生活也随之烟消云散了。

尔后，罗马帝国陷入了内乱，克利奥帕特拉认真分析了两个主要对手：一位是凯撒的养子屋大维，另一位是凯撒最亲密的朋友马克·安东尼。就这两个人而言，克利奥帕特拉相信，自己能让安东尼轻易上钩，因为安东尼是个没什么教养、喜欢寻欢作乐的男人。克利奥帕特拉付诸行动了。安东尼和克利奥帕特拉果然成了一对浪漫情侣，为蚕食罗马帝国东部各行政省，他们还成了一对野心勃勃的政治搭档。

这两人的鲁莽做法给了屋大维一个很好的开战理由。决战在希腊沿岸亚克兴附近的海面展开，眼看安东尼的舰船被屋大维的舰船全面击垮，克利奥帕特拉拉起风帆逃跑了。为追赶克利奥帕特拉，安东尼也离开了战场。屋大维穷追不舍，追上了这对恋人。眼看大势已去，安东尼用剑刺穿了自己的腹部。克利奥帕特拉怀抱一条毒蛇被咬胸身亡。随着克利奥帕特拉的离世，埃及法老的传承脉络也就终断了。

罗马帝国皇帝奥古斯都·凯撒

（前63—公元14）

　　尤利乌斯·凯撒去世之时，膝下没有在世的婚生子女。不过，他在遗嘱里宣布，他已经将侄外孙屋大维收为养子，使之成为法定继承人。历史证明，21岁的屋大维是个绝顶聪明的年轻人。在凯撒遇刺后的动乱时期，他首先站在元老院一边，让人们误以为他希望恢复共和制；随后，他与马克·安东尼结盟，追查和处死那些刺杀凯撒的人；最后，他发动了讨伐安东尼的战争，从始至终他都认定安东尼是他主要的对手。

　　在上述整个过程中，屋大维一直在进行着一场公关战，以使罗马帝国人民相信，他心中一直想着如何让人民的利益最大化，然而事实上，屋大维一直在谋划着成为帝王。待到刺客们全都死了，安东尼和克利奥帕特拉也死了，埃及成了罗马帝国的一个行省后，屋大维宣称，罗马共和制已经恢复——尽管当时罗马帝国真正的权力已经在他的掌握之中。他把自己的名字改成了奥古斯都（Augustus），意即"来自神的任命"。他还将自己的头衔改为"最高统治者"，这个头衔的原意为"统帅"，不过，后来人们将其理解为"皇帝"。

　　奥古斯都皇帝给每一位士兵分配了黄金和土地，以保证他们为军队效忠，他还向罗马帝国的人民提供了免费食物和丰富多彩的公共娱乐，让人们生活得幸福快乐。尽管大权独揽，他仍难逃一个严峻的两难选择：谁将成为他的继任者？他只有一个孩子，还是个女儿，名叫朱莉娅。他的外孙辈全都夭折。到末了，唯一可行的继承人是他的继子提比略，是他妻子莉薇娅（Livia）与前夫所生。民间有传闻说莉薇娅是个不惮谋杀的阴谋家，实际上正是她毒杀或谋划了奥古斯都家族每一位成员的死亡，以使她儿子提比略能成为皇帝。不过这些是传言，没有任何历史依据能证明莉薇娅是谋杀众多皇室成员的杀手。

　　在位四十五年后，奥古斯都皇帝平静地死在了卧榻上。他去世不足一个月，元老院宣布他为"神"——这是罗马有史以来的第一次。

身穿罗马统帅装束的奥古斯都·凯撒

切鲁西公主图斯内尔达

（约前10—公元17）

日耳曼族人分裂成了两派，一派拒绝放弃独立；另一派则相信罗马人势不可当。明智的做法为，与其达成某种双方认可的安排。图斯内尔达的父亲塞格斯特斯（Segests）是切鲁西亲王，他说服了自己的臣民，既然事情不可避免，不如干脆妥协，接受罗马人做他们的领主。切鲁西贵族阿米尼乌斯（Arminius）反对塞格斯特斯的妥协政策，图斯内尔达（Thusnelda）选择与阿米尼乌斯私奔，以此清楚地表明了她绝不向罗马人妥协的立场。

时至公元9年，图斯内尔达的选择看来是对的。那一年，阿米尼乌斯做了一个打击罗马人的大胆计划。他诱使昆克提尼乌斯·瓦鲁斯（Quinctilius Varus）将军率领的三个罗马军团深入条顿堡森林深处，在那里打了一场伏击战。在茂密的森林里，罗马步兵和骑兵无法施展作战技能，被上千日耳曼族人任意宰杀，不想当俘虏的瓦鲁斯也自杀身亡。他这么做不失为明智之举，因为战事结束后，日耳曼人将活捉的罗马军官横陈在石质的祭坛上杀掉祭祀诸神，还把罗马士兵塞进柳条笼子里活活烧死。

从这场灾难带来的打击中缓过来之后，奥古斯都·凯撒最终重新部署兵力，由提比略（奥古斯都的继子）和外甥日耳曼尼库斯（Germanicus）率队，前去镇压反叛的日耳曼人。这一次，塞格斯特斯与罗马人并肩作战。公元15年，日耳曼尼库斯的军队像潮水一样涌进一处日耳曼军营，塞格斯特斯眼看着女儿图斯内尔达被抓获。日耳曼尼库斯对图斯内尔达（当时她已有身孕）待之以礼，允许她跟父亲住在一起。至于阿米尼乌斯，他仍然在逃，并且利用妻子被捕一事在日耳曼人里赢得了更多的支持。与此同时，图斯内尔达产下一子，起名图梅利库斯（Thumelicus）。

公元17年，日耳曼尼库斯返回罗马，参加胜利庆典游行。在游街的俘虏队伍里，最显眼的人物当属图斯内尔达和她年幼的儿子。她父亲塞格斯特斯则在观众席上。日耳曼尼库斯的胜利庆典过后不久，图斯内尔达和儿子被流放到意大利北部的拉韦纳（Ravenna）。抵达几周或几个月之后，图斯内尔达便离开了人世。她儿子图梅利库斯被送到拉韦纳角斗士学校接受培训，后来在角斗时死在了竞技场上，当时大约只有16岁。

在维瑟河附近战胜日耳曼军队后，罗马将军日耳曼尼库斯·凯撒活捉了阿米尼乌斯的妻子图斯内尔达

布里甘特女王卡蒂曼杜

（约殁于 69 年）

　　布里甘特人是不列颠民族最大的一支部族，生活在如今英格兰北部的数个郡县，包括约克郡、兰开夏郡和坎伯里亚郡。布里甘特女王卡蒂曼杜（Cartimandua）与罗马议和后，被任命为罗马帝国的代理总督。

　　43 年，不列颠国王卡拉塔库斯率众造反，要推翻罗马帝国，卡蒂曼杜女王却保持了中立。若干年后，罗马人打败了卡拉塔库斯，卡拉塔库斯逃到了卡蒂曼杜女王的朝廷。从卡蒂曼杜女王附属于罗马帝国的处境考虑，卡拉塔库斯的到来是个危险的举动。当罗马人要求卡蒂曼杜女王交出卡拉塔库斯时，女王无奈，唯有服从。罗马历史学家塔西佗如此描述这件事，说："对不幸的失败者而言，难有安全，所以卡拉塔库斯……被五花大绑交给了征服者。"

　　由于卡蒂曼杜女王交出了罗马帝国在不列颠的首要敌人，罗马皇帝克劳狄乌斯给予卡蒂曼杜女王丰厚的回报。不过，卡蒂曼杜女王的丈夫维纳修斯对她背叛同为不列颠人的国王大为恼火。卡蒂曼杜女王便与丈夫离婚，然后嫁给了丈夫的扈从维罗卡杜斯。

　　对维纳修斯来说，卡蒂曼杜女王这么做太过分了，他召集反罗马帝国的布里甘特族人以及其他不列颠族人的军兵，组成了一支讨伐卡蒂曼杜女王的大军。为保护罗马帝国的忠诚盟友，罗马帝国驻不列颠总督加卢斯紧急派遣一个罗马军团北上驰援，将维纳修斯和他的军队打得四散奔逃。

　　对罗马帝国来说，69 年是动荡不安的"四帝之年"，四个皇帝像走马灯一样轮流坐庄，相继执政。维纳修斯利用这一有利时机再次组织起一支军队，向仍然在位的女王前妻发起进攻。罗马帝国总督再次派出几支部队，然而，这次救援因力量有限，未能如愿。由于无法打败不列颠反叛者，罗马人将卡蒂曼杜女王转移到不列颠岛内由罗马帝国控制的一个安全区。后来发生了什么，人们至今都无从知晓，卡蒂曼杜女王的名字从那一时期的历史记录里就这样如烟般销声匿迹了。

W.Whitaker

犹大王后贝莱妮斯

（28—约82）

贝莱妮斯（Berenice）是杀人如麻的希律大帝的重孙女；她姨妈是那个为换取施洗约翰人头落地，在加利利统治者面前跳舞的莎乐美；她父亲是相信自己是神明的希律亚基帕一世。

贝莱妮斯嫁给了自己的叔父哈尔基斯的希律（Herod of Chalcis），并为其生了两个儿子。甚至罗马人也认为，这样的婚姻实在过于乱伦，然而，贝莱妮斯自己没有任何负罪感。数年后，哈尔基斯的希律死了，贝莱妮斯又与自己的兄长希律亚基帕二世不分你我了。如果兄妹二人继续在耶路撒冷居住下去，他们的绯闻必定会在城里引起街头暴力，因而他们定居到了曾祖父在地中海沿岸建立的罗马城市凯撒利亚。这个整天有戏剧、赛马、沐浴、角斗士比赛的城市，成了这双兄妹恋人温馨的家。

但即便在凯撒利亚城，贝莱妮斯与兄长也是市井里的笑柄。为粉饰自己的名声，贝莱妮斯再度出嫁，这一次，她嫁给了奇里乞亚国王波利门二世（Polemon Ⅱ）。奇里乞亚王国位于如今的土耳其南部沿海。这是一次不幸的婚配，两三年后，这对冤家分了手，贝莱妮斯再度回到兄长身边。她的身心尚未完全平复下来，新的罗马执政官弗洛卢斯开始与犹大国的国民作对，亵渎犹太教堂、盗窃圣殿里的圣物、以莫须有的罪名把耶路撒冷最著名的人士钉上十架。犹太人被逼无奈，奋起反抗。

为镇压反叛，罗马人派来了侵略军，贝莱妮斯以其美貌勾引住了21岁的罗马统帅提图斯，臭名昭著的王后让这位统帅神魂颠倒。贝莱妮斯意识到，自己对这位帅气的、经验丰富的青年将才无比依恋。提图斯率领军队摧毁了耶路撒冷城，洗劫了圣殿，将9.7万名犹太人押到了罗马奴隶市场，而他们两人的关系则碰撞出了火花。提图斯带着战利品和俘虏返回家乡时，贝莱妮斯追随他一起走了。其时，提图斯的父亲已经成为罗马帝国皇帝，贝莱妮斯满心希望提图斯向自己提婚，这样一来，她即可顺理成章地成为罗马帝国下一任皇后。然而提图斯虽和贝莱妮斯生活在一起，却只字不提结婚一事，贝莱妮斯的美梦成了泡影，两人一直未正式结婚，提图斯成为皇帝前，两人便分了手。

提图斯殁于81年，希律亚基帕二世大约殁于92年，然而，没有人知道贝莱妮斯后来的命运。

BERENICE.

E. Picart sculp.

罗马帝国皇帝尼禄

（37—68）

在大多数影视作品里，尼禄（Nero）的形象犹如疯子，其实这是错误的。尽管尼禄残忍，极端爱慕虚荣，又自负得让人难以忍受，然而，他的精神方面并非疯狂。

尼禄16岁登基成为皇帝。尽管年轻，没有经验，执政初期的他倒也一帆风顺，因为兼听则明，他得到几个人的大力相助，如老师塞内加，禁卫军统帅布鲁斯，母亲阿格里庇娜。一俟21周岁，尼禄皇帝就开始自作主张了。为了迎娶波培娅，他休了原来的妻子屋大维娅。波培娅是个野心勃勃、冷酷无情、在性方面追求花样翻新的女人。尼禄皇帝让人谋杀了自己的母亲。布鲁斯退休后，尼禄皇帝让一个名叫提格利努斯的人统领禁卫军。提格利努斯为了显示自己的重要性，不断地、无休无止地"揭露"各种各样的所谓"阴谋诡计"，以此强化他对皇帝的影响，其实大多数阴谋诡计根本就是子虚乌有。

灾难发生于64年，是年，一场大火焚毁了大部分罗马城区。有传闻说，面对罗马城的大火，尼禄皇帝正在弹奏七弦竖琴引吭高歌，不过，这不是真的，大火熊熊燃烧期间，尼禄皇帝根本不在城里。虽然尼禄皇帝向无家可归者提供了食宿，但他也充分利用了这场灾难，从中获得了一大片曾经是私人住宅的地块，并在这片地上修建了一座新王宫。这在民间招致了不满，人们指责尼禄皇帝是纵火者。为平息指控，尼禄皇帝宣称，是基督教这个隐秘教派放火烧毁了城市。这是他对基督教的第一轮迫害，尼禄皇帝对数不清的基督徒男人、女人、孩子施以极刑，包括在人体上涂满沥青，然后点燃以照明花园。殉道者中甚至包括两位圣徒：圣彼得和圣保罗。

66年，尼禄皇帝前往希腊，参加在那里举行的一系列艺术比赛和体育竞技。他在音乐方面十分平庸，对体育更是一窍不通，但在每一个的参与项目上都获得了头等奖。尼禄皇帝在统治希腊期间，高卢地区、北非地区以及西班牙地区的执政官全都起来反叛，元老院还宣布他为人民公敌，就连禁卫军也抛弃了他。饱受惊吓的孤家寡人尼禄逃到了一个名叫斐安（Phaon）的自由人家里避难，在那里自杀身亡。奥古斯都·凯撒家族再也没有活着的成员了。

尼禄在罗马城着火现场

爱西尼女王布狄卡

（殁于 60 年或 61 年）

这位女王的真名或许不叫布狄卡，不过，比起传统写法 Boadicea（博阿迪西亚），Boudica（布狄卡）可能更接近她的真名。错误的根源在于罗马历史学家——他们不习惯英国人说话时的发音，英国人的发音转换成他们的语言拉丁语，用文字记录下来，就成了现在这个样子。

布狄卡是爱西尼女王，而爱西尼是不列颠岛上的一个部族。43 年，罗马人开始征服不列颠时，爱西尼族人与入侵者结成了同盟。罗马人肯定欢迎这个做法，因为不列颠人源于凯尔特人，而凯尔特人天生就是骁勇善战的斗士。不列颠斗士崇尚体魄健硕和血气方刚，更喜欢向敌人展示这两种特质，他们总是赤身裸体走向战场。除了崇尚勇气，不列颠人还崇尚独立，只要罗马人将爱西尼人当自由人看待，爱西尼族人的忠诚完全可以依赖。

布狄卡女王的丈夫普拉苏塔古斯国王去世后，主管该行省财政的罗马人派遣武装人员没收了已故国王的全部财产。不仅如此，罗马人还洗劫了爱西尼贵族的家人和财产。至于王室成员，罗马人鞭笞了布狄卡女王，强奸了她的两个女儿。正是这样的背叛和残忍，引发了爱西尼人的反叛。

通过罗马历史学家狄奥·卡西乌斯的描述，我们得知，布狄卡女王身材高挑，一头浓密的红发长及腰际，还有一副洪亮但沙哑的嗓音。在一次不列颠族人各支派出席的大会上，布狄卡女王声讨了罗马人对她及其女儿，及至对她的人民所犯下的罪行，她号召人们报仇雪耻。于是，数万不列颠斗士集结到了她身边，她驾驭双轮战车，冲锋在前，向罗马所占据的城市伦敦、科尔切斯特、圣奥尔本斯发起进攻，先后攻陷了这些城市，将它们付之一炬，还残杀了城里的居民。

不过，罗马人重新集结了军队，在罗马大道沿线一个不知名的地方，打败了由布狄卡女王率领的、怒火高涨但组织不力的不列颠部队。那地方如今的名称为惠特灵大道。多位罗马历史学家宣称，8 万不列颠人在战场上倒在了血泊中。毫无疑问，这一数字有夸大之嫌。布狄卡女王按照不列颠的传统服毒自杀，逃脱了被俘或被杀的下场。她两个女儿后来的命运至今无人知晓。

布狄卡和她的两个女儿

罗马帝国皇帝马可·奥勒留

（121—180）

马可·奥勒留（Marcus Aurelius）是罗马帝国唯一的哲学家皇帝。由于继承的帝国四面受敌，处于重压之下，出于无奈，他把大部分时间花在了战场上，而非图书馆里。

马可皇帝推崇斯多葛学派，这是公元前3世纪形成于希腊的一种哲学思想。斯多葛学派笃信严格的自我管控，尤其是管控强烈的情绪，诸如生气和妒忌。他们追求善良，主张对生活和命运里的一切逆来顺受。斯多葛学派还相信，只要保持心态平和，个人遭遇的磨难即可减轻，甚至会完全消失。这也成了马可皇帝的信仰。

在曾经的塞尔维亚和匈牙利作战期间，马可皇帝见缝插针，用文字记录了他对斯多葛哲学思想的思辨。皇帝的警句都收进了今人熟知的《沉思录》一书里。这是一部自我反省的指南，也是世界上最早的自我救赎用书之一。现引用书里的一些警句：

"最好的报复方式，是莫让自己变成一个作恶者。"

"咬到苦黄瓜，须将其丢弃；遇上荆棘路，即绕道而行。"

"若某事会让人背信弃义、丧尽天良，甚或让人产生仇恨、怀疑、邪念、伪善，绝不要相信它会给人带来好处。"

尽管马可皇帝的忠告并非真正的原创，但一千八百多年来，他的这本书一直让人们喜闻乐见，让他在所有罗马皇帝中最为耀目，这是不争的事实。

很自然地，马可皇帝将"待人以善"推广到了罗马帝国的治国理政中，尤其在照顾社会生活中的弱势群体方面。他任用诚实的官员，以确保粮食能公平地分配到穷人手里，孤儿们能得到妥善照料。

180年3月17日，马可皇帝在文多博纳（如今的维也纳）突然离世。令人扼腕的是，这位崇尚善良的人却生了一个十恶不赦的儿子康莫德斯，他毫不留情地杀害了所有惹他不高兴的人。这位儿子将自己想象为从天宫下凡的赫拉克勒斯，还喜欢将自己打扮成这位远古英雄的模样在斗兽场里宰杀野兽。据说，他多次模仿赫拉克勒斯，在其中一次表演中，他在一天之内就杀死了100头狮子！

凯旋的马可·奥勒留

帕尔米拉女王芝诺比娅

（220—274 年后）

与不列颠的爱西尼女王布狄卡一样，芝诺比娅（Zenobia）在丈夫过世后也成了女王；与前者不一样的是，芝诺比娅女王没有率兵与罗马帝国交战，而是建立了一个与罗马帝国分庭抗礼的帝国。芝诺比娅女王是阿拉伯人的后裔（也有可能是犹太人的后裔，或者是阿拉伯人与犹太人的混血）。她是个卓尔不群的女人，智慧与胆略和美丽都令人惊羡。她最倚重的顾问是郎吉努斯，此人是个哲学家，被人们认为是那个时代最有头脑的人。

芝诺比娅的丈夫去世之际，帕尔米拉国库空虚，几个野蛮族裔在东部边境地区不断地制造事端，人民对罗马人的统治怨声载道。因此，芝诺比娅女王决心建立一个帕尔米拉帝国，使其强大到足以抵御罗马人的干涉。她赶走了罗马派来的执政官，征服了安条克，接着又征服了埃及。她收集罗马钱币将其熔化，随后发行了铸有她的形象的新钱币。

帕尔米拉是个有价值的行省，容忍这样的行省脱离罗马帝国，不符合任何一位凯撒的性格，因而奥勒良皇帝率领大军讨伐帕尔米拉。在等待波斯国王增援期间，芝诺比娅女王进行了殊死的抵抗，她有足够的信心拖垮罗马人，因为，虽然帕尔米拉这个城市地处沙漠，却拥有足够的泉水灌溉结满硕果和种满蔬菜的园子。而对于远道来袭的罗马人沿途能找到的食物和饮水却少之又少。

为确保给养自己的军队，奥勒良皇帝买通了几个沙漠部族，以使他们停止袭扰大军的补给线。接下来，在波斯增援部队抵达帕尔米拉前，奥勒良皇帝将波斯人打败了。由于担心自己会陷入绝境，芝诺比娅女王骑上骆驼，逃进了大漠深处。然而，奥勒良皇帝的一支骑兵队追击100公里赶上了她，并将她俘获。

奥勒良皇帝将芝诺比娅女王和她儿子带回了罗马，给他们穿上了最好的衣服，佩戴了珠宝，然后在他们脖子套上黄金锁链，牵着他们在罗马的大街上游行。

在奥勒良皇帝胜利庆典活动中游街受辱后，芝诺比娅女王在乡下的一处住宅里悄无声息地度过了余生，以至于后人无从知晓她死于何时。

罗马帝国皇帝戴克里先

（244—311）

　　3世纪末，罗马帝国变得过于庞大，问题堆积如山，以一人之力难以应对。戴克里先（Diocletian）皇帝具备超常的解决问题的能力，他挑选了三个人与他一起统治，共同改进这个局面。他挑选了马克西米安（Maximian）这位最亲密的朋友，同时又是经验丰富的军事统帅，作为另一位皇帝。戴克里先皇帝和马克西米安皇帝同时拥有奥古斯都头衔，两人将各配属一位拥有凯撒头衔的副手；戴克里先为东部帝国的主皇帝，马克西米安为西部帝国的主皇帝；戴克里先皇帝的副手为加莱里乌斯，这是一位放羊娃出身、一步步从士兵成长为军官的人；马克西米安皇帝的副手为君士坦提乌斯一世·克洛卢斯，同样是一位出身微贱，通过军旅生涯才出人头地的放羊娃。由这四位统治者组成了"四头政体"，这"tetrarch"是希腊语，意指"四位领袖共治"。

　　303年2月，戴克里先皇帝颁布了一条法令，在整个罗马帝国范围内迫害基督徒，这是有史以来第一次。该法令强制基督徒交出经书和祈祷书，然后烧掉，拆除基督教堂，处死不愿意祭拜罗马诸神的基督徒。一些历史学家认为，这次宗教迫害的始作俑者是加莱里乌斯，因为他秉持罗马传统，笃信罗马诸神。这种可能性确实存在，不过，号召他人攻击基督教，仅就加莱里乌斯一己之力，成不了气候，实际上，戴克里先皇帝身边的顾问们差不多都是狂热的敌基督者。没有人知道，在整个罗马帝国范围内，究竟有多少男人、女人、孩子死于这次宗教迫害，普遍认可的数字大约两万人。

　　戴克里先皇帝的"四头政体"让治国理政变得更加容易，可是，他忽略了将帝国权力分散带来的许多现实问题。305年，他和马克西米安皇帝退位后，两位凯撒升格为奥古斯都。接下来出现的问题是，如何安排后续的皇帝继位。如果仅有一位皇帝，事情会非常简单，不过，如今这问题涉及四个人，事情就变得无限复杂起来。在一次商讨解决方案的大会上，戴克里先皇帝死在了会场。

　　　　　　意大利威尼斯圣马可大教堂内的"四头政体"雕像

罗马帝国皇帝君士坦丁一世大帝

（272—337）

无论是在精神层面还是现实层面，君士坦丁一世（Constantine Ⅰ）大帝都与罗马帝国的过去做了彻底的了断。基督徒遭受野蛮迫害的时代刚刚过去尚不足十年，君士坦丁一世大帝不仅在整个帝国范围内让基督徒的宗教合法化，并且他喜欢基督教胜于罗马人传统的诸神崇拜。富有戏剧性的是，他在位于如今土耳其境内的博斯普鲁斯海峡建立了新都，取名为"君士坦丁堡"，然而，"新罗马"成为众所皆知的名字；至于老罗马，已经不再是当时世界的中心了。

君士坦丁一世20岁时，罗马帝国皇帝戴克里先正在创建崭新的"四头政体"体制。当时，马克西米安·奥古斯都选择君士坦丁一世的父亲君士坦提乌斯一世·克洛卢斯为皇帝副手，加封凯撒头衔。这一职务带来的好处是：君士坦提乌斯一世得以迎娶马克西米安的继女，君士坦丁一世也得以前往埃及迎战罗马帝国的敌人，以成就他的军事功业。因此，君士坦提乌斯一世接受了马克西米安的提议，立即休掉了结婚22年的妻子海伦娜。

305年，君士坦丁一世跟随父亲君士坦提乌斯一世·克洛卢斯在英格兰北部与皮克特人酣战之际，父亲离世了。父亲统领的几个罗马军团推举君士坦丁一世为皇帝，不过，时间又过去七年，直等到彻底铲除了几个对手，皇帝头衔才稳稳当当地落在他头上。据说，在罗马郊外米尔维亚桥最终决战前，君士坦丁一世皇帝看见了金光闪闪的十字景象，这件事让他转信了基督教。

君士坦丁一世皇帝对基督徒们非常慷慨，他在罗马、耶路撒冷、安条克、君士坦丁堡修建了许多教堂，还赠予教皇一座罗马式宫殿。他召集了一次基督教全体主教会议，对一个名叫阿里乌斯的非主流埃及祭司宣扬的异端邪说进行打压。不过，君士坦丁一世皇帝临终时才接受洗礼，表明他一直没准备好全面接受基督教信仰。

像许多帝王一样，君士坦丁一世皇帝同样害怕他人谋划推翻自己。他的妻子法乌斯塔悄悄对他说，大儿子克里斯普斯（法乌斯塔的继子）正在密谋夺权，他派人处死了儿子。然而，没过多久，他又听说自己受骗了，事情完全是法乌斯塔编造的，目的是铲除克里斯普斯，以便她和君士坦丁一世皇帝所生的某个儿子能继承罗马帝国。君士坦丁一世皇帝对儿子之死进行报复，让人捂死了法乌斯塔。

罗马帝国皇帝叛教者尤利安

（331—363）

罗马帝国第一位基督教皇帝是君士坦丁一世，尤利安（Julian）则是最后一位信奉异教的皇帝。尤利安得到"叛教者"头衔的原因是，他从小接受基督教熏陶，青年时期的他却拒绝基督教，转而敬拜罗马诸神。

尤利安的童年波澜不惊，他总是与老师形影不离，老师在他脑子里灌满了希腊哲学理念。不过，作为皇室成员（君士坦丁一世是他的伯父），家人期盼他在政府里有所作为。24岁时，他被派往高卢地区，多年来，这一地区的两个日耳曼部族阿勒曼尼人和法兰克人总是骚扰罗马帝国驻军，袭击罗马帝国城市。尤利安在战场上打败了这两个部族，然后与他们的酋长谈判，并达成协议。对于没有军事经验的学者型年轻人来说，取得如此成就，令人刮目相看，尤利安后半生一直将其视为傲人的成就。

公元360年，君士坦提乌斯二世作古，尤利安登基即位。成为皇帝的尤利安做出的首要决定之一是，恢复传统的罗马宗教。他没有公开迫害基督徒，不过，他穷尽一切办法，让他们在罗马社会生活中的地位边缘化；他还禁止基督徒改变信仰，禁止他们参与传统文学、修辞、语法教学，还取消了政府对宗教慈善事业的补贴和基督教神职人员的免税待遇。

基督教慈善机构的活动让许多人改信了基督教，意识到这一点的尤利安皇帝建立了许多与之作对的慈善机构。他寄希望于这些机构能够复兴多神教信仰，当帝国的人民需要帮助、需要安全感时，会首先想到他这个皇帝，而不是求助于基督教。让尤利安皇帝烦恼的是，尽管他做了该做的一切，但教会的信众平静喜乐，改信基督教的人依然势如洪流，不断增长。

与此同时，波斯那边又出了问题。鉴于高卢地区的成功经验，尤利安皇帝原本以为能轻而易举地压制住波斯人的反叛，然而实际情况证明，与阿勒曼尼人和法兰克人相比，波斯人是更加令人生畏的敌人。尽管罗马人在主战场上取得了胜利，夺取了一些波斯城市，但他们却不断地遭受小股敌军的袭扰。363年6月，多股波斯游击队袭击了行进中的罗马大军，当时尤利安皇帝正在队列里。在这次小规模冲突中，一个波斯人用长矛刺中了尤利安皇帝的腹部，他竟然在重兵护卫下丧命！有传言说，尤利安皇帝的临终遗言是对耶稣基督说的："耶稣啊，还是你胜了！"不过几乎可以肯定，这是后人的杜撰。

叛教者尤利安正在主持一个不同教派人士参加的大会

维斯哥特国王阿拉里克一世

（370—410）

从4世纪开始，罗马人逐渐完善了一种独特的削弱异族人战斗力的方式，以便迫使蛮族人停止对罗马帝国行省的袭扰，其方法为：变外族人为雇佣兵。不久后，成千上万哥特勇士和家人来到罗马帝国疆域内定居，其中一些人成了罗马军团的军官，许多人改信了基督教。不过，对许多罗马人来说，哥特人永远是外来者。

为防备某个可能的篡位者伤害狄奥多西一世皇帝，24岁的阿拉里克（Alaric）率领一支哥特大军前来护驾。在弗里基都斯河（Frigidus River）战役中，阿拉里克和手下人不断地向敌军阵地发起进攻，如此英勇的壮举让哥特人损兵折将达1万人——阿拉里克的半数兵力。然而，战斗结束后，狄奥多西一世皇帝犒赏士兵、晋升军官时，哥特人几乎没有得到任何好处，阿拉里克甚至没有得到提名。不堪侮辱的阿拉里克与罗马人翻脸了。

5世纪最初几年，阿拉里克国王策划了一次让全世界瞠目的军事行动——他要夺取罗马城！410年，哥特人围困了这座城市。随着食物短缺，疾病流行，罗马人渐渐绝望了，他们派出两位元老进行停战谈判。阿拉里克国王接待了两位来使，提出了要让罗马帝国境内的所有外族奴隶得到释放，还要得到5000万磅黄金、30000磅白银，外加许多其他奢侈品等条件。

罗马人如数交出了赎金，阿拉里克国王率兵离开了罗马。返回途中，阿拉里克国王派人送信给皇帝，要求皇帝任命自己为西部各行省所有罗马军团的统帅。皇帝的答复是，永远不可能将如此高的官阶授予外族人。收到答复的阿拉里克国王率兵杀了个回马枪，再次包围了罗马城。

410年8月24日，城里的内应——人们至今仍然不知道叛徒究竟是谁——打开了萨拉门，哥特人蜂拥而入。他们在罗马城内洗劫了三天，将抓获的俘虏当奴隶卖掉，用酷刑折磨有钱的男男女女，强迫他们招出藏匿钱财的地方。待到整个城市再也没有什么可以抢劫的了，哥特人才扬长而去。阿拉里克国王做到了他人想都不敢想的事：七百年来，罗马城第一次落到了敌军手里。

哥特人阿拉里克进入希腊的一座城市

汪达尔国王盖萨里克

（约 389—477）

童年和少年时期的盖萨里克（Gaiseric）头脑里有个印象，自己所属的汪达尔族人是群居于莱茵河沿岸食不果腹的人。不过，406年新年除夕，一股强冷空气袭击了如今的德国，莱茵河一夜之间封冻了。当时的盖萨里克眼看就年满17岁了，如果汪达尔人继续在原地苟活下去，他们会继续面对饥荒和匈奴人的袭扰；如果跨过大河，对岸就是隶属于罗马帝国的高卢地区，那里不但有许多富庶的城市，还有许多物产丰富的农庄。汪达尔人收拾好家什，集体行动起来，他们要穿过冰面，奔向全新的生活。

接下来十六年，迁徙中的汪达尔人边打仗边抢劫，先后穿过了高卢地区和西班牙，他们越来越强大，越来越自信。422年，盖萨里克成了国王，其时，汪达尔人已经在西班牙南部紧挨港口的卡塔赫纳城定居下来。在迁徙过程中，汪达尔人学会了造船和驾船。428年，罗马帝国驻北非执政官与当地皇帝发生龃龉，于是决定雇用汪达尔人为他效力。这时盖萨里克国王让全民热情参与，打造出了一支舰队，8万汪达尔族男人、女人、孩子乘船来到如今的摩洛哥。当盖萨里克国王率领人民抵达迦太基城时，罗马执政官却忽然改了主意。然而，汪达尔人已经不肯返回西班牙了。北非是个天堂般的地方，有水草丰茂的农庄，宏伟的罗马风格的城市，因而，盖萨里克国王决定征服这一地区。结果历时不到五年，他已经是北非中部地区的主宰了，所辖地域包括北非行省最大的迦太基城。

盖萨里克国王将舰队打造成了海军，以此挑战罗马皇帝。455年，他率军入侵意大利、进军罗马期间，没有遇到任何抵抗，圣利奥一世大教皇还在罗马接见了他，教皇恳请盖萨里克国王将平静留给这座城市，但这位汪达尔国王拒绝了——他无法抗拒如此丰厚的大礼。好在盖萨里克国王是个基督徒，因而他做出了一些让步，如城里人不会遭受酷刑和屠杀，他不会放火焚毁城市，只会带走值钱的东西。

在两周占领期内，汪达尔人从每一座房子、神庙、教堂、政府驻地拆走了所有值钱的东西，还抓走了一些贵族，以便交换一些赎金。

盖萨里克国王过世之际年近87岁。他让他的人民享受了世界强国的滋味，建成了地中海地区最强大的海军，他让他的族人在所有外族人里成了最富裕的一族。

汪达尔人进攻罗马城

拜占庭帝国皇帝狄奥多西二世

（401—450）

作为拜占庭帝国的皇室成员，小狄奥多西由三个姐姐一手带大，特别是大姐普尔喀丽娅。姐妹三人形成了一个虔诚的小组，每个人都发誓永葆童贞，她们在皇宫里的生活与修道院修女的生活别无二致。尽管狄奥多西同样虔诚，但他对热闹的外界兴趣更大，他喜欢打猎、骑马、舞剑。人们认为，正是他把波斯人的竞技项目"促砍"（tsnkan）引进了拜占庭帝国。如今人们将"促砍"称作马球。

长大成人能够主事后，狄奥多西二世（Theodosius Ⅱ）皇帝想出并制定了一套对外政策，以应对当时困扰他的三个重大问题：一是，与波斯人和平相处；二是，守卫帝国边境，抵御匈奴人；三是，尽力恢复欧洲西部的秩序，不使蛮族人继续蚕食高卢、西班牙、不列颠，甚至意大利境内的一些行省。狄奥多西二世皇帝还需要分心应对一个皇室内部的麻烦，他娶回一个名叫欧多吉娅的美丽的希腊女人之后，妒火难耐的大姐普尔喀丽娅整日惹是生非。两个女人的争宠已经到了不择手段的地步。经过多年的明争暗斗，欧多吉娅退缩了，最终搬出了皇宫。但这一举动毫无意义，因为，那时的狄奥多西二世皇帝已经年近四十，既不会听夫人的建议，也不会听姐姐的劝告。

狄奥多西二世皇帝有意像几位先帝那样成为伟大的军事统帅，然而，无论是匈奴人还是汪达尔人，都让他颜面扫地，让他的军团饱尝败绩。汪达尔人夺取了北非，包括大城市迦太基，攻占了西西里岛，血洗了罗马城，狄奥多西二世皇帝竟然没有兵力保卫这些领地！与此同时，为稳住匈奴人，狄奥多西二世皇帝每年要送给匈奴王阿提拉近2100磅黄金。

在构建拜占庭帝国方面，狄奥多西二世皇帝是个关键人物。由于从几个野蛮族裔手里夺回欧洲西部已经无望，他被迫面对现实，最终放弃了那几个行省，将主要精力聚焦到了几个东部行省。由于他清楚地意识到，必须把精力集中到数世纪前尤利乌斯·凯撒征服的这几个行省，拜占庭人反而放下了包袱，进而放手一搏，自由自在地发展日渐繁荣的文明。狄奥多西二世皇帝的后退决策，反而将拜占庭送上了发展壮大的黄金时代。

狄奥多西二世（左）与教皇

匈奴国王阿提拉

（406—453）

　　对5世纪的匈奴人来说，让自己拥有一个国王称得上是个全新的想法。在此之前，同属一个帮派的匈奴人生活和战斗在一起，帮派之间互相独立，根本没有国王。然而，在脱离祖居地中亚大草原，一路向西横扫世界之时，他们才意识到，打仗时有个最高统帅很实用。匈奴人的第一个国王是鲁吉拉，继任的国王是他的侄子阿提拉（Attila）。

　　在所有毁灭过罗马帝国的蛮族人之中，匈奴人称得上是独特的民族。哥特人、汪达尔人、法兰克人、伦巴底人、撒克逊人——所有这些民族都定居在了被自己征服了的土地上，唯独匈奴人继续着迁徙生活，一路劫掠，一路屠杀，毁掉沿途的一切，只留下满载战利品的大车。他们从来没有停下来建设城市和耕种土地的愿望。

　　阿提拉国王没有帝王威严：他身材矮小，肩宽胸厚，头特别大，鼻子扁平，眼睛又小又黑，他穿的衣服与其他匈奴人别无二致，只不过比其他人干净些。

　　阿提拉国王对战争的渴求似无止境，他的终极目标似乎是彻底摧毁罗马帝国。然而，没有人知道，实现这一计划之后他还有什么打算。

　　阿提拉国王统领的军队在如今的法国驰骋期间，由罗马人和哥特雇佣兵组成的一支大军决心阻止他，把他赶回老家去。两军在马恩河畔沙隆地区遭遇，匈奴人占据了平原地带，这样的地势有利于骑马作战，正合他们心意，罗马人和哥特人则在山坡上挖起了壕沟，因为匈奴人的战马无法爬坡。为了近敌，匈奴人放弃战马，爬上了山坡，厮杀异常残酷，常常是双方贴身肉搏，战斗一直持续到日落西山。无论是罗马人，还是匈奴人，谁都说不清究竟哪一方成了胜者。第二天清晨，阿提拉国王不仅没有下令进攻，反而命令部队撤回他们设在多瑙河畔的大本营。

　　大约两年后，阿提拉国王再次喜迎新婚，新婚当夜，他鼻子大出血，鼻血竟然把他呛死了。匈奴人让蒂萨河临时改道，挖开了旧河道，将国王安葬在河床之下，然后让蒂萨河流回故道，将阿提拉国王的陵墓永久地掩埋和隐藏起来。

法兰克国王克洛维

（约 466—511）

　　法兰克人和罗马人结为亲密同盟，时间长达数世纪之久。许多法兰克人在罗马军团里服役，并以此为荣。一些人还荣升了高位，其中一位最终成了皇家卫队的统帅。随着5世纪罗马帝国的覆灭，法兰克人夺取了高卢地区。与其他蛮族人不同，法兰克人不仅没有毁掉这一行省的罗马文化，还将其发扬光大，他们甚至放弃了原来使用的日耳曼语而采用了拉丁语。

　　21岁的法兰克国王克洛维（Clovis）征服了罗马人在高卢地区仅剩的最后一片领土。这次胜利让他成为包括如今的法国、比利时，以及德国莱茵兰地区的国王。493年，他迎娶了芳龄18岁的勃艮第公主克洛提尔德。克洛维国王没有改变信仰，依旧信仰日耳曼诸神，而克洛提尔德则信仰天主教。495年，克洛提尔德产下一子，她说服了克洛维国王，给孩子施了洗礼。洗礼刚过不久，孩子身患重病，这时克洛提尔德祷告祈求上帝保佑孩子的生命，而克洛维国王却后悔自己没有让孩子信奉日耳曼诸神。后来孩子康复了，这件事给克洛维国王留下了深刻的印象，因为他敬重的是权柄。显然，克洛提尔德所崇拜的基督是拥有权柄的。

　　一年后，在托比亚克战场上与阿勒曼尼人殊死搏斗期间，克洛维国王眼看着自己的军队在敌人的攻击下节节败退。手下人正准备撒腿逃离战场之际，克洛维国王想起了克洛提尔德所崇拜的上帝。他暗自祷告："我已经祈求过原来相信的众神，可他们却无动于衷。如果你能帮助我战胜敌人……将来我就信你，以你的圣名接受洗礼。"正当克洛维国王暗自发誓的时候，法兰克人重新集结起来，并发起了反攻，将阿勒曼尼人赶得四散奔逃。之后，克洛维国王真的履行了自己的承诺。于496年圣诞日当天，他率领近乎所有官员前往兰斯大教堂接受了洗礼。

　　克洛维国王改信天主教不仅使法兰克人和罗马人之间联系更多，还为法兰克人与高卢地区的高卢–罗马居民融合得更加紧密打下了坚实的基础。如今，这两个民族共享相同的文化以及相同的宗教，因而使两个民族之间更多地通婚，进而又促成了一个新民族的形成，这就是人们熟知的法兰西民族。

克洛维在托比亚克战场上

拜占庭帝国皇帝查士丁尼一世和皇后提娥多拉

（483—565，约 500—548）

查士丁尼一世（Justinian Ⅰ）一辈子都念念不忘要恢复罗马帝国，而且差一点就实现了梦想。他从诸多蛮族国家的手里夺回了意大利、北非、西班牙南部，还创建了一支海军，其军力无比强大，致使地中海成了拜占庭帝国的内陆湖。然而，查士丁尼一世复兴的帝国没有延续下来——他去世不足两年，几个蛮族国家重新夺回了失地，使拜占庭帝国几乎放弃了欧洲西部所有行省。

查士丁尼一世相信，教会和政府若能和谐共处，管理有方，整个社会才是最幸福的。他曾经留给世人一段文字："出于对人类的慈爱，上帝从天庭赐给人间两个守则：祭司制度和国家威权。"为了让教会和政府和谐相处，查士丁尼一世试图在正统宗教和非正统宗教意识的各教派之间充当仲裁者，他禁止人们崇拜以前信仰的众神，甚至关闭了位于雅典的"柏拉图学园"，因为他认为，那是个充满异端邪说的堡垒。他留给后人历史最悠久的物质遗产是一座教堂，即圣索菲亚大教堂，亦称圣智教堂，那是个建筑奇迹，如今依然是到访伊斯坦布尔的每一位游客必选的观光项目。

查士丁尼一世影响最深远的作为是，创建了一套新法典，该法典提升和修订了许多古罗马法条，例如，新法典让奴隶更容易从奴隶主那里赎身为自由人，还给予妇女和儿童更多权利，让他们享受更多法律保障，同时减少了必须判死刑的罪名。

查士丁尼一世的皇后提娥多拉，是他挚爱的妻子和最好的顾问。提娥多拉曾经当过演员，据说还当过妓女。她的个性比查士丁尼一世更加刚烈。在臭名昭著的"尼卡暴动"期间，一群暴徒在君士坦丁堡无法无天，大有即将推翻皇帝之势。当时查士丁尼一世有些不知所措，正在犹豫应当留下来坚守还是拔腿逃跑之时，提娥多拉对他说，皇帝你想逃就逃吧，不过，我会留下来。她还补充说，皇帝的紫色战袍可以当上好的裹尸布用。提娥多拉的勇敢让查士丁尼一世恢复了勇气，他派遣仍然效忠他的军队赶赴竞技场，那里是暴乱行动指挥部，他的命令是，对暴徒格杀勿论。

　　　　　　　　　意大利圣维塔雷教堂里的查士丁尼一世马赛克像

MAXIMIANVS

西班牙西哥特国王雷卡雷德一世

（约 565—601）

　　4世纪时，西班牙的哥特人改信了基督教的阿里乌斯教派。到6世纪时，这个国家遭到了欧洲西部各国的孤立。同一时期，欧洲的其他国家，包括如今的意大利、德国、法国、英国、爱尔兰，全都改信了天主教。信仰阿里乌斯教派的西哥特国王心里清楚，欧洲邻国都不愿意跟持非正统宗教意识的前哨国家掺和在一起。

　　雷卡雷德一世（Reccared Ⅰ）十多岁时，其兄长赫梅内吉尔德改信了天主教，这一举动惹恼了父王，在西班牙引发了内战。国王提出几项促和条件，出于对父亲的过分信任，赫梅内吉尔德接受了条件，而后却立即遭到逮捕，被关押到塞维尔，又被父亲下令杀死。

　　一年后，即586年，年迈的国王去世，雷卡雷德一世继位。587年，新国王宣称，他已经成了天主教徒。他改变信仰的原因至今不明——或许是出于信念，或许是为了悼念遇害的哥哥，或许是政治权宜，或许将前几项综合起来才是原因。当时，天主教徒在人数上已经大大超过了阿里乌斯教徒，但阿里乌斯教派仍在贵族中占主导地位。追随雷卡雷德一世改变信仰的人包括大多数贵族，甚至包括阿里乌斯派的多数主教。抵制最强烈为少数生活在比利牛斯山区和梅里达周边地区的贵族。雷卡雷德一世甚至不得不出面应对继母发起的篡权阴谋。无论是在战场上，还是在公开宣战、打压对方气焰方面，雷卡雷德一世最终战胜了阿里乌斯教派。

　　有意思的是，尽管雷卡雷德一世鼓励臣民成为天主教徒，他却没有将这一政策扩大到西班牙境内的犹太族聚居区。历代西班牙西哥特国王都以宽容之心对待犹太人，雷卡雷德一世也没有改变这一策略。

　　各种记载那段历史的书籍除了记述雷卡雷德一世曾解决前述宗教问题之外，几乎没有一本书涉及他在其他方面的作为。标注日期最晚的文献是教皇圣格列高利一世写给雷卡雷德一世的一封友好的亲笔信，这封信伴随礼物而来，礼物为一套历史遗存物，包括耶稣受难十字架上的一块残片、圣彼得坐牢期间用来拴锁他的一段铁链，以及圣施洗者约翰头上的几缕头发。

西班牙最早的一批受洗成为天主教徒的哥特人，他们追随雷卡雷德一世国王，从阿里乌斯教皈依了天主教

日本摄政王圣德太子

（约 574—622）

　　有那么一个时期，日本的大人物全都致力于寻找一种方法，以统一国家，强化天皇的威望，圣德太子（Taishi Shotoku）伺机推出了一种宗教和一套思想体系，它们将永久性改变日本的文化特征。他从朝鲜人那里引进了佛教，从中国人那里引进了孔子的伦理道德体系。佛教让日本人有了共同的信念，而孔子学说里的"君天下"之治国理念强化了天皇的作用，天皇遂成了凝聚整个日本社会的人物。这对圣德家族也有好处，因为他是用明天皇的次子。

　　受孔子学说启发，圣德太子起草了"十七条宪法"，该宪法为日本统治阶级设定了道德标准，其中最重要的（也是当时日本最具创新精神的）条款是，任用政府官员必须依其技能、品行和特长，而非其社会地位。

　　鼓励佛教在日本传播的也是圣德太子，实际上，人们尊奉他为日本佛教之父，以及拥有超凡圣德和超凡智慧之人，因为他为三部重要佛经《妙法莲华经》《维摩经》和《胜鬘经》写了"义疏"。据信，正是圣德太子建造了位于大阪的四天王寺——这是日本境内第一座佛教寺庙。有证据表明，圣德太子还建造了位于斑鸠町的法隆寺——1939年，考古学家们在法隆寺建筑群的一隅发现了圣德太子府遗迹。

　　圣德太子受到如此尊奉，反而模糊了他的真实历史形象。关于他，日本人口口相传的故事太多太多，有关他的身世的史料反而鲜有留存。人们像尊奉菩萨一样崇拜他，因为他像菩萨一样对人类心存同情，为帮助在这个地球上的人类，他甘愿放弃了得大自在的机会。

中国皇帝唐太宗

（599—649）

唐太宗推崇备至的一句话："水能载舟，亦能覆舟。"他说的"水"，指的是中国的农民群体；他说的"舟"，指的是皇帝自身。尚处少年时代的唐太宗对此已经有了亲身体验，由于厌倦了连绵不断的战争、沉重的赋税、皇族的奢靡，中国的农民奋起反抗，暴动起义。唐太宗的父亲是当时皇帝的军事将领之一。他的父亲意识到，农民造反是废黜皇帝、夺取帝位的好机会，然而又担心自己的兵力不足，无法发动一场成功的政变。当时唐太宗只有16岁，他向父亲提议，雇用辖区内最彪悍的勇士，即匈奴人（也称"胡人"）。这是一招妙棋，由于"胡汉联军"的一系列胜利，618年，唐太宗的父亲宣布自己为中国唐朝第一任皇帝。

唐太宗是个领悟力极强的年轻人，不过不是长子，因而未被立为太子。他的长兄害怕头脑更聪明的太宗找到取代自己的方法，于是密谋杀害自己的弟弟。然而，太宗先下手为强，杀掉了长兄，扫清了道路，并于626年继位。

由于意识到愤怒的农民能够轻而易举地动摇国家体制，唐太宗颁布了一系列新法律，以赢得普通中国民众的支持。他减轻了百姓的赋税，简化了官僚机构，遏制了官方的奢侈、挥霍，废除了前朝的严酷刑法。他还兴办了许多新的水利工程，使农民得以开垦更多耕地。他又鼓励有才学的年轻人参加科举考试。在唐太宗的朝廷做官，起决定作用的不是地位，而是个人能力。

皇帝还鼓励人们与中东和欧洲建立文化和商业领域的联系。像重视商人一样，学者和艺术家也受到皇室的重视。由于西方大量需求诸如丝绸、茶叶、瓷器、纸张之类奢侈品，国家鼓励这类贸易，经济一派繁荣、兴旺。

唐太宗在位二十三年。他去世后，人们怀念他，因为他是给中国带来和平、统一、繁华的皇帝。

伊斯兰哈里发阿里·伊本·艾比·塔利卜

（600—661）

阿里·伊本·艾比·塔利卜（Ali Ibn Abi TaliB）是伊斯兰先知穆罕默德的堂弟、女婿，也是穆罕默德的外孙哈桑和侯赛因的父亲。后来，穆罕默德认阿里为嗣子，因而他们的关系更加密切。

当阿里还是个懵懂的小男孩时，就已经接受了穆罕默德的宗教启蒙，因而成了世界上第一个信仰伊斯兰教的男人。长大成人的阿里成了先知最信任的顾问之一，也是先知圈里最核心的成员之一，即所谓的"挚友"。人们可能会认为，先知将指定自己的儿子为继承人，然而，（按照逊尼派的说法）先知去世时没有指定继承人。于是人们推举阿布·伯克尔为哈里发（意为"忠诚的穆斯林政治领袖"），他是先知的族人和挚友之一。但是，什叶派认为，穆罕默德的确指定过阿里为继承人，只是其他几位"挚友"置先知的遗愿于不顾。显然，在推选继承人期间，气氛相当紧张。阿里为了缓解气氛，置身事外，集中精力于宗教事务而不参与政治事务。

人们最终推举阿里为哈里发时，他却不愿意接受安排——可能因为穆罕默德遗孀艾莎的反对。后来，当阿里接受哈里发权位时，却陷入了困境：由于他没有任命长期以来一向支持他的泰勒哈和祖拜尔为巴士拉和库法两地的地方官，致使两人抛弃了他。伊斯兰军最早的军事领袖之一穆阿维叶也反对他，并认为自己才应该是哈里发。

阿里的权力基础是在阿拉伯半岛、伊拉克、埃及和汉志，时间移至660年，阿里发现，支持他的人越来越少。穆阿维叶率军袭击了阿拉伯半岛和伊拉克，埃及和汉志也投靠了穆阿维叶。不可思议的是，在穆斯林信众里，几乎没有人支持穆罕默德的养子阿里的统治。

661年，阿里在库法的一座清真寺做礼拜时，被一个极端分子用一柄毒剑刺杀。

后来，阿里的墓地成了朝圣之地，什叶派穆斯林尤其尊崇他，他们认为，他才是那个接受过来自天庭的穆罕默德启示的人，他被谋杀身亡成了穆斯林历史上最大的悲剧之一。

一位伊拉克什叶派妇女亲吻阿里画像

帕伦克国王巴加尔二世大帝

（603—683）

      巴加尔（Pacal）12岁时成了玛雅帕伦克王国的国王。有一件雕刻所描绘的正是这一时刻：场景里的巴加尔正在接受母亲递给他的王冠，他母亲是位女王，曾经亲自治国理政——这在玛雅文化中极为罕见。

      玛雅文明曾遍及如今墨西哥到危地马拉的大片区域。很长时间以来，在玛雅文明中，蒂卡尔城（位于现危地马拉境内）一直特别耀眼。巴加尔二世在位六十八年，其间，他在帕伦克启动了耗资巨大的宫殿和神庙的建筑工程，致使蒂卡尔城黯然失色。好在巴加尔二世一直与历代蒂卡尔国王以及玛雅亚克锡兰王国保持着良好的关系，他帮助他们打仗，还征服了周边至少六个王国。

      巴加尔二世在帕伦克建造的大工程之一为碑铭神庙，得名于其藏有的记载玛雅各阶段历史的大量石刻。

      数十年来，考古学家们一直相信，碑铭神庙是埋葬巴加尔二世时建造的纪念堂，可惜的是，人们始终没有找到巴加尔二世陵墓所在位置的线索。后来，1948年，考古学家亚尔伯托·鲁兹·路易里尔注意到同事们以前忽略的某种东西——一块边缘有数个石头塞子的大石板。路易里尔和他的团队移除了石头塞子，几个穿透石板的钻孔露了出来，他们挪移了石板，然后又花费四年时间清理干净石板下边的碎石。碎石下边掩藏着一段通向地下空穴的台阶，空穴里有一个后人未进入的墓室，墓室上边有一个刻工极为复杂的棺盖，图案内容为巴加尔二世下降到玛雅冥界的场景。将棺盖打开后，路易里尔和他的团队发现了一具遗骸，其脸部被一副翡翠面具覆盖。到底是不是巴加尔二世本人的遗骸，时至今日，人们依然存有争议。因为，一些考古学家认为，这具遗骸属于一个四五十岁的男人，而巴加尔二世亡故时已经80岁了。

      毫无疑问，墓室及其装饰物品都是为巴加尔二世准备的，因而，这具遗骸很有可能就是他本人。

巴加尔二世国王陵墓里的大石板

西藏王松赞干布

（约 617—650）

出类拔萃的人有可能永久性地改变自己的国家，松赞干布便是其中的一位。他出生在甲玛的一个藏族王室家庭里，甲玛这个地方位于如今拉萨东北方向。松赞干布 13 岁时，父亲被人毒死，他因而成了藏王。在历史上，终成伟业的娃娃王极为鲜见——他们要么成为年长亲属的傀儡，要么被杀，好为某个野心勃勃的成年人腾出王位。然而，不管怎样，松赞干布最终证实了自己是个不同寻常的娃娃王。

西藏从前没有书写文字，松赞干布派遣了一位特使前往印度，与那里的学者一同创造了藏文。唐朝拥有绝妙的制造技术，因而他邀请精通丝织、酿酒、造纸、制墨技巧的汉人工匠来到西藏，向藏族人传授这些技艺。

松赞干布是西藏历史上三个"达摩王"中的第一个（"达摩"是传播佛教的专用术语），达摩王指的是在西藏建立佛教制的统治者。正是这位达摩王建造了大昭寺——西藏最为神圣的寺庙，为了让寺庙香火旺盛，他的两位夫人尺尊公主和文成公主向寺庙捐赠了佛与菩萨的塑像和圣物。

松赞干布曾多次向汉人开战，还占领了部分汉人的领土，从而创建了第一个西藏王国。然而，他极其尊崇汉民族文化。他鼓励藏族权贵们将子弟送往汉族地区学习，还放弃了用毡子和皮毛缝制的传统服装。他像汉族皇帝一样，身穿用丝绸和织锦做的长袍。

20 世纪 60 年代"文化大革命"期间，成千上万件西藏佛教的圣物遭到破坏，有些还被大车拉到了内地，其中包括松赞干布的一位夫人作为礼物送给他的、著名的贝尔沙佛像。1983 年，中国政府推行新政策，将一些遗存的圣物回归西藏。人们在位于北京的一家工厂里找到了这尊佛像的上半部分，又在拉萨的一个垃圾堆里找到了佛像的下半部分。人们将两个部分合二为一，让它再次回归到了大昭寺。

为纪念松赞干布所修建的藏族风格的寺庙

法兰克亲王查理·马特

（688—741）

查理·马特（Charles Martel）被誉为欧洲的救世主，这种说法并非夸张。732年，查理率军在普瓦提埃和图尔两座城市之间的战场上挡住了穆斯林大军的入侵，并将对方赶回了比利牛斯山另一侧的西班牙境内。当时的穆斯林军队势不可当，他们横扫了中东、北非，尔后征服了西班牙和葡萄牙。欧洲西部许多人认为，他们的文明已经危如累卵，同样难逃穆斯林的蹂躏。在普瓦提埃和图尔的战役以及随后数年的多次战役中，查理率军击退了穆斯林军队每一次向伊比利亚半岛以北的进犯。由于他在战场上所向披靡，无往不胜，他荣获了"马特"称号，*Martel*是拉丁文，意即"铁锤"（martellus）。

查理是丕平二世宫相的非婚生子。如今人们对"宫相"一职不知其实。在查理时代，"宫相"相当于法兰克王国事实上的国王。作为私生子，查理本没有理由成为王室的继承人，然而，他的所有合法婚生的兄弟们都死了，下一代都还未成年，因而查理得到了王位。毫无疑问，他那些兄弟们的亲属都表示反对，不过，查理母亲与王室的关系更牢固，她的亲属和朋友们都鼎力支持查理继位。时间移至719年，查理已经正式成为"宫相"，再也没有人敢对他的权威提出质疑了。

随后，查理获得了一个更有帝王味道的头衔——法兰克亲王。天生勇武的他制伏了弗里斯兰人、撒克逊人、阿勒曼尼人。他心里清楚，如果日耳曼族人能够成为大欧洲基督教文化的一部分，就不会那么富于侵略性了。正是出于这个原因，他支持并资助了圣·邦尼菲斯，此人是英国有主教身份的传教士，致力于让日耳曼人改变信仰。

查理虽然身份不合法，但他创建了中世纪初期欧洲最伟大的王朝之一——the Carolingians（加洛林王朝）。此称法来自于查理一词的拉丁文，即*Carolus*。他最有作为的后人是他的孙子，在他去世一年后出生，同样取名查理，不过，这位孙子更为人熟知的名字是查理曼大帝。

巴格达哈里发曼苏尔

（712—775）

曼苏尔（Al-Mansur）的哥哥萨法赫推翻了伍麦叶王朝的统治，建立了阿拔斯王朝，延续了数代哈里发。萨法赫是个禽兽不如的统治者，他追捕并杀害每一个他能找到的伍麦叶王朝成员，甚至还辱其尸体。如此暴虐行为，使得所有伍麦叶王朝成员及其追随者逃亡伊斯兰世界最偏远的地方寻求庇护。

公元754年，萨法赫亡故，曼苏尔继位。为保住权位，曼苏尔在许多方面的作为像他哥哥一样工于心计。萨法赫派出许多刺客追杀自己的对手，曼苏尔更甚，他连自己的盟友都要杀掉，也就是说，他杀害了那些拥护阿拔斯王朝的人。他的道理很简单——不能容忍任何人觉得是他欠了他们什么。为了明白无误地表明他掌握着人们的生杀予夺大权，他身边总是站着个刽子手，任何敢于抗命的人，或某种程度上让他不快的人，随时都会丧命。

曼苏尔的第二个目标与上述目标密不可分，即让哈里发握有绝对的权力。他早已得到军队的支持，然而，他的首席顾问伊本·穆格法建议他对地主阶级宽容些，并让伊斯兰宗教学者团"乌力马"成为哈里发王朝的正式组织，以此来赢得这些人的效忠。曼苏尔接受了伊本·穆格法的所有建议，可他依然无法完全放心，因而他组建了一个密探网，监视所有形迹可疑的人，他自己的家族曾密谋颠覆伍麦叶王朝，而他监视的对象正是这一类人。

曼苏尔是个具有妄想狂的坏蛋，可他绝不是个简单人物，正是他在底格里斯河沿岸的国际贸易交汇点建立了巴格达城。对商人们而言，底格里斯河、幼发拉底河是连接波斯湾和地中海的通道，而巴格达城本身是运货驼队的目的地，那些驼队来自阿拉伯、也门、埃及甚至更遥远的地方。在曼苏尔治下，巴格达渐渐成了一座美丽的城市。在此科技、学术研究、艺术、商业全方位繁荣昌盛起来——虽说曼苏尔身边永远站着刽子手。

阿拔斯王朝哈里发和巴格达创建者艾卜·贾法尔·曼苏尔的青铜头像

撒克逊公爵维杜金德

（约 730—808）

776年夏，查理曼大帝为一件事举办了一场庆典，他认为，这件事等同于战场上的一次胜利，即上万撒克逊人聚集在帕德博恩的一个圆木建造的教堂外等候接受洗礼。对查理曼来说，这是一个决定性时刻，标志着一个野蛮民族进入了文明世界。从这一刻开始，这些人不再是敌人，而是帝国的一个组成部分。

然而，查理曼高兴得太早了。撒克逊公爵维杜金德（Widukind）拒绝与他媾和，怂恿臣民再次要求独立。撒克逊人首先攻击的几个地方之一是帕德博恩，他们杀害了六年前为他们施洗的那些神甫。

维杜金德不愿意成为查理曼的附庸，不愿意放弃自己的文化，不愿意接受查理曼意欲引入整个帝国的希腊－罗马文化和基督教文明。接下来爆发的撒克逊人和法兰克人之间的战争非常残酷。一位纪年史学家的记述写道："查理曼国王将强有力的手臂伸向了所有撒克逊人的疆域。"据史料记载，他命人处死了费尔登地区回归异教的4500个撒克逊人。他究竟杀了多少人，准确数字至今仍存争议，不过，这件事导致查理曼和维杜金德之间的战事持续了三年。

维杜金德率军撤退到北部的大森林深处，引诱查理曼率领的军队远离本土，远离后勤基地。他还故意将相互矛盾的情报泄露给对方，以扰乱对方——这个说他正在丹麦，那个说在条顿堡森林里，还有的说他早已东进到荒蛮的、远在波罗的海沿岸的无名地带。查理曼相信了最后一条情报，因而率领大军来到罗马军团以前从未涉足的地方，然而，当地的族人却宣称，他们从未听说过维杜金德其人。夏季行将结束时，查理曼无功而返。

在三年时间里，维杜金德不断地袭扰查理曼的军队，他烧毁了被基督教影响渗入的撒克逊人的城池，杀死传教士。然而，人数占优势的查理曼笑到了最后，一直坚持到公爵和他手下的撒克逊人无以为继。785年，维杜金德同意媾和，同意接受洗礼，还同意查理曼充任他的教父。

据说，维杜金德改信基督教是出于虔诚真心，后来他成了基督教徒的典范，再也没有掀起任何战事。在德国他甚至被尊崇为圣徒，被称为"真福者"维杜金德。

位于德国恩格的维杜金德墓

科尔多瓦的"高贵统领"
阿卜杜·拉赫曼一世

（731—788）

阿卜杜·拉赫曼一世（Abd Al-Rahman I）出生于大马士革，他的家族伍麦叶王朝统治该地区将近一百年。然而，750年，与其作对的阿拔斯王朝将他们赶下台。拉赫曼被迫亡命天涯，四处寻求庇护，起初他逃到巴勒斯坦，然后逃到埃及，最后逃到摩洛哥，与他母亲原属的柏柏尔族纳富萨部落人生活在一起。他试图掌控柏柏尔族人的领导权，不过，柏柏尔族人拒绝接受他的领导。后来他去了西班牙，那里是众多穆斯林冒险家的福地，他们梦想着在西班牙变得既有钱又有势。

来自不同部落和不同种族的穆斯林遍布西班牙各地，他们互相倾轧，纷争存在于柏柏尔人和阿拉伯人之间，以及也门人和叙利亚人之间，而且终年不断。拉赫曼将这种混乱视作机会，忠于伍麦叶王朝的人为数不少，拉赫曼将这些人组织起来，建立了军队。756年他打败了安达卢斯（阿拉伯人对西班牙境内穆斯林占领区的称谓）总督优素福·菲赫利（Yusuf al-Fihri），进而宣称自己是这片领土的"高贵的统领"。随后，他派人送信给大马士革阿拔斯王朝的哈里发，宣称，即使对方承认他自封的头衔，他也不会宣誓效忠对方。

拉赫曼无力调解西班牙境内穆斯林占领区的所有战争和纷争，因而与割地自封的群雄们达成了协议：只要他们承认他为高贵统领，并缴纳一部分征上来的税收，他就不会介意他们在各自所占的领土上行使权力。如此一来，安达卢斯在某种程度上恢复了表面的平静。与此同时，散布于世界各地的伍麦叶王朝成员及其支持者获悉了拉赫曼的成功，纷纷来到西班牙投靠他，因而，他的势力和影响迅速膨胀起来。

只是拉赫曼在一个方面没有进展。由于穆斯林之间一向不睦，他从未组织起足够强大的、能够打败西班牙基督徒的军力，也从未夺回穆斯林曾经占有、尔后西班牙人又抢回去的那些城镇。

拉赫曼最伟大的、让人最难忘的成就是建造了"科尔多瓦大清真寺"，那是个世界级的建筑奇迹，它之所以闻名，在于其庄严的、红白相间的拱廊，它由1000根镶嵌着碧玉、玛瑙、大理石、花岗岩的立柱支撑。这个建筑至今犹存，然而，西班牙人将其改造成了大教堂。

位于西班牙的阿卜杜·拉赫曼雕像

神圣罗马帝国皇帝查理曼大帝

（742—814）

　　查理曼（Charlemagne）的梦想是要统一欧洲西部长期不睦的各个族裔和国家，使之成为一个密不可分的帝国。自罗马帝国覆灭以来，这是第一次有人这么做。总的来说，查理曼成功了。他去世前统治的疆域横跨维斯杜拉河到大西洋，纵跨波罗的海到比利牛斯山。为表彰他的成就，赞颂他在保卫天主教利益方面所做的贡献，800年圣诞日那天，利奥三世教皇将皇冠戴在了查理曼头上，赐予他"全体罗马人的皇帝"头衔。后来这一头衔演化成了"神圣罗马帝国皇帝"。

　　查理曼英俊偶傥，身高1.9米，接近风烛残年时，他才有了将军肚，尽管如此，他依然身材健硕。他的头发是特别浅的金黄色，看起来接近白色。

　　查理曼从未进过学堂，因而他特别推崇教育。他聘请一些最好的教师和学者到朝廷工作，接受聘请的包括来自英格兰的阿尔昆(Alcuin)、西班牙的狄奥多夫（Theodulf）、意大利的教士保罗、意大利阿奎莱亚的鲍利努斯二世（Paulinus Ⅱ）。查理曼在朝廷开办了一所学校，在遍布帝国疆域内的修道院创建了许多学校，还建立了许多缮写堂，让修士们在堂里抄写希腊和罗马的经典作品。他非常慷慨地支持作家、艺术家、建筑师们进行创作，正是他兴起了一个文化的黄金时代，即渐为后人熟知的"加洛林文艺复兴"时代。

　　查理曼对军事胜利情有独钟，他使撒克逊人和巴伐利亚人拜倒在了他面前，他将斯拉夫人和阿瓦尔人（这是个信奉异教的族裔，生活在如今的匈牙利境内）赶回老窝，占领了科西嘉岛、撒丁岛、巴利阿里群岛，所有这些地方曾经频繁遭受穆斯林海盗的袭击，他还试图将势力范围扩大到了西班牙境内。在比利牛斯山区隆塞瓦克斯（Roncevaux）关隘的一次小规模冲突中，他的一个家族成员罗兰被杀，这件事激发了中世纪最伟大的诗作之一——《罗兰之歌》的诞生。

　　在位四十六年后，查理曼在坐落于亚琛的皇宫里平静地离世。根据中世纪的说法，他头顶皇冠，手握权杖，以坐姿入殓。这一说法的真实性后人无从考证，因为1165年弗雷德里克一世皇帝打开了陵墓，将查理曼放进了一个用黄金白银打造的棺材。

巴格达哈里发哈伦·拉希德

（763—809）

哈伦·拉希德（Harun Al-Rashid）正是故事书《一千零一夜》里的那位哈里发，在他的治理下，国家尤为繁荣昌盛，从许多方面看，巴格达的文化生活达到了前所未有的高度。

哈里发是绝对的君王，这在曼苏尔时期已经得到确认，自拉希德往后，哈里发们已经不再过问王国的世俗管理事务，施政交给了一个庞大的官僚机构，日常事务由各部门的主管负责，或者由"维齐尔"——最高行政官负责，并以哈里发的名义监管所有官僚机构。哈里发高高在上，洒脱到只管一件事：最后审批。与此同时，哈里发还是文学艺术的主要赞助人。而这后一件事是他最擅长的。

拉希德创建了一个学院，组织该学院的语言学家们将古希腊作品翻译成阿拉伯文；他建立了许多图书馆和学校，包括医学院；他还开办了许多医院，许多接待穷人的收容所，一家接纳精神病人的收容院；他还是许多诗人和作曲家的资助人。根据当时的说法，这位哈里发的慷慨全都基于他的个人经历：每天晚上，他都会便装出行，到街井里市亲自查访臣民生活得怎么样，缺什么。

拉希德还是位伟大的外交家，他与中国皇帝以及欧洲的查理曼大帝建立了友好关系。查理曼大帝送给这位哈里发许多西班牙战马和猎狗，哈里发回赠查理曼大帝一些丝织品、一副象牙棋、一头名叫阿布·阿巴斯的大象。拉希德是个精明的谈判家，他清醒地认识到，自己是拜占庭帝国最大的威胁，因而他主动与艾琳女皇达成友好协议：只要对方每年进贡7万金币，作为交换，他保证不进犯君士坦丁堡。艾琳女皇接受了拉希德的条件。

807年，拉希德的军队入侵并占领了塞浦路斯。两年后，他前往该岛进行了一次视察。在清真寺里做礼拜时，一个刺客袭击了他，在他头部造成几处致命伤。第二天，哈伦·拉希德停止了呼吸。

东盎格利亚国王埃德蒙

（约 841—869）

865年，上万维京人在英格兰登陆，惊恐万状的英格兰人将他们称作"不信上帝的超野蛮大军"，维京人席卷了整个英格兰，犹如战神一样不可阻挡。

东盎格利亚王国横亘在维京人必经的路上，当时这个小王国由一位热爱和平、笃信宗教、年仅24岁的国王埃德蒙（Edmund）统治。如果他命令军兵出城迎击维京人，军兵们会遭遇杀戮，这样一来，他的人民将失去保护，所以，埃德蒙尝试着收买入侵者。他把上千匹战马当作"礼物"送给维京人的首领"无骨者"伊瓦尔以及他的两个弟弟哈夫丹、乌比。伊瓦尔收下了埃德蒙的馈赠，让军队穿过了这个小王国，并且相对而言，没有留下什么祸害。

维京人继续向北挺进，他们蜂拥进入诺森比亚王国，洗劫了该国首都约克城，逮住并处死了诺森比亚国王埃拉。随后三年，埃德蒙国王和他的臣民不断听到维京人胜利和暴行的消息。然后，869年，他们听说，维京人掉头往东盎格利亚来了，伊瓦尔派人给埃德蒙捎了一个口信：如果想要和平，他必须正式宣布放弃基督教信仰，改信北欧诸神。伊瓦尔这么做与其说是出于宗教原因，莫如说是在强迫一个国王像胆小鬼一样听从他。埃德蒙拒绝了他的威胁，他率领军队正面迎击维京人，战场或许在霍克森村庄（准确位置长期以来一直是历史学家们争论不休的话题）。维京人血洗了东盎格利亚，俘获了埃德蒙。

伊瓦尔再次向埃德蒙提议，只要他正式宣布放弃基督教信仰，就会得到和平，埃德蒙再次拒绝了提议。维京人用棍棒暴打埃德蒙，将他绑在树上用皮带狠抽，然后找来弓箭手，以国王当作射箭的靶标。关于埃德蒙的死法，最早的传闻是："他全身被射满了箭，像个浑身毛刺直立的刺猬"。不过，他仍然没死，因而维京人割断了捆绑他的绳索，砍下了他的头颅。

维京人继续南进，他们刚一离开，埃德蒙的臣民们立刻找回他被残害的尸体。埃德蒙几乎立刻成了令人崇敬的圣徒。一个修道院建在了他的坟墓附近，其周边渐渐形成了一个叫作"安葬圣徒埃德蒙之地"的小镇。这个小镇一直存留到1539年，是年，此圣地和修道院被亨利八世摧毁了。

站立在最左边的那位是圣徒埃德蒙，他手持一支箭，箭是他成为圣徒的标志

英格兰国王阿尔弗雷德大帝

（约 849—899）

原本没有人指望阿尔弗雷德（Alfred）会成为国王，因为他有三个哥哥。不过，他们一个接一个去世了，最后去世的是埃塞尔烈德，他死于与丹麦维京人的战争，当时他浑身多处负伤。一夜之间，22岁的阿尔弗雷德成了韦塞克斯国王，该王国囊括了如今英格兰南部的数个郡。想当初，英国没有中央权威机构，当时的英格兰由四个王国组成，阿尔弗雷德成为国王时，维京人已经夺取了诺森比亚、麦西亚、东盎格利亚三个王国，唯有阿尔弗雷德治下的韦塞克斯王国仍然在与入侵者抗衡。

韦塞克斯王国生存下来至关重要——这是西方文明在英格兰的最后阵地。北欧维京海盗的入侵将英格兰的其他城市、农庄、修道院、女修道院变成了冒烟的废墟，整个英伦岛人口锐减，生存下来的人们全都躲进了英格兰沼泽地带以及威尔士山区。纵观维京人的劫掠，以他们对修道院的毁坏最为惨烈。大修道院除了作为宗教交流场所之外，往往还是英国文化中心，修道院里建有各种学校和图书馆，更为重要的是，还有为艺术家和音乐家修建的各种活动室。阿尔弗雷德知道，维京人对修道院的摧毁，威胁着英国文明的前景。

为得到生存空间，阿尔弗雷德规划了一个策略：收买维京人。为了得到作为交换条件的一大笔黄金，对方承诺留给韦塞克斯王国五年和平时期。但维京人没有信守诺言，经常进行骚扰。878年1月6日午夜，维京人偷袭了位于奇彭纳姆的王宫。阿尔弗雷德和王室成员以及少数武装人员，侥幸逃脱到了位于萨默塞特沼泽地带的阿塞尔内。尔后，阿尔弗雷德国王组建了一支大军，于5月份杀出沼泽地，突袭驻守埃丁顿的维京人，让对方一败涂地，并强迫维京人同意签署协议，将整个海岛划分为两个王国：丹麦区和英格兰区。分别由维京人和阿尔弗雷德统治。

为恢复英格兰的文化和文明，阿尔弗雷德在后来的执政期内尽职尽责，甚至亲自动手将大批拉丁文古典名著翻译成英文。人们赞誉他为英格兰的拯救者。正是这位国王既将整个国家团结在唯一的君主周围，又勇敢地恢复了英国的文明。

基辅女大公奥尔加

（约 879—969）

　　奥尔加（Olga）在其丈夫伊戈尔被比邻部族德雷夫利安人杀害时，坚强地接受了眼前的现实。德雷夫利安人的首领玛奥尔委派使团前往基辅，向奥尔加解释杀害伊戈尔的理由：因为他"像狐狸一样狡诈和贪婪"。代表团建议奥尔加将哀伤搁置一边，嫁给玛奥尔。奥尔加从中看到了为自己和为死去的丈夫复仇的方法。她堆起一脸笑容向诸使者表示，第二天他们再来时她会给予正式的答复。第二天，德雷夫利安人如约前来，奥尔加让手下人将他们全都抛进一个深坑活埋了。

　　接着，奥尔加派人送信给玛奥尔，告诉他，自己已经准备好嫁给他了，但举办结婚仪式前，她想按传统习俗为伊戈尔办个安葬宴，并以她的名义邀请玛奥尔及其数百位最有名望的近臣好友出席。在宴会过程中，奥尔加让自己人不断为玛奥尔的人斟酒，并命令手下人要确保所有德雷夫利安人的酒杯总是斟满的。德雷夫利安人喝得越多，越意识不到奥尔加和她的手下几乎滴酒未沾。待到他们个个喝得烂醉如泥时，奥尔加发出信号，她的手下在宴会大厅里动起手收拾了在场的每一个德雷夫利安人。

　　然而，奥尔加的愤怒并未因此完全平息，她返回基辅城，召集军兵，率军向德雷夫利安人的首都挺进。基辅的军兵从四面八方翻越城墙，到处放火焚烧，杀死了城里大多数居民，接着又围捕了活下来的人们，将他们当奴隶售卖了。如此一来，奥尔加的复仇愿望得到了充分满足。

　　大约十年后，奥尔加前往君士坦丁堡，与该国皇帝商讨结盟事宜。这是她第一次接触大型城市和基督教，眼前的一切让她惊呆了。君士坦丁堡之富丽堂皇，一座座教堂之美丽，礼拜场所之圣洁，都让她感到讶异。与主教、修道士、基督徒数次长谈后，奥尔加决定皈依基督教，以将基督教的福音带给自己的臣民。

　　令人悲哀的是，在奥尔加回到家乡，向人们述说自己新的信仰时，响应者却寥寥无几。如此残暴、如此凶狠的一个女人，怎么会突然间变得如此向善，如此截然不同呢？这让大多数基辅人感到意外，同时也感到滑稽，甚至王室成员们也拒绝听从她的话。奥尔加去世时已届90岁高龄，让她极为失望的是，在传教方面，她竟然一事无成。

英格兰丹麦区国王古斯鲁姆

（殁于 890 年）

851年，维京人改变策略，改对英格兰的袭扰为直接攻城略地。那一年，350艘龙船驻泊到了泰晤士河的河口。冬天来临，维京人却没有返回家园，驻扎在了萨尼特岛。入侵者一批批接踵而至，865年，一支人数众多的维京大军——英格兰人称其"不信上帝的超野蛮大军"——登陆了，开始一个接一个地攻占英格兰的四个王国。

古斯鲁姆（Guthrum）是维京人的首领之一，是丹麦人，他把军队的主攻方向集中到韦塞克斯王国。当时一个年轻的、毫无经验的、名叫阿尔弗雷德的王子刚刚成为该国国王。872年，阿尔弗雷德试图收买维京人，让其收手。古斯鲁姆虽然收下了对方送来的黄金，但他却无意遵守停战协议，于874年袭击了韦塞克斯王国，又于876年发动了大规模攻势，攻占了一个叫韦勒姆（具体位置今人已无从知晓）的地方以及附近的要塞。877年，他发动了更多的袭扰事件，但是，最让人称道的进攻发生在878年1月某个午夜过后不久的时分，当时他率军攻击了位于奇彭纳姆的阿尔弗雷德王室住处。维京人夺取了那个地方，然而，阿尔弗雷德国王本人、王室成员，以及一些王室近臣却逃脱了。

到了5月，阿尔弗雷德已经重整旗鼓，组建了一支军队，他率军向驻守埃丁顿的古斯鲁姆和他手下的维京人发起进攻。古斯鲁姆和手下躲进了位于奇彭纳姆原属阿尔弗雷德的庄园住宅，围城两周后，由于食物耗尽，古斯鲁姆被迫同阿尔弗雷德议和。经过协商，国王和首领做出安排，以位于西边的默西河为起点，东边的莫尔登为终点，画出一条斜线，将英格兰一分为二。阿尔弗雷德治下的疆域包括韦塞克斯以及半个英格兰，城市包括温切斯特（他将其设为首都）和坎特伯雷（此为英格兰的精神中心）。古斯鲁姆统治英格兰北部和东部，这就是所谓的丹麦区。阿尔弗雷德还要求古斯鲁姆解散他的军队，并接受基督教的洗礼。古斯鲁姆接受了上述所有条件。

885年，古斯鲁姆向阿尔弗雷德发起了最后一次进攻，而阿尔弗雷德再一次战胜他。古斯鲁姆在生命中的最后四年没有再给阿尔弗雷德制造麻烦。他在哈德利去世，按照当地的传统习俗，人们将这位维京国王葬在了圣玛丽教堂。

英格兰军队攻击古斯鲁姆的龙舰

约克国王血斧王埃里克

（约 895—954）

埃里克（Erik）谋杀了好几个兄弟，得到了"血斧王"的绰号，他这么做的目的是要成为唯一活在世上的挪威王位的继承人。一份记述他一生的拉丁文资料给了他一个拉丁文绰号：*Fratris interfector*（弑兄弟者）。933年，他成了国王，不过，他在位仅仅两年。挪威人民对埃里克的残暴统治忍无可忍，转而支持他的同父异母兄弟"好人"哈康，哈康掌权后，将埃里克流放到了国外。

埃里克去了英格兰，在约维克定居（即如今的约克）。那里是维京人在英格兰北部的主要聚居地。他如何成了约克国王，至今没有确切的说法，有可能是因为他承诺守卫英格兰北部，以抵御苏格兰人和爱尔兰人的袭扰，所以得到英格兰国王埃塞尔斯坦的支持，并获得了国王头衔。实际上，埃里克首先与苏格兰人以及爱尔兰人反目，率兵袭扰了对方。不过，时间过去没多久，又有人把埃里克从约克王位上赶了下来，这次是埃塞尔斯坦的同父异母兄弟爱德瑞德国王赶走了他。随后四年，埃里克与赫布里底群岛以及奥克尼群岛的维京统治者结成同盟，做好了夺回约克的准备。952年，他成功了。

约克是一块富庶的宝地，维京人与它有着广泛的商业联系，很可能是他们使约克成了不列颠群岛最大的国际贸易中心。那里的工匠和手工业者所制作的琥珀饰品，精加工的刀具、锁具和钥匙，印染精良的纺织品，甚至不起眼的日用品，例如木质的水杯和餐具，被偷运到遍布欧洲的市场上销售。流入约克的奢侈品包括日耳曼的葡萄酒和拜占庭的丝织品。显而易见，埃里克想把约克城据为己有。

954年，埃里克路经彭尼内山区。在一个人迹罕至的名叫斯坦摩尔（Stainmore）的地方，一个名叫马库斯的维京对手伏击了他。就埃里克深入瓦尔哈拉地区，一位挪威游吟诗人——也许是正儿八经的诗人——创作了一首歌，有这样的歌词：北欧主神奥丁欢迎他到来，全都因其"带血的长剑……血染的大地"。

埃里克之后，约克再也没有出现维京人国王，这座城市再次归属英格兰，此事致使一些历史学家猜测，没准爱德瑞德国王参与了谋杀埃里克。

在挪威奥斯伯格（Oseberg）展出的维京船，当年埃里克出逃时乘坐的可能就是这种船

波希米亚大公温塞拉斯

（约 907—935）

圣诞歌词里的"好国王温塞拉斯"在现实中是位真实的国王，不过，歌词里的情节是根据传奇故事杜撰的，而不是温塞拉斯（Wenceslas）生活中所经历的真实事件。

在温塞拉斯的成长阶段，波希米亚分裂成了两派：其中一派由温塞拉斯的母亲德拉戈米尔领导，这派人希望国家秉持异教，保持斯拉夫传统；另一派由温塞拉斯的祖母露德米拉领导，这派人希望见证波希米亚并入欧洲基督教文明，当时基督教文明正扩展至欧洲东部。

露德米拉承担起了教育孙子的义务，以确保孙子说一口流利的拉丁语——这是信奉基督教的欧洲国家通用的语言，因此温塞拉斯的拉丁语流利程度不亚于母语。温塞拉斯的父亲刚过世，德拉戈米尔就掌控了大权，派人勒死了露德米拉。将这位好老太婆杀害，激怒了希望与欧洲建立密切关系的贵族们，在大多数平民的支持下，他们宣布 16 岁的温塞拉斯为波希米亚大公。

年轻的大公放逐了母亲，厚葬了祖母，采纳了一种亲西欧和亲基督教的国策，将自己的国家置于国力强大的日耳曼国王"捕鸟者"亨利一世的保护之下。

原来由德拉戈米尔领导的派别由温塞拉斯的弟弟博莱斯洛夫接手领导，他伪装成基督徒，掩盖了真实的阴谋企图。935 年，博莱斯洛夫派人给温塞拉斯送了一份请柬，请他出席新教堂落成典礼。他知道，哥哥不可能拒绝这一邀请。在仪式过后的宴会上，温塞拉斯的忠实追随者告诫他说，他正处于危险中，然而，大公却没有重视。翌日早晨，前往教堂的温塞拉斯路遇博莱斯洛夫，弟弟对兄长动了手，温塞拉斯做出反击。正当兄弟二人缠斗得难解难分时，两个博莱斯洛夫的追随者从藏身处跳出来，合力对付温塞拉斯，将其杀害了。

谋杀事件过后，博莱斯洛夫和他的派别遭到波希米亚人的弃绝。与过去相比，基督教在这个国家已经扎下了坚实的根基，人民团结在亲欧洲的贵族身边。至于温塞拉斯大公，人们将他被残害的尸体安放在布拉格圣维特大教堂的一个神龛里，并将其尊崇为守护波希米亚的圣徒。

在彩色玻璃上描绘的温塞拉斯画像，他位于左边

S. WENCESLAUS.　　　S. WOLFGANG.

神圣罗马帝国皇帝奥托一世大帝

（912—973）

奥托（Otto）是个精明强干的人，凭借一己之力，他复兴了神圣罗马帝国，让德意志成了欧洲最重要的政治强国。奥托的父亲亨利一世曾经广受人们尊重和爱戴，然而他未能使君主政体得以巩固。结果必然是，奥托登基后最初几年必须与试图限制皇室权力、野心勃勃的贵族们做斗争，还要与自己的两个兄弟唐克马尔和亨利做斗争，兄弟两人谋划杀死他，以夺取皇位。公爵们是德意志等级社会里最有权势的贵族群体，奥托任用自己的家人，废除了公爵们的权力。至于那两兄弟，他们利用阴谋诡计与奥托争斗了十一年，后来，唐克马尔死了，亨利求得了奥托的原谅。

斯拉夫族人生活在如今的波兰及捷克共和国境内，马扎尔族人生活在如今的匈牙利境内，这两族人几乎是连年不断地袭扰德意志东部边境。奥托是个训练有素的军事将领，他首先率兵攻入斯拉夫人和马扎尔人地盘中紧邻德意志的领土，在那里建立了一系列坚固的军事要塞，以控制斯拉夫族人和马扎尔族人。他还建立了传教机构，改变斯拉夫人和马扎尔人的信仰，使他们安定，实现和平。955年，由于奥托战胜了斯拉夫人，取得了令人震惊的胜利，从那往后，整个波希米亚和波兰的大片领土成了德意志帝国的一部分。

像查理曼大帝一样，奥托也认为自己是基督教会的守护者，因而，教皇约翰十二世遭到敌人袭扰时，奥托派遣一支军队进入意大利，驱赶了那些与教皇作对的人。作为对此种行为的表彰，教皇约翰十二世沿袭前任善待查理曼大帝的方式，授予奥托"神圣罗马帝国皇帝"的封号。

奥托的一系列军事胜利，以及削弱贵族权力的聪明做法，让德意志比过去数十年更加强大，也更为安定。由于人们在下萨克森的戈斯拉尔发现了银矿，德意志变得更加富足。奥托成了欧洲首屈一指的君王，国王们有争端时，他成了公认的调停人。973年，奥托离世，整个德意志和整个欧洲大陆都对他寄予哀思。

爱尔兰皇帝布莱恩·博茹

（941—1014）

布莱恩·博茹（Brian Boru）是爱尔兰一个小王室中最小的儿子。布莱恩的梦想是要将维京人赶出爱尔兰，将所有爱尔兰小王国统一置于他自己单一的统治之下。当他的所有兄长都过世以后，布莱恩开始致力于实现自己的宏大目标。

布莱恩吸纳了维京人的作战方式：他打造了一支舰队，派遣舰船在爱尔兰各条河流溯流而上，采用突然袭击方式攻打各个城市和城堡，同时派步兵沿陆路协同进攻。他把爱尔兰各王国一个接一个收进了囊中，唯有位于爱尔兰北部的阿尔斯特王国和维京王国都柏林坚守了下来。统治阿尔斯特王国的乌伊尼尔部族从未屈服于布莱恩，不过，眼看无法抵御布莱恩的强大攻势，都柏林国王"银须"（Silkbeard）西德里克投降了，都柏林成了布莱恩的从属国。

1005年，布莱恩拜谒了位于阿马的圣帕特里克墓，以自己的一系列胜利向这位圣徒表达敬意。他在贵宾签名簿上写下了自己的名字，然后写下了自己的头衔"苏格兰最高统治者"，即"爱尔兰皇帝"。这一称谓并非夸张，因为他称得上是爱尔兰有史以来最伟大的国王和最强有力的统治者。然而，他树敌过多。

布莱恩废黜的伦斯特王国前国王梅尔默达与西德里克共谋，要引领一支强大的维京大军深入爱尔兰腹地，试图灭掉布莱恩，以复辟海岛上的诸多小王国，可是有人向布莱恩通报了这一阴谋。那年，布莱恩已经是88岁的老人，他召集军队，于1014年4月23日在都柏林城外名为克隆塔夫的地方与维京大军相遇。由于年龄过大，布莱恩已经无法披挂上阵，他让人将帐篷支在高处，以便亲自督战。战斗非常血腥，非常艰难，然而，傍晚时分，维京人扔下兵器，向舰队驻泊地逃去。一个名叫布罗迪尔的维京勇士在逃跑途中迷失了方向，误打误撞来到了布莱恩的帐篷外，他认出了国王，高举战斧向老者冲去，将他的头颅劈成了两半。

克隆塔夫之战击碎了维京人继续赖在爱尔兰的想法。然而，布莱恩将爱尔兰统一为一个帝国的梦想也随着他的离世而灰飞烟灭。不管怎样，此战之后一百五十年，爱尔兰再也没有遭受过入侵。

刺杀布莱恩·博茹的场景

基辅大公弗拉基米尔一世

（约956—1015）

从气质方面说，弗拉基米尔（Vladimir）的个性很像他那改信基督教之前的奶奶奥尔加。作为非婚生子，弗拉基米尔根本没有成为基辅大公的权利，不过，他不是那种让细枝末节的小问题成为拦路虎的人，他杀死了同父异母的嫡子兄长，夺得了大公头衔。

弗拉基米尔作为异教徒大公，他让信奉基督教的各个邻国惶惶不可终日：他建造了一个巨大的神殿，在里边摆满了异教神的偶像，还用活人做祭祀（他选择父子二人作为牺牲，此二人是基辅为数不多的基督教徒）。弗拉基米尔拥有七个妻子，还有大约三百个嫔妃（包括同父异母兄长的遗孀）。

弗拉基米尔在打仗方面无人能比，这吸引了拜占庭皇帝巴锡尔二世的注意。巴锡尔二世正陷于麻烦之中，臣民们在叛乱，保加利亚人在袭扰。于是，巴锡尔二世皇帝请求弗拉基米尔出手相助，弗拉基米尔选出六千名基辅战士组成大军，赶跑了叛军和保加利亚人。作为回报，弗拉基米尔点名要皇帝的妹妹安娜做自己的第八位妻子。巴锡尔二世表示反对，除非弗拉基米尔放弃信奉异教，废除多妻制，联姻才有可能。如果说，巴锡尔二世的话是为了让弗拉基米尔知难而退，弗拉基米尔就是"迎难而上"：他同意接受洗礼，承诺休掉几位妻子和解散后宫。他满足了对方的所有条件。安娜别无选择，只好让步，嫁给了基辅大公。

基辅和君士坦丁堡两地的舆论普遍一致地认为，弗拉基米尔改变信仰不过是一时心血来潮，一旦回到国内，他还会变回老样子。然而，弗拉基米尔邀请了一批主教和修士陪伴他一同返回基辅，随行人员和刚娶的妻子都为此大吃一惊：返回基辅后，弗拉基米尔下令拆毁自己下令修建的神殿，转而开始修建教堂。他颁布了一项法令，在大公府邸每天向贫穷无助的人提供免费食物，装满食物的四轮马车每天都会探访有病人的家庭。

弗拉基米尔还做了一件出乎所有人意料的事：他废除了死刑。对于大公心态的戏剧性改变，人们印象深刻，追随他改变信仰的人数以万计。他奶奶奥尔加曾经梦想让基辅成为信奉基督教国度，在她作古半个世纪后，这终于成了现实。

　　当牧师服侍人民的时候，弗拉基米尔抬起右手画十字

挪威国王奥拉夫·特里格瓦松

（约 960—1000）

奥拉夫·特里格瓦松（Olaf Tryggvason）原本是个北欧海盗首领，他成为挪威国王纯属偶然。不过，一旦大权在握，他便在挪威国内将国王的权力发挥到了极致，甚至将其延伸到了远在冰岛的一些挪威人的定居点。

像所有海盗头目一样，奥拉夫依靠劫掠不列颠群岛获得了财富和名头。995年，他返回挪威时，恰好赶上挪威人反抗国家统治者哈康公爵的起义。这位公爵的恶习惹恼了农民，因为他无论看上谁的老婆和女儿都要带回去强奸。这一次，哈康要求一位富裕的农民将老婆献出来，那人竟然傲慢地拒绝了他，还召唤邻居们前来助阵。哈康逃跑了，愤怒的农民紧随其后，穷追不舍。逃跑途中，哈康的一位扈从反戈一击，将其杀死了。

与此同时，与哈康的三个儿子议事的奥拉夫跟他们话不投机，双方起了冲突，奥拉夫杀死了其中一个儿子，另两人逃脱了。已然摆脱哈康的挪威人民不愿意屈从于活下来的任何一个哈康儿子的统治，他们拥立奥拉夫·特里格瓦松为国王。

奥拉夫早已改信了基督教，并像斯堪的纳维亚的其他统治者一样，奥拉夫也要求臣民们接受新宗教。他遇到了强烈的反对，包括哈康死后一直追随他的农民中最忠诚的支持者也反对他。农民起来造他的反，他杀掉了农民领袖贾恩斯克基，为安抚农民，他娶了贾恩斯克基的女儿古丝兰。这是愚蠢徒劳的举动——新婚当晚，古丝兰就试图杀掉他。

尽管遇到抵抗，奥拉夫在挪威沿海地区以及冰岛、格陵兰岛等地成功地推行了基督教，当然，他的方式方法有些残忍：拒绝改变信仰的人有可能被绞死或致残，最低限度也会被流放。

1000年，丹麦国王、瑞典国王，以及哈康公爵活下来的一个儿子三方联手，决定利用奥拉夫岌岌可危的地位同时入侵挪威。在波罗的海西部一个叫斯伏尔德的地方，奥拉夫与他们遭遇，打了一场海战。奥拉夫仅有11艘战船，而敌方舰队有70艘。对方一艘接一艘掳走了奥拉夫的战船，到末了，他的旗舰成了光杆司令。奥拉夫不想死在敌人手里，因而纵身跳进了大海，人们据此推断他已经死了。然而，在其后数年间，还会经常有人报告亲眼看见了这位消失的国王。

挪威国王奥拉夫·特里格瓦松指挥战斗的场面

波兰国王勇士博莱斯瓦夫一世

（967—1025）

德国人抵达了波兰边境，或者说，神圣罗马帝国的人抵达了波兰边境，博莱斯瓦夫（Boleslaw）的父亲梅什科一世总是担心德国人吞并他的国家。其结果是，为接受洗礼，决心成为基督徒的梅什科一世舍近求远去了罗马，因为他担心，如果同意德国主教为他洗礼，德国皇帝会把这当作表示臣服的举动。

登上王位后，博莱斯瓦夫采取的政策是，只要不至于损害波兰独立，他会做足迎合德国人的让步。博莱斯瓦夫继承的波兰是一块很小的区域，整个国家没有超出瓦尔塔河流域。不过，博莱斯瓦夫拓展了波兰领土，他夺取了如今波兰南部的西里西亚以及紧挨德国边界、如今格但斯克市和克拉科夫市及其周边地区的东波美拉尼亚，甚至包括摩拉维亚以及斯洛伐克的一部分。在他之前，波兰最高统治者不过是个公爵，然而，博莱斯瓦夫治下的国家已经强大到足以让他自称国王——波兰有史以来出了第一位国王。

博莱斯瓦夫领导的波兰军队被认为是欧洲东部最强悍的军队之一，因此凡遇战事，他的直系和旁系亲属都会请他出兵相助。波兰人支持博莱斯瓦夫的女婿斯维亚托波尔克一世在基辅的统治，博莱斯瓦夫的外甥克努特大帝征服英格兰时，波兰人也曾经与其并肩战斗。

博莱斯瓦夫引进到波兰的改革之一是城镇化和市场化。他邀请工匠们拖家带口到遍布波兰境内的城堡周边地区定居，各驻防部队为这些人提供安全保障，他们则根据贵族及其家人以及驻防士兵们的要求制作生活必需品，遇到集日，农夫们携带自产的农产品赶集，将其销售给城镇居民和城堡里的住户。

博莱斯瓦夫让波兰扮演了欧洲政治体系里有影响力的角色，他把波兰的疆域几乎扩大到了相当于如今的波兰全境，还给整个波兰经济带来了新动力。

匈牙利国王斯蒂芬一世

（约970—1038）

人们普遍认为，斯蒂芬（Stephen）是匈牙利王国的创建者。他占领了许多部族的土地，凭借其强大的意志力，把不同的部族联合成了一个国家。

斯蒂芬彻底摧毁了按部族划分土地的旧有格局，把匈牙利划分为数个省，将其称作"地块"，还为每个地块任命了总督和执法官。他剥夺了贵族阶层的自主权，强迫他们宣誓效忠自己。像欧洲东部同一时期的其他统治者一样，斯蒂芬认为，在他的疆域内促进基督教的发展，便可以让匈牙利人的思想和行为融入欧洲主流文化和主流政治。为达到目的，他压制信奉异教的习俗，将亵渎基督教上帝的人绳之以法，要求国内每10个城镇为一个教区，在各教区集资修建教区教堂，供养牧师。

为褒扬斯蒂芬的作为，教皇西尔维斯特二世正式承认了斯蒂芬的匈牙利国王头衔，还赠予他一顶王冠。这顶"圣斯蒂芬王冠"是匈牙利最傲人的国宝之一——但这并不是西尔维斯特二世教皇赠予的原物，只是它上面镶嵌了原来镶在这顶王冠上的一些宝石和珐琅。

斯蒂芬有强烈的正义感，任何一位臣民心里若有积怨，可以直接向他倾诉。穷困的农民和商人尤其愿意成群结队去见他，因为他们相信，斯蒂芬是对他们寄予同情的，是愿意倾听他们诉说苦衷的。

斯蒂芬确信，他正在实行的变革对他的王国和人民都有好处，而他也知道，某些贵族和平民对他的改革计划心怀怨恨。儿子埃梅里克是父亲有力的同盟，他主动向父亲提出合理的建议，实质上是儿子与父亲联手治国。有埃梅里克做继位人，斯蒂芬信心满满地认为，匈牙利的复兴会继续下去。然而，在一次外出打猎时，埃梅里克受到一头野猪攻击，身受致命的伤，这成了斯蒂芬一生最大的不幸。

斯蒂芬去世后，一直反对国王新政的贵族和部族首领从自己人中立了个国王，这位国王做了斯蒂芬和埃梅里克一直担心的事：全面中止改革计划，一切又回到了原点。

位于匈牙利布达佩斯渔人堡的圣斯蒂芬雕像

神圣罗马帝国皇帝亨利二世和皇后康根达

（973—1024，约 975—1040）

奥托三世皇帝去世时没有继位人，这一局面在几位德意志争权者之间引爆了短暂的内战，经过一阵子打打谈谈，各利益方最终同意接受奥托三世的堂兄亨利为国王。他于 1002 年登基，即为亨利二世（Henry Ⅱ）。然而，他在位期间，国内众多贵族和种族之间的紧张关系始终困扰着他。

既然无法调和贵族之间的纷争，亨利二世转而借力于国内另一强大势力——天主教会。从本质上说，亨利二世是个虔诚的信徒，以至社会上有传言说，他和皇后康根达（Cunegund）没有孩子的真正原因，是他们双双立下了誓言，生活中要像教会里的弟兄姊妹那样以纯真互相对待。尽管如此，通过任命高明之士担任国家最重要的主教职务和修道院职务，用土地和艺术品作为礼物慷慨地赠予教会，亨利二世赢得了教会的支持。这一对王室贵人共同修建了班贝格大教堂，康根达在考丰根为本笃会修女们修建了一座大修道院。亨利和康根达对教会的慷慨和忠诚赢得了教皇的欢心，教皇于 1014 年授予他们"神圣罗马帝国皇帝和皇后"头衔。

可以预见的是，比邻的国王和统治者会不断地袭扰德意志边境。亨利二世成功地收回了波希米亚，然而，他被迫向佛兰德伯爵和波兰国王出让了小片国土。与其他皇帝不同，亨利二世对改善德意志人民的生活兴趣更大，而对外扩张领土，声称其权力，他没有兴趣。结果是，他过世之时，德意志经济蒸蒸日上，教会充满活力，在德意志各地，政府职能全都由可靠、能干的行政人员贯彻执行，而所有这些人都是皇帝亲自任命的。

亨利二世过世后，康根达前往考丰根当了修女。她每天做三件事：访贫问苦、祈祷、学习。她不允许任何人视她为引退的皇后，她自认为是个普通修女。她去世后，人们将她安葬在班贝格大教堂内的亨利墓旁。后人尊称这对夫妻为圣徒。

亨利二世皇帝和妻子康根达墓顶的半浮雕像

拜占庭女皇佐伊

（约 978—1050）

　　本来，君士坦丁八世绝不会同意两个女儿佐伊（Zoe）和狄奥多拉嫁人。迫于没有儿子嗣承王位，君士坦丁八世临终前才在卧榻上同意将佐伊嫁给与皇室有远亲关系的贵族罗曼努斯。当时罗曼努斯已经60岁，佐伊也已经50岁，被耽搁数年的佐伊是带着强烈的性需求进入婚姻生活的。但罗曼努斯对佐伊没有兴趣，与她结婚，只是冲着皇帝头衔而来的。不过，佐伊的寂寞没有维持多久，她很快就与年轻帅气的管家米海尔有了绯闻。米海尔是帕夫拉戈尼亚人，当年大约19岁。1034年4月11日，侍从们发现罗曼努斯洗澡时过世了。佐伊和米海尔当天即成了婚。

　　结婚后，两人已经没有了生育孩子的希望，因而他们过继了男方的外甥，孩子的名字也叫米海尔。老米海尔于1041年过世后，小米海尔继位。佐伊对行政机构影响巨大，深受君士坦丁堡市民们的爱戴，出于嫉妒，小米海尔谎称佐伊试图杀害他，将佐伊流放到一个大修道院里。这导致了一场全城暴动，迫使小米海尔谨慎地考虑，将佐伊接回来方为上策。对于暴动者而言，这么做远远不够，他们要的是青年皇帝的人头，他们冲击皇宫，3000人战死，小米海尔逃脱了。至于佐伊本人，她被叛乱者扛在肩头庆贺胜利。朝廷公告天下，佐伊成了女皇，她妹妹狄奥多拉成了共治女皇。

　　城市恢复平静后，姐妹两人开始应对最紧迫的问题——处理前皇帝小米海尔。当时有个不成文的规定，皇帝必须是身体健全之人，因而两姊妹派出一个刽子手，前去弄瞎小米海尔的双眼。她们同意他引退到一个修道院度过余生。小米海尔于1042年过世。

　　同年，佐伊第三次成婚，对象是君士坦丁九世·莫诺马库斯，他是个贵族，不仅长相帅气，还聪明过人。佐伊和狄奥多拉同意授予他皇帝头衔，以便共同治理国家，这也为他们婚后的幸福生活打下了基础。君士坦丁九世对佐伊将自己抬升到社会的顶尖地位心存感激，而佐伊则对再次得到另一位长相标致的青年男子的钟情充满幸福感，以致她能够容忍君士坦丁九世有个情妇。佐伊于1050年，在她丈夫的爱恋和人民的爱戴中过世。

　　　　　　　　　　　　　　　　　　圣索菲亚大教堂里的一幅镶嵌马赛克佐伊肖像

挪威国王奥拉夫二世

（约995—1030）

  奥拉夫二世（Olaf Ⅱ）12岁时，身为一个小国国王的父亲，将他交给了一个有经验的——也是成功的——北欧海盗当学徒，那人名叫赫拉尼。随后四年，奥拉夫在波罗的海沿岸城镇抢劫，他学会了掠夺、格斗、杀人。16岁那年，他加入了一个抢劫英格兰城镇的海盗团伙，劫掠的城市包括坎特伯雷，他在那里屠杀无辜的平民，放火焚烧守卫城市的城堡。他从英格兰乘船抵达了诺曼底，出人意料的是，他在那里改信了基督教，当时他18岁。

  两年后，奥拉夫回到了故乡挪威，以确保继承王位的权利，继续推进国王奥拉夫·特里格瓦松开启的基督化进程。像许多改信基督教的北欧人一样，他从未完全抛弃海盗的思维方式。他的政策是要促使信仰基督教的欧洲人相信，挪威并非充斥着嗜血成性的异教徒的国度。实现这一点的唯一方法，就是让人民改信基督教。他的手段可谓不够绅士，不过很管用。他动用军队横扫乡村，摧毁异教神庙，砍伐与挪威原神迹有关的小树林，捣毁北欧众神的塑像。他惩罚不愿意接受洗礼的人，例如弄瞎一些人的眼睛，砍掉一些人的手或脚，甚至还处死了一些人。奥拉夫的手段收到了实效——或许这与海盗崇尚野蛮和暴力有关，看见他人行使野蛮和暴力，他们会恭而敬之。

  1028年，丹麦和英格兰国王克努特大帝率领规模庞大的军队入侵挪威，宣布享有挪威的王权。由于寡不敌众，又遭到对方突然袭击，奥拉夫出逃到了基辅。他逃亡时丢下妻子，却带走了情妇——依此即可证明，奥拉夫并未真正学到基督教的精髓。

  在两年逃亡生涯中，奥拉夫组建了一支军队，然后率军乘船返回挪威，在一个名叫斯蒂克莱斯塔德的地方与敌军遭遇。经过数小时鏖战，双方仍然难分胜负，后来，克努特大帝的三个战士肉搏到了奥拉夫身边，其中一人用斧子砍中了他的一条腿，另一人用长矛刺中了他的肚子，第三个人划开了他的脖子。奥拉夫跌倒在地，躺在了血泊中，命丧黄泉。

  一些奥拉夫的下属宣称，当他们为死去的国王收尸时，刚刚接触到他的身体，那些伤口便立刻都愈合了。奥拉夫的御用神甫格里姆凯尔主教宣称，这些伤口的愈合堪称奇迹，因而他公告天下，称奥拉夫为圣徒。

奥拉夫二世因其圣徒名分而闻名

丹麦和英格兰国王克努特大帝

（约 995—1035）

一个多世纪前阿尔弗雷德大帝与斯堪的纳维亚的维京人达成的和解，让英格兰国王埃塞尔雷德忧心忡忡——他不喜欢和丹麦人一起分治英格兰，也不相信丹麦人。1002年，埃塞尔雷德下令屠杀在英格兰的所有丹麦人，究竟多少丹麦男人、女人、孩子遇害，准确数字至今仍然不明——毫无疑问会有上百人，或许会有上千人。牛津地区的丹麦人都藏身在圣弗莱斯史怀德教堂里避难，一伙英格兰暴徒放火焚毁了教堂。在教堂里葬身火海的人包括丹麦国王斯韦恩的妹妹、妹夫，以及他们的孩子。

作为报复，斯韦恩开始进攻英格兰，这次进攻破坏力如此巨大，埃塞尔雷德只好动用巨量的白银收买斯韦恩——其贡品或赎金还有个专用名称"丹麦赎金税"（Danegeld），这一名称后来渐为世人熟知。这还不够，1013年，斯韦恩带着18岁的儿子克努特（Canute）入侵了英格兰，意在征服英格兰。一年后，斯韦恩作古，克努特子承父业，继续征伐。1016年，他已经是整个英格兰的国王了。11世纪20年代，他还成了挪威国王，并且控制了部分瑞典领土，苏格兰人也向他表示了效忠，因为他们担心，他可能会征伐苏格兰。克努特成了一个庞大帝国的君王。

具有讽刺意味的是，将英格兰统一为一个整体，进而实施统治的国王竟然是个丹麦人！不过，克努特尊重英格兰臣民，保留了他们的法律和习俗，鼓励了商业和贸易，促成了一种吸收英格兰和斯堪的纳维亚双重风格的艺术形式。恰如身在英格兰的所有丹麦人一样，克努特是个基督徒，他修复和充实了大量遭斯堪的纳维亚人损毁的教堂和修道院，修建了许多新教堂和新修道院，以此替先人们的劫掠行径赎罪。他在英格兰人和丹麦人之间培育了非常好的关系，缔造了一个非常稳定的王国。感到国家足够稳固的他，于1027年前往罗马，出席教皇加冕康拉德二世为"神圣罗马帝国皇帝"的仪式。

克努特过世后，人们将他安葬在温切斯特大教堂内。17世纪，英格兰内战期间，反君主政体的军队打开了所有皇家墓地——包括克努特的墓地——将里边的遗骨抛向了四野。

Benoist sculp.

苏格兰国王麦克白

（约 1005—1057）

麦克白（Macbeth）广为人知，因为他是莎士比亚戏剧里嗜杀成性的暴君，一旦他认为某人对其王权构成威胁，他会格杀勿论。令许多人吃惊的是，历史上真有个名叫麦克白的苏格兰国王，而且还真有个麦克白夫人——名叫格鲁丝。

历史上的麦克白的确杀死了邓肯国王，不过，真实时间并非对方以客人身份来访之时。实际上，真实的邓肯并非莎士比亚戏剧里那个睿智、高贵的父亲形象，他是个鲁莽之人，岁数在三十上下。麦克白在战场上杀死了邓肯，但邓肯的王后和几个儿子逃离了苏格兰。1040 年，麦克白布告天下，成了国王。不过，他还有一些政治方面的杂事需要应对：邓肯的父亲率众造反，麦克白在战场上杀掉了这位父亲；他还与奥克尼的斯堪的纳维亚伯爵"强人"索芬签订了停战协议。当强大的西华德族人（Siward）入侵苏格兰县城洛锡安时，麦克白将他们驱逐出了国境。1050 年，麦克白对王国的稳定局面信心十足，因而他与索芬一起长途跋涉到罗马觐见教皇。一位纪年史编纂者记述了这样一个细节：麦克白在罗马"像播种那样抛撒施舍物"。

1054 年，以西华德人和一支英格兰军队为后援，邓肯的儿子马尔科姆入侵了苏格兰，在邓西嫩与麦克白混战，战斗似乎打成了平局。不过，为促成和平，出于某种不明的原因，麦克白向马尔科姆让出了几座苏格兰县城：洛锡安、坎布里亚、泰赛得。三年后，马尔科姆再次向麦克白开战，在伦法南（Lumphanan）战斗中，麦克白死在了战场上。虽然国王麦克白走了，但他那一方仍然是胜利方，他的王位由继子卢拉奇继承，卢拉奇是麦克白夫人的儿子。具有讽刺意味的是，麦克白被杀那天正是他杀死邓肯国王的十七周年。

麦克白与嗜杀成性的追随者——躲在最右边那位

英格兰国王哈罗德二世·戈德温森

（约 1022—1066）

    1066年1月5日，英格兰国王"忏悔者"爱德华过世。他没有子女，因而每个人的脑子里有个相同的问题："他指定继任者了吗？"英格兰人说，卧榻上的爱德华临终时选中了内弟哈罗德·戈德温森（Harold Godwinson）继承王位。这的确可能，因为爱德华过世后仅数小时，"智者会"即召开会议，确认哈罗德为国王，并安排第二天为他举行加冕典礼。"智者会"是一些最杰出的英格兰人组成的议事会（即议会的前身）。

    哈罗德具备成为伟大国王的许多素质，时年44岁的他已经具备了政治经验（五十多年来，他的家人一直是英格兰最有经验的权力斡旋者）。他擅长雄辩，善于鼓动人心，不仅如此，他有5个儿子，这足以从实质上保障英格兰皇家血脉延续下去。

    在英吉利海峡对岸，另有一位政治上悟性极高的人，那人认为，他才是英格兰理所当然的国王。此人是诺曼底公爵威廉，"忏悔者"爱德华的堂弟的非婚生子。1064年，哈罗德·戈德温森乘坐的船在法国沿岸遭遇海难时，正是威廉赶过去施以援手。哈罗德在法国期间，威廉强迫他发誓承认其对爱德华的继承权。这个誓言是在受了胁迫下立下的，因而没有实际效力。威廉却不管这一套，只要哈罗德在行动上违背誓言，就会给威廉以口实，借机入侵英格兰。1066年，他正是这么做的。

    令人悲哀的是，哈罗德理应做好迎击诺曼人的准备时，斯堪的纳维亚人入侵了英格兰北部。完全出乎意料的是，哈罗德率领所有军队北上，对其实施突然打击，杀死对方六千余人。随后，哈罗德调转方向，率军疾速赶回去对付诺曼底方向的入侵。

    1066年10月14日，超过8000名诺曼人在黑斯廷斯涉水登陆，在那里遭遇哈罗德麾下7500名筋疲力尽的军人。尽管如此，英格兰人坚守住了，事后，人们相信，假如哈罗德眼部没有中箭和遇难，他们很可能会获胜。然而国王死了，英格兰人作鸟兽散。

    哈罗德是英格兰历史上最后一位盎格鲁-撒克逊国王，他的失败和亡故标志着盎格鲁-撒克逊人统治英格兰的结束。威廉和诺曼人会带来全新的文化，从此永久地改变了英格兰。

　1066年10月14日，在黑斯廷斯战斗中，哈罗德·戈德温森国王与诺曼人搏斗时的最后英姿

英格兰国王和诺曼底公爵征服者威廉一世

（1027—1087）

威廉（William）是诺曼底公爵罗伯特和赫莱乌所生，赫莱乌是殡葬人的女儿。罗伯特从未与赫莱乌正式结婚，不过，他的确宣布过威廉为儿子和继承人。罗伯特于1035年亡故，时年7岁的威廉成了诺曼底公爵，然而，他没有得到正式认可，没有贵族盟友，作为童年公爵，他甚至没有监护人。诺曼底公国陷入了混乱，贪婪的骑士和贵族盗窃公爵的财产，好几个罗伯特家族成员甚至遭到了谋杀。1047年，布里埃纳伯爵甚至还试图将整个诺曼底据为己有，当时威廉已经年满20岁。在法兰西国王的帮助下，威廉奋起捍卫自己仅剩的遗产，接着，他开始了漫长艰难的进程：重建诺曼底的秩序。

1053年，威廉迎娶佛兰德斯的玛蒂尔达为妻，他们是特别不般配的一对——威廉身高1.83米，后来成了大胖子；玛蒂尔达身高不足1.50米，而且一辈子身材娇小。他们一共生育了10个孩子。

威廉宣称，"忏悔者"爱德华的堂弟曾经承诺由他继承英格兰王位，如今极少有哪个历史学家相信这一说法。不过，威廉统率的军队相信他是王。威廉杀掉了哈罗德国王，在黑斯廷斯大败英格兰军队，残忍地扼杀了英格兰的盎格鲁－撒克逊特权，他为此花费了五年对他来说痛苦艰难的时间。约克郡人民群起造反之时，他派人毁掉了农田里的一切，以确保当地人口中的多数会饿死！

差不多一夜之间，英格兰的一切都变了！威廉将盎格鲁－撒克逊的贵族们扫地出门，将他们的土地和贵族宅院分配给他的诺曼追随者们；他褫夺了盎格鲁－撒克逊主教和修道院院长的身份，让诺曼人取代他们；他把封建制度引进英格兰，盎格鲁－撒克逊农民的生活与奴隶相比好不了多少；他派遣户口调查员对英格兰境内每个人拥有土地的情况造册登记，以更加明白如何开采这个被征服国家的资源。甚至英格兰的语言也发生了变化：法语成了高层人士的语言，英语成了下层民众的语言，这种情况让英格兰人忍受了四百年之久。

威廉对英格兰的征服是历史上最离奇的事件，因为一个国家的进程让某个域外君王改变得如此彻底，这种事少之又少。

位于其出生地法莱斯的征服者威廉一世骑马雕塑

格鲁吉亚国王建国者大卫二世

（1073—1125）

对大卫二世而言，用"复国者"头衔形容他或许更准确。从16岁登基以来，他恢复了国家的元气。当初国家的状况悲催之至，在长达四百年的时间里，首都第比利斯一直沦落在外国人手里。

对格鲁吉亚的生存形成最大挑战的有两个方面：伊斯兰教和拜占庭帝国。来自这两方面的挑战将格鲁吉亚挤压在中间，穆斯林牢牢地掌控着王国的首都，土耳其的穆斯林游牧人在格鲁吉亚的卡尔特里省通行无阻。好在运气终于降临到格鲁吉亚头上：1096年，与穆斯林军队作战的拜占庭皇帝请求教皇乌尔班二世给予军事救援，教皇号召组织一支十字军，以拯救拜占庭帝国，阻断穆斯林对欧洲东部可能的侵略，同时解放基督教圣地。

土耳其人受到十字军多路挤压，大卫二世意识到机会来了，可以将入侵者赶回老家，重新夺回第比利斯。决定性战役在迪德格里打响，一支十字军部队帮助格鲁吉亚人打败了双方共同的敌人。

令人难以置信的是，在维护王国边境安全的同时，大卫二世竟然有时间眷顾格鲁吉亚的艺术和学术！他在格拉特修道院创建了一所学院，使王国境内最聪明、最有能力的孩子，无论社会背景如何，均受到一视同仁的教育。

大卫二世亡故时，第比利斯已经再次成为格鲁吉亚首都。为保卫首都，大卫二世在城南修建了一座令人印象深刻的新城堡，他将其命名为鲁斯塔维。格鲁吉亚王国的疆域也得到了扩张，其地域从黑海一直延伸到里海。格鲁吉亚的基督徒赞誉大卫二世为国家的救星，甚至穆斯林的臣民谈到他时，也为他说好话——他对穆斯林臣民实行大赦，以包容之心对待他们。与大卫二世同时代的穆斯林在书中记载："他抚平了他们的内心，让他们充分感受到他的良善。"

格鲁吉亚壁画，右边手托教堂模型者为国王建国者大卫二世

西西里、卡拉布里亚、
阿普利亚国王罗杰二世

（1095—1145）

　　作为来自斯堪的纳维亚的定居者和法兰西诺曼底本地人的后裔，诺曼人是欧洲西部最善战的民族之一。1017年，诺曼雇佣兵受雇于意大利贵族，开始在意大利南部作战，目的是驱逐来自拜占庭的霸主。然而，战争结束后，诺曼人赖在了意大利南部不走，还攻城略地。时间移至1091年，整个意大利南部和西西里岛全都落到了诺曼人手里。

　　运用将大公和大公国化零为整的诺曼式策略，西西里岛的罗杰二世创建了统一的王国，还强迫意大利南部的诺曼侯爵承认他为国王。1130年，他已经将意大利南部各省以及西西里岛牢牢地置于自己的掌控之中，并在那年的圣诞日被授予西西里、卡拉布里亚、阿普利亚国王的称号。

　　除了意大利人和诺曼人，构成罗杰二世王国的还有阿拉伯人、希腊人、犹太人。罗杰二世对所有人都一视同仁，从各种文明中吸纳他认为最实用的东西。他的民政体系以拜占庭帝国采用的体系为蓝本建制；他的财政系统模仿阿拉伯控制金融业的方式设立；他的文秘体系以法国打理王室事务的方式为基础；他同时用拉丁文、希腊文、阿拉伯文发布所有政府文告，以便王国境内所有人都能理解。罗杰二世是天主教徒，然而，他的臣民包括穆斯林信徒、犹太教徒、东正教徒，由于意识到宗教迫害或宗教偏袒只会给国家添乱，他强化了宗教宽容的政策。

　　罗杰二世在西西里岛修建了许多壮观的天主教堂，包括位于巴勒莫的帕拉提那礼拜堂，该建筑融合了诺曼建筑风格以及拜占庭和阿拉伯装饰风格。更为重要的是，他开创了一种氛围：无论宗教和种族有何不同，地中海沿岸各国的学者们都可以自由地往来于他的朝廷，以探讨学术问题。

　　在罗杰二世时代，他的国家体制可谓独树一帜，不过，这一体制的根基十分坚实。他过世后，这一体制又延续了两代人。人们认为，他是有史以来最伟大的诺曼国王。

马赛克镶嵌画：耶稣基督为罗杰二世国王加冕

ΡΟΓΕΡΙΟΣ ΡΗΞ   IC   X

耶路撒冷女王梅利桑德

（1105—1161）

梅利桑德（Melisende）姐妹四人，她排行老大。家里没有男孩，她们的父亲耶路撒冷国王鲍德温二世并没有为此着急上火，他把梅利桑德培养成了女王。

耶路撒冷王国是中东地区的非常规现象，它于1099年建国，是第一次十字军出征获胜的产物。在梅利桑德时代，耶路撒冷王国从加沙沿地中海一直延伸到如今的以色列、黎巴嫩、叙利亚，以及土耳其南部。信仰基督教的王公贵族们差不多都是十字军的后代，他们的来自法兰西和佛兰德斯的先人在的黎波里、安条克、伊德萨三座城市周边地区割据了大片领地。

梅利桑德的父亲鼓励她嫁给富尔克伯爵。富尔克伯爵是个广受赞誉的军事将领，梅利桑德同意了。两人婚后生了个儿子，即鲍德温三世。王子降生一年后，梅利桑德的父亲过世，从那往后，梅利桑德和富尔克一起统治耶路撒冷王国。然而，这样的局面没有维持多久，富尔克即开始排挤妻子，以便全面掌握王室权力。他甚至诬告梅利桑德与人通奸。不过，出乎富尔克意料的是，贵族和教士都团聚到了梅利桑德周围，然后发动了宫廷政变，废黜了国王。

梅利桑德是艺术和教会慷慨的赞助人，即使在家庭巨变期间，她仍然慷慨地向一些圣地和医院捐款，还支持了一家位于耶路撒冷的善本堂，正是在这个地方，艺术家们创作了一些在当时颇有影响的作品，包括专门为梅利桑德撰写的祈祷书，即著名的《梅利桑德祈祷诗集》。

1144年，一支土耳其军队占领了伟大的城市埃德萨，梅利桑德向教皇求救，教皇做出反应，宣布组织一支新的十字军。当时梅利桑德的儿子鲍德温三世已经年满16岁，这支十字军的两位统帅法兰西王路易七世和德意志王康拉德三世怂恿鲍德温三世进攻大马士革。由于耶路撒冷王国和大马士革酋长国关系密切已有数年，进攻大马士革称得上是个馊主意。进攻大马士革意味着十字军疏离了基督徒在中东地区唯一的穆斯林盟友。更糟糕的是，十字军最终没有拿下大马士革，也没有夺回埃德萨。

梅利桑德于1161年过世，历史学家提尔的威廉（William of Tyre）对她赞誉有加，现摘录一段他的评语："梅利桑德以最好的王公为榜样，奋斗一生，以图再铸辉煌，恰如其分地说，她以超凡的能力治理王国，其成就不弱于任何一位前辈。"

　　　　　　　　　耶路撒冷女王梅利桑德与富尔克五世成婚

le patriarche·

Fouques connte d'enron· Melliſent·

印加帝国皇帝曼科·卡帕克

（约殁于 1107 年）

曼科·卡帕克（Manco Capac）是印加帝国第一位皇帝和印加文明的创建者。关于他的生活细节和曲折经历，其传闻犹如世界各地的神话故事般亦真亦幻。不过，历史学家们普遍认同曼科·卡帕克是个真实的历史人物，而非神话里的角色。

民间传闻是这么说的：曼科与三个兄弟加上四个姐妹居住在维尔卡马峪谷地（Vilcamayu）的一个山洞里，谷地所在的城市叫作帕卡里坦普（Paqaritampu），含义为"黎明前的居所"。这个名称有可能引导人们认为，曼科兄弟姐妹都是太阳的孩子。他们来到的的喀喀湖附近散居的部落，为当地人带来了文明。看到人们赤裸着身子四处走动，曼科的妹妹–妻子玛玛·奥克略·瓦科教给女人们将羊毛和棉花纺织成呢绒布料，与此同时，曼科教给男人们耕种粮食。曼科坚持让所有部落放弃活人祭祀，都来崇拜太阳。他还宣布，除了印加统治阶级成员，兄弟姐妹之间的通婚为非法。

这样的传闻植根于真实的历史事件，有证据表明，印加部落曾经定居在的的喀喀湖附近，当时早有阿利卡维萨（Allcovisa）部落在此定居，两个部落曾经有过某些文化方面的交流。

另有传闻说，曼科创建了库斯科城，不过这纯属胡编乱造，吉尔克族人早在 10 世纪已经生活在这座城市里，而印加人在 13 世纪才来到这里。

人们普遍将曼科视作印加帝国的第一位皇帝，不过，他从未使用这一头衔——印加语将这一头衔称作萨帕·印加。曼科的头衔卡帕克在印加语里的意思是"战神"。

曼科殁于 1107 年前后，尔后由他和玛玛·奥克略所生的儿子辛奇·罗卡继位。正是辛奇带领印加人来到了库斯科山谷，那里逐渐成了印加帝国的中心。

MANCO CAPAC

FIRST ___   ___ INCA.

威尼斯执政官恩里科·丹多洛

（约 1107—1205）

丹多洛（Dandolo）家族是威尼斯的著名贵族，在恩里科（Enrico）所处的时代，成年人极少能活到40岁，而他们家族的人却都活到了七八十岁。恩里科服务于威尼斯外交使团，不过，家族里的前辈们过世以后，他才当上了高官，当时已经60多岁了。

1171年，拜占庭人无端地滋扰生活在其境内的威尼斯人，没收他们的财产，将他们投入监狱。作为反制措施，威尼斯执政官维塔雷·米歇尔二世发动了一场反君士坦丁堡的惩罚性远征。然而，一场流行病袭来，军队里许多人因此丧命，这位执政官认为，除了掉头回家，他别无选择。维塔雷的撤退战术惹恼了威尼斯民众，人们群起攻击他，最终要了他的命。

由于无法迅速组织起新军队，威尼斯政府派遣恩里科·丹多洛前往君士坦丁堡，运用外交手段解决这场危机。然而，拜占庭人拒绝谈判，并且弄瞎了恩里科的双眼，以示对威尼斯及其使节的蔑视。在余生中，恩里科一直在强化对拜占庭人刻骨铭心的仇恨。

恩里科是个有着钢铁般意志的人，他拒绝以残疾人的状态度过余生，而且一直坚持在政府部门工作。时间移至1193年，人们推选年近84岁的恩里科为威尼斯执政官。

为了从萨拉森人手里夺回基督教圣地，1199年，欧洲人发起了第四次十字军远征，军队统帅与威尼斯人议定，由威尼斯人提供必要的战船。然而，1202年，十字军部队在威尼斯集结时，军队却拿不出钱支付造船款。此时恩里科执政官提出了解决的建议：扎拉城因反对威尼斯的统治造反，如果十字军兵绕道而行，帮助威尼斯讨伐收复扎拉城，这笔债务将一笔勾销。十字军兵同意了，而且在拿下扎拉城后，再一次绕道而行：这一次进攻君士坦丁堡让十字军东征获利，以偿还威尼斯的债务。在恩里科的启迪下，十字军兵卷入了拜占庭的政治事务，结果在1204年4月13日，攻入并血洗了最伟大的东方基督教城市君士坦丁堡。后人认为，通过征服该城，恩里科·丹多洛最终圆了复仇梦。1205年恩里科在君士坦丁堡故去，人们将他安葬在最宏伟的圣索菲亚大教堂里。

　《十字军进入君士坦丁堡》，由欧仁·德拉克洛瓦绘制

葡萄牙国王征服者阿方索一世·恩里克斯

（1109—1185）

阿方索·恩里克斯（Alfonso Henriques）一世是葡萄牙的建国者。是他将摩尔人赶出了里斯本，又赶出了圣塔伦，将一个行省变成了独立国家，让西班牙人大失所望。有意思的是，他最大的敌人是亲生母亲特蕾莎，因为母亲希望葡萄牙并入西班牙北隅的加利西亚省。

少年时代的阿方索已经在思想方面显示出了他的独立性。据说，因为葡萄牙的未来命运，他13岁时已经跟母亲吵得不可开交，最终母亲将他赶出了家门。

第二年，阿方索成了骑士，他组建了一支军队，以便掌控已经到手的、从过世的父亲那里继承来的领地。随后六年，战事连绵不断，阿方索和特蕾莎之间的家族争端因圣马梅德战役的胜利得到最终解决：阿方索俘虏了母亲，将她关进了位于西班牙莱昂的一家修道院，让她在那里度过了余生。这次胜利为阿方索赢得了一个新头衔："葡萄牙王子"。葡萄牙从来没有王子，因为它以前从不是独立国家。

1129年到1139年，这位葡萄牙王子与摩尔人之间战事不断，那时，摩尔人占据着葡萄牙南部。奥利克战役决定了葡萄牙最终获胜，阿方索的部下等待这一天已有十年之久，他们宣布阿方索为葡萄牙国王。如果葡萄牙得不到某些重要国家的承认，阿方索的王室头衔不过是个空架子。没有哪个西班牙国王会承认阿方索，因而他越过西班牙朝廷，直接致信教皇英诺森二世。他在信中自称是"圣父"的忠实子民，并且保证继续与摩尔人作战，直到把他们赶出葡萄牙。与此同时，阿方索的代表与莱昂的西班牙国王签订了一项协议，承认葡萄牙为独立国家。对国际事务一向谨慎的教皇终于承认阿方索为葡萄牙国王，此时已经是1179年，距离阿方索第一次致信罗马教廷已经过去了十五年。

阿方索有生之年最后一个英雄壮举是奔袭圣塔伦，以拯救自己的儿子，摩尔人的一支大军将他儿子围困在那里。阿方索赶走了摩尔人，拯救了这座城市，救出了这个王子。

瑞典国王埃里克九世

（约 1120—1160）

中世纪时期，人们对所有国王都寄予厚望：他们应当会打仗，应当有妙计抵御外敌入侵和保障人民安全，或许还应当强大到足以从邻国攫取领土。从本质上说，像埃里克九世（Erik Ⅸ）这样的人，更加倾向于关注王国的内部事务，然而境外势力常常迫使他做出侵略举动。

埃里克登基时有两个雄心壮志：一是修改瑞典法典；二是在瑞典全国强化基督教力量。基督教进入瑞典相对较晚，王室成员成为虔诚的基督徒时，相当一部分瑞典贵族和平民百姓仍然在崇拜北欧诸神。12世纪，反基督教的暴力活动在瑞典时有发生。埃里克的对策是颁布一项法案，承认基督徒的权利，宣布异教为非法，以此保护瑞典的基督教教堂。埃里克执政晚期，异教徒臣民总是在伺机报复。

与此同时，芬兰人总是挑起破坏性事端，以蚕食瑞典领土。埃里克组织起一支军队，对芬兰人发动了毁灭性打击。然后，他效仿查理曼大帝的做法，将芬兰人引领进欧洲主流社会，以弱化他们的侵略本性。1154年，埃里克派遣自己的朋友乌普萨拉主教亨利前往芬兰设立传教机构。两年后，一个芬兰士兵谋杀了亨利主教。

埃里克面临的另一个威胁来自丹麦国王马格努斯，因他试图征服瑞典。在反基督教的瑞典反叛势力协助下，丹麦人于1160年入侵了瑞典王国。当侵略军逼近的消息传来时，埃里克正在乌普萨拉的教堂里做大弥撒，直到大弥撒全部完毕，他才披戴铠甲来到教堂的庭院，上马与他的手下外出迎敌。好几个丹麦人同时攻击埃里克，致使他身受重伤，从马背上摔下来。那些人一边嘲笑身负重伤躺倒在地的国王，一边用长剑捅他，最后，有个人对准他的脖子刺了一剑，将他杀死了。

瑞典人尊埃里克为皇家殉道者和国家守护神，用黄金和白银装饰盛殓埃里克遗骨的棺材，它至今仍在瑞典乌普萨拉大教堂里公开展示。

黄金白银装饰的棺材里盛殓着埃里克九世的遗骨

ERICVS · REX · ET · MARTYR

英格兰国王、诺曼底公爵亨利二世和英格兰王后、阿基坦女公爵、普瓦捷女伯爵阿基坦的埃莉诺

（1133—1189，1122—1204）

亨利（Henry）和埃莉诺（Eleanor）是中世纪时期最令人瞩目的一对王室伉俪。他们的合作关系出自热烈的爱欲，是真正意义上的婚姻。两人大婚那天，亨利19岁，埃莉诺31岁，当时埃莉诺已经当过法兰西女王了（她与法兰西国王路易七世有过婚约，但被取消了）。埃莉诺是法兰西最富庶的数个行省的女继承人；按照顺位排列，亨利是下一任英格兰国王。他们两人都极为聪明，饱经世故，野心勃勃，长相漂亮，不喜欢墨守成规。

亨利追求中央集权，导致他与一个人发生了直接冲突，而那人和他一样高驰不顾，他就是托马斯·贝克特，亨利的御前大臣和最要好的朋友。1162年，坎特伯雷大主教过世，亨利任命托马斯·贝克特为大主教。亨利心想，在控制英格兰教会的过程中，作为朋友的托马斯·贝克特会帮助他，即使不帮，也不会碍他的事。但是，亨利想错了，托马斯·贝克特履职非常认真，他拒绝国王削弱教会的独立性。在亨利的煽动下，他手下的四个骑士策马来到坎特伯雷，在教堂里砍死了托马斯·贝克特，以此结束了两人之间的争斗。

这次谋杀的后果是削弱了亨利的权力，法兰西国王路易七世召集亨利的对头组织起一支同盟军，然后向英格兰开战。埃莉诺加入了同盟军，她心里有个小算盘，那就是让同盟军除掉亨利，由她听话的大儿子亨利王子继位。然而，亨利打败了敌人，俘虏了妻子埃莉诺，将她轮流软禁在英格兰各地的城堡里。这对冤家的爱情为什么断了线，后人众说不一，也许是亨利不信神的结果，或许是他不愿意和王后分享权力。

亨利在一次骑马对决比赛中受伤，然后身亡，埃莉诺比他多活了十五年。亨利的继承人、埃莉诺的儿子狮心王理查一世参加十字军出征时，将治理国家的重任交给了埃莉诺。反倒是埃莉诺的儿子们在她的余生中，将她渴望从亨利身上得到的尊重和顺从都给了她。

亨利和埃莉诺在前往伦敦加冕途中进入温切斯特的场景

高棉国王阇耶跋摩七世

（1125—1215）

阇耶跋摩七世（Jayavarman VII）是个英雄国王，他从侵略者手里解放了自己的国家；他是个建设者，在吴哥（Angkor）修建了许多精美的寺庙；他还是高棉佛教的拥护者——在阇耶跋摩七世王朝之前，仅有一个高棉国王是佛教徒。

阇耶跋摩52岁时——在他那个时代，这已经是高龄了，一支占族大军从如今的越南攻入了高棉帝国（如今的柬埔寨）。阇耶跋摩是个王子，因为他是高棉国王的儿子，虽然如此，他从未咄咄逼人地争抢过王位。也许是因为笃信佛教教义，他一贯忍让；抑或是因为他不想掀起一场内战。但是，占族人入侵了他的国家，血洗了首都，杀害了高棉国王特里布婆那迭多跋摩，迫使阇耶跋摩不得不起来反抗。他在自己国家的占族占领区内组织了抵抗运动，经过长达五年的努力，终于将占族人赶到了境外。1181年，人们最终将阇耶跋摩加冕为高棉国王，他时年已经61岁。

老年的阇耶跋摩忘记了自己年轻时的忍让，依托军事行动，他不仅稳固了帝国的边境地区，还把统治扩大到了老挝、缅甸、马来半岛的部分地区。为报复占族人曾经的入侵，阇耶跋摩率军入侵了占族王国，洗劫了占族人的首都。

不过，在国人心目中，阇耶跋摩不是战神而是圣徒。他严格遵循"大乘佛教"的仪轨，即静心、受难、得涅槃。他为患病之人修建医院，为行旅之人修建客栈，还开凿了水库，以确保国民享有源源不断的淡水供应。

为缅怀父母，阇耶跋摩国王在首都吴哥修建了两座壮美的寺庙，规模宏大的圣剑寺是为缅怀父亲而建，日常维护由9.7万多名奴隶打理，另有1000名住寺教师和1000名跳圣舞的舞者住在寺里；塔普伦寺是为缅怀母亲而建，它同样壮美，只是规模稍小，日常维护由8万名奴隶打理，有18位高僧和615名跳圣舞的舞者长住寺里。

阇耶跋摩为自己建造了巴戎寺，这是世人最为认可的世界性佛教遗迹之一，它因其高耸的佛塔而著称，佛塔到处都有不朽的面部石雕像。这些美丽的寺庙成了阇耶跋摩留给世人最为永久的纪念物。

阇耶跋摩七世国王不朽的头部雕塑

埃及和叙利亚苏丹萨拉丁

（约 1137—1193）

　　萨拉丁的全名用英文拼出来为Salah al-Din，Saladin是欧洲人的拼写方式。他是库尔德人，出生在如今伊拉克的提克里特市。整个成年时期，他一直在征战，他要夺回近一百四十年前第一次十字军出征时欧洲人在中东地区抢占的领土。萨拉丁向穆斯林兄弟展现了将十字军赶回老家的伊斯兰英雄本色。

　　1187年，萨拉丁向耶路撒冷进军。在贫瘠的哈丁平原，他包围了一支十字军大军，屠杀了1.7万名十字军士兵，俘虏了上千人，包括耶路撒冷国王、吕西尼昂王朝的居伊。萨拉丁下令放居伊一条生路，不过，同时他还下令将十字军的精英力量——"圣殿骑士团"和"医院骑士团"的官兵——全部斩首，其余的十字军俘虏全都作为奴隶出售。三个月后，萨拉丁夺取了耶路撒冷，他不仅没有屠杀城里的基督教市民，反而允许他们缴纳赎金后平静地离开；交不起赎金的人全都作为奴隶卖掉。

　　欧洲人对萨拉丁攻陷耶路撒冷做出反应：组织第三次十字军出征，由英格兰狮心王理查、法兰西王腓力二世、德意志王腓特烈一世领军。这次战争没有赢家——十字军的军力不足以夺回耶路撒冷，而萨拉丁也没有足够的军力将十字军扫地出门。战争以"拉姆拉和平协议"终结。该协议规定，穆斯林继续控制耶路撒冷，不携带武器的基督教朝圣者可以前往圣城。签订协议一年后，萨拉丁去世。

　　与萨拉丁同时代的基督教历史学家们认为，萨拉丁是个颇有骑士风度的人，对某些俘虏，他确实存有怜恤之心。不过，总体来说，他与同时代的穆斯林和基督教将领们一样冷酷无情。

　　在其有生之年，萨拉丁狠狠地教训了欧洲基督徒，让他们明白了如果他们真心打算守住心中的圣地，就必须以牺牲大量战斗人员的生命作为代价，这是非常高昂的代价。他同时也教育了伊斯兰军队，唯有训练有素的职业军队才能将十字军拒之门外。

伦斯特公主伊娃·麦克默罗

（1145—1188）

　　1854年，爱尔兰艺术家丹尼尔·麦克利斯公开了他的大型历史题材画作：《"强弓"和伊娃的婚姻》。油画中央站立者为伊娃，用英文拼写就是Eav（伊娃），她一副垂头丧气、意志消沉的样子，向世人昭示她成了一群肆无忌惮的男人们的牺牲品。她身边满是爱尔兰同胞们正在遭受各种苦难的场景。麦克利斯着意刻画了一位爱尔兰公主悲伤无奈的神情，她被迫接受不幸的、没有快乐可言的婚姻，恰如爱尔兰民族遭遇不幸，被迫屈服于英格兰七百年的统治一样。

　　在画面上，伊娃的婚礼被死亡和毁灭情景所包围，在历史上这是真实的。头一天，"强弓"理查德洗劫和占领了沃特福德城，第二天，他在沃特福德大教堂迎娶了伊娃。不过，没有人知道伊娃对丈夫的真实想法。

　　一切都是伊娃的父亲德莫特引起的，他是伦斯特国王，他最要好的朋友和盟友是默塔·马克·洛克兰，而此人是爱尔兰王。1166年，默塔战死在沙场，尔后，他所有的朋友和盟友都成了野心勃勃的爱尔兰人的靶子，因为那些人都渴望成为至高王。竞逐者之一是奥鲁克族人，他们攻击伦斯特，彻底打败了德莫特的军队，唯有王室成员勉强出逃。

　　德莫特逃到了威尔士，继之逃到了英格兰，他请求亨利二世国王帮助他夺回王位。亨利二世允许其组建一支军队，因而，这位爱尔兰国王返回威尔士，开始招募爱尔兰弓箭手和诺曼步兵，招募进来的人包括彭布罗克伯爵理查德·德克莱尔，此公以绰号"强弓"著称。德莫特向这位伯爵应许，把自己的女儿伊娃嫁给他，同时还承诺，自己百年后，他有权继承伦斯特王位。

　　德莫特率领诺曼人和威尔士人组成的盟军，很快夺回了韦克斯福德、沃特福德、都柏林。接着，"强弓"在如今的米斯郡开始了一系列洗劫，以扩大其在爱尔兰东部的势力范围。1171年，德莫特过世，"强弓"即开始索要伦斯特王权，这一要求在"强弓"和各爱尔兰贵族间引发了新的战争。

　　如此一来，"强弓"也请求亨利二世国王给予帮助。1172年，英格兰国王率军抵达，在整个这一地区确立了英格兰王权，同时宣称自己为爱尔兰王。

　　"强弓"于1176年去世，伊娃从未再婚。一些历史学家据此猜测，她守寡是为了确保其独立性，拒绝再次成为政治棋子。

伊娃和"强弓"的婚礼

耶路撒冷国王、塞浦路斯国王吕西尼昂王朝的居伊

（约 1150—1194）

吕西尼昂王朝的居伊是个坏蛋。将基督教王国耶路撒冷丢给萨拉丁，他负有巨大的、不可推卸的责任。他来到圣城耶路撒冷的原因是，在老家法兰西他已经不受待见，因为他和兄弟们一起伏击并杀害了索尔兹伯里公爵帕特里克。

当时圣城像是个毒蛇盘踞的阴毒深坑，各路王公们在此玩弄阴谋诡计，人人都想与圣城的王室联姻，从而成为耶路撒冷国王。当朝国王鲍德温四世正处于麻风病晚期，人们心知肚明，他随时都可能撒手人寰。（鲍德温最终于1185年过世，时年24岁。）据此情形，迎娶鲍德温的姐姐西比拉的人最有可能成为国王，也许由于运气好，也许计划得宜，最终成为西比拉丈夫的人是居伊。鲍德温过世后，居伊和西比拉成为耶路撒冷国王和王后。

国王加冕典礼和萨拉丁从欧洲人手里夺回巴勒斯坦的战争恰好同步进行。萨拉丁围困提比利亚期间，居伊一马当先，率领2万人前去解围，希望消灭萨拉丁的人马。但在贫瘠的哈丁平原，萨拉丁包围了十字军大军，彻底切断了对方的水源。萨拉丁充分利用弓箭手，不断地派遣具有摧枯拉朽之势的骑兵部队冲击十字军阵列，致使对方几乎全军覆灭。3000名俘虏幸存下来，包括居伊以及许多贵族和著名骑士。萨拉丁将居伊关押在大马士革的一座监狱里，随后在巴勒斯坦疆域内继续推进。在进军途中，他攻陷了每一座路经的基督教城市，包括耶路撒冷——没有十字军部队驻守，西比拉唯有将耶路撒冷拱手让给萨拉丁。

第三次十字军出征抵达圣城时，居伊已经被赎回，西比拉也已经亡故，贵族们拒绝接受居伊继续当国王，新一轮对耶路撒冷王位的明争暗斗也已开始。考虑到丢掉圣城的人是居伊，狮心王理查下决心将这个惹是生非的人赶到国外。他把塞浦路斯岛卖给了居伊，因而居伊再次成了国王，对那个地方实施统治。

GUY DE LUSIGNAN,
ROI DE JÉRUSALEM ___ + 1192.

英格兰国王、阿基坦公爵狮心王理查一世

（1157—1199）

从1189年登基那天算起，理查身在英格兰的时间加起来尚不足一年——由于法兰西和圣城的战事，他一直特别繁忙——不过，他仍然是有史以来最有人气的英格兰国王之一。

登基那年，理查发下十字军的誓言，将此生献给从萨拉森人手里解放圣城的伟业。出征途中，他麾下的部分舰队在海上遭遇风暴失事，船上的许多人流落到塞浦路斯岛。幸存者中有理查的未婚妻以及理查的一个姊妹。塞浦路斯岛统治者伊萨克·科穆宁不仅没有善待遭遇海难的船员们，也没有对女士们尽到地主之谊，反而将他们投入监狱。安全地抵达罗德岛的理查听说自己人遭此侮辱后，召集舰队剩余的有生力量，入侵了塞浦路斯，俘虏了伊萨克，而后释放了被囚禁的人。据说，理查答应伊萨克，免于给他戴上铁链——不过，他给伊萨克戴上了白银制作的镣铐。

理查是从阿卡前往圣城的，他的增援部队协助十字军拿下了阿卡。他率军继续向南推进，准备拿下约帕城，他在阿苏夫战役中打败了萨拉丁。然而，这位十字军领军国王未能拿下耶路撒冷，他使出浑身解数，最终也只能与萨拉丁达成一项停战协议，用协议保障基督徒拥有和平前往圣地的权利。

回国途中，理查所乘战舰遭遇海难，他登陆后进入其劲敌奥地利公爵利奥波德的领域。他试图化装避免被认出，然而还是被人识破，将他关进了迪恩施泰因城堡。利奥波德索要的赎金为15万马克，相当于6.5万磅白银，英格兰人花费两年时间才凑足这么大一笔赎金。

1199年，理查再次发动战争，这次的对手是法兰西国王。理查包围了一座圆形的小城堡，即沙吕-夏布罗尔城堡（Chalus-Chabrol）。3月25日傍晚，理查外出散步，视察围城情况，不巧碰上一个携带弩机的弓箭手在城垛上瞭望。看见英格兰国王，那人立即放了一箭，箭头嵌进了理查肩头靠近脖子根的部位。一位医生拔除了箭头，不过，伤口还是感染了，理查12天后亡故。

理查至死也未能返回英格兰，他的尸身被安葬在希农附近的丰特夫罗拉拜，他的心脏则安放在鲁昂的大教堂里。

格鲁吉亚女王塔玛

（约 1160—1213）

塔玛（Tamar）年满18岁时，父亲格奥尔基三世宣布她为王位继承人，还让她与自己共治国家。1184年，父亲亡故后，一大批格鲁吉亚贵族拒绝接受塔玛的统治，他们的理由是，格鲁吉亚从来没有，也不可能由一个女王统治。由于国家某些重要军事将领的支持，以及格鲁吉亚东正教领头人米哈伊尔四世的支持，塔玛挺过来了，幸运地胜过了这些人对其权威的挑衅。为安抚贵族们，塔玛同意嫁给他们为其挑选的人，即基辅大公尤里。两人婚后生活不睦。为抵制潜藏叛心的尤里的支持者，塔玛开始在王室里栽培忠于自己的人，还精心培养扶持潜在的新盟友。时间移至1187年，塔玛已经足够强大，她坚决要求离婚。

塔玛自主选择了第二任丈夫——大卫·索斯兰，他是个经验老到的战神，那些反对塔玛的贵族都成了他的手下败将。尽管如此，塔玛从未同意大卫当国王，与她平分权力，塔玛是绝对的统治者，大卫不过是她的配偶。两人养育了两个孩子，即后来的格奥尔基四世和鲁苏丹公主，鲁苏丹有朝一日也会和母亲一样，成为大权独揽的女王。

在塔玛和大卫的统治下，格鲁吉亚领土得到了扩张，从亚速海一直延伸到里海，女王的影响力甚至覆盖了特拉布宗帝国——严格地说，该国领土属于拜占庭帝国，不过，它的位置紧邻格鲁吉亚。

对于格鲁吉亚在远方国家的相关利益，塔玛也非常关心。为补助生活在希腊境内圣山的格鲁吉亚修道士社团，她派人送去了钱物；她还与萨拉丁谈判，以保证位于耶路撒冷的八座格鲁吉亚修道院不受侵扰。

在国内，塔玛鼓励艺术创作，尤其是书籍制作艺术和手稿装帧技艺。在塔玛王朝，格鲁吉亚艺术家们以拜占庭基督教画风和波斯穆斯林画风为基础，发明了一种复杂的、全新的画风。

塔玛突然病倒，不久去世，这出乎人们的意料。她的先人达维特四世曾经在格拉特修道院建立了一所学院，人们将她葬在了那里。数世纪后，人们忘却了塔玛陵墓的确切位置，而且至今仍未找到。

壁画描绘了塔玛女王与其父亲格奥尔基国王

蒙古帝国皇帝成吉思汗

（约 1162—1227）

罗马人耗费四百年时间，方才建成庞大的帝国，而成吉思汗（Genghis Khan）创建一个更加庞大的帝国，历时仅仅二十五年！成吉思汗亡故时，他统治的地域从日本海一直延伸到里海。

成吉思汗是某蒙古首领的儿子，家人给他取的名字是铁木真。他8岁大时，某敌对部落毒死了他的父亲。拥戴他父亲为首领的那些部落都不情愿向一个孩子发誓效忠，因而那些人抛弃了他和他母亲以及他的兄弟姐妹。若不是铁木真和母亲特别聪明机变和意志坚强，全家人无疑都会饿死。

在整个少年和青年时期，铁木真与众多蒙古部落及部族领袖结成了同盟和友谊，渐渐地，大家将他当成了领袖。在朋友们的帮助下，他消灭了几个对手，将所有部落统一为单一的蒙古国。在一次大规模集会上，蒙古人盛赞他为"普天下可汗的可汗"，他把自己的名字更改为"成吉思"，其蒙古词汇的原意为"强大"。

1207年，成吉思第一次对非蒙古族敌人采取军事行动，他攻击了西夏国，强迫该国国王按年向他进贡。当时，成吉思尚未想到创建帝国，他只是希望周边的王国成为附庸，让自己的国民变得富足。不过，中国北方的金朝皇帝要求成吉思向他发誓效忠时，成吉思拒绝了，而且还入侵了金国。中国中原地区的富足和成熟的工艺技巧是西夏国远不能比拟的，成吉思终于将中原也据为己有，蒙古帝国正是在中国大地上诞生的。蒙古人风卷残云般向西进军，他们攻占的领土包括如今的哈萨克斯坦、巴基斯坦、阿富汗、伊朗、格鲁吉亚、亚美尼亚等国，他们甚至还侵占了保加利亚、俄罗斯南部以及乌克兰。

成吉思的治国理政之道是，让臣服的地方官们管理他所征服的国土——只要他们以行动效忠即可。虽然他对权贵们毫无怜悯之心，但对工程人员、医生、学者、工匠却呵护有加，他还将这些人送到蒙古，向他的人民传授技艺。由于他根本不关注个人信仰，所以他对所有宗教都十分宽容。

坐在帐篷里的成吉思汗，拉施德·阿丁于1318年绘制

حکایت

قوریلتای بزرگ چنگیزخان نومیسید ند بایه ضب فرمود و لیت چنگیزخان برد مقرر

کث وعزیمت اوجنگ بیروق بآذثاه کیله ه ایمان ولکنتن بروزتخان هذدررا چون مبارکی وفرخی بارسل که سال یو

سال رجب سنه اثنین وسته به هجری در آمدیم دراوایل مضله هار چنگیزخان فرمود مانوفی ند بایه سید بای کردند محیمی

قوریلتای ندبل ساحت ودران قوریلتای لتب بزرگ چنگیزخان برد وی معزز کردند و مبارکی بخت نشت

威尔士亲王罗埃林大亲王

（约 1173—1240）

　　威尔士是个小国，却由数个亲王家族实施统治，每个亲王家族还要遵循威尔士习俗，在所有儿子之间均分名下的领地。这一传统削弱了国家，让原本强大的邻国英格兰更容易将其当作蚕食目标。一些年轻的亲王意识到，如此继承传统，领地将碎片化。罗埃林·艾尔沃斯（Llywelyn ap Iorwerth）是其中的一位。他决心参照英格兰和法兰西的传统思路——将国家的权力和威望仅仅过继给长子——重建威尔士的政治社会，整个王国由一个国王统治。

　　罗埃林继承了圭内斯的一小片领地，那是威尔士最北部的一个封邑。经过旷日持久的斗争，他赢得了原本分封给几个叔叔的几片领地。而后，为捍卫领土完整，抵御英格兰进攻，他用石材沿边境线建造了一系列城堡——这是威尔士人第一次用石材建造城堡。很快，罗埃林又控制了另外两个封邑，即波伊斯和锡尔迪吉恩，至此，整个威尔士差不多都归他统治了。

　　罗埃林打算与英格兰国王约翰建立相互尊重的关系，后者入侵苏格兰期间，罗埃林站在了他那边，与他并肩战斗，还迎娶了他非婚生的女儿琼安。不过，在谁应当领受威尔士贵族的效忠方面，两人发生了争执。罗埃林坚称，就等级而言，他与英格兰国王平起平坐，理当受此殊荣。但约翰的回答是，既然罗埃林的先人向他的先人宣誓效忠，威尔士亲王实际上便理应也听命于英格兰国王。

　　罗埃林拒绝成为附庸，约翰实行反制措施，入侵并占领威尔士东北部。与此同时，英格兰国王与主教及贵族的一场纷争也趋于终结。1215 年，主教及贵族迫使约翰签署了《大宪章》，即中世纪的《英格兰权利法案》。利用约翰的弱势地位，罗埃林袭击了位于威尔士和英格兰之间的马尔什地区，占领了卡马森、卡迪根、蒙哥马利三地的关键城堡。眼见罗埃林取得了一系列军事胜利，所有威尔士亲王和领袖人物终于在 1216 年尊奉罗埃林为王者。

　　人们至今仍然认为，罗埃林是威尔士最伟大的亲王，在捍卫威尔士独立方面，他做得最成功。

　　学院塔楼上罗埃林的马赛克镶嵌画像，位于如今的卡迪根

匈牙利国王安德鲁二世

（约 1177—1235）

匈牙利历代国王都喜欢不受限制的权力和巨额的财富。他们是匈牙利国内最大的土地拥有者，按收入来说，没有人能与他们一争高下。然而，自12世纪伊始，为换取各贵族世家的忠诚，作为一种手段，国王们就开始将部分土地分封给贵族。安德鲁二世（Andrew Ⅱ）也遵循了这一习俗，不过，他的这一做法的目的却是要使臣服的贵族疏远。

为拓展匈牙利边境，安德鲁登基前发动了一系列战争，许多为他打仗的骑士是日耳曼人。为报答这些人，安德鲁成为国王后，将大片匈牙利领地分封给了他们。没过多久，这些日耳曼的君主演变成了独立的阶级。他们占有广袤的土地，享有巨额的财富，这导致不那么富裕的、影响力稍弱的匈牙利贵族心中滋生了嫉恨。其实，安德鲁的目的正是在离间本土贵族和外来贵族，可后来，情况却越来越糟糕。

由于数次战争，又讲求奢华排场，导致王国的开销高到无法控制的程度，因此安德鲁提高了奴隶税。这意味着奴隶上交给主子的钱越来越少，导致了匈牙利的贵族再次感觉自己被安德鲁抢劫了。而这一次，他们群起造反了。

1222年，匈牙利贵族赢得了比国王更强势的地位。他们强迫安德鲁签署了"金玺诏书"，即匈牙利版的《大宪章》，它不仅削弱了王室的权力，还让小贵族与大贵族享有平等的地位，进而还认可匈牙利贵族享有许多权利，如国王违反匈牙利法律时，可对其决策予以拒绝。作为签署"金玺诏书"的后续行动，国王和贵族们达成了共识，即应当成立某种正式机构，以便这些贵族有个可以表达诉求的机构——"议事会"，即匈牙利版的国会。

由于安德鲁在可以行使绝对权力方面过于鲁莽，反而削弱了匈牙利国王的权威性，不得已让国家开始有了代议制政府。

布达佩斯英雄广场上的安德鲁二世雕塑（最左边）

神圣罗马帝国皇帝腓特烈二世

（1194—1250）

腓特烈（Frederick）的崇拜者尊称他为"旷世奇才"，即"世界奇人"；而批评他的人们则说，最低限度讲，他也是个无神论者，甚或可以称作敌基督者。

腓特烈在西西里岛的巴勒莫长大，那是个混杂着诺曼人、希腊人、阿拉伯人、犹太人的大都市。长大成人后，他能说一口流利的阿拉伯语和希腊语，他还熟读了《古兰经》。伊斯兰王室的奢华，对他极具吸引力——他像伊斯兰君主一样，身穿华丽的长袍，拥有盈满佳丽的后宫。他对伊斯兰教的体验，加上他终身与教皇的冲突，让他的敌人相信，他不是天主教徒。然而那些人全错了，虽然腓特烈从来就不是忠实的天主教徒，可他终身没有放弃他从小就受到熏陶的天主教。

腓特烈的一生都在与教皇比拼地位。历代教皇总是强调，所有神圣罗马帝国皇帝都是他们加冕的，因而皇帝应当臣服于他们。腓特烈非常乐于承认教皇在精神方面的权威（当这样便利时），不过，他坚持认为，就政治问题而言，没有谁的地位能高过神圣罗马帝国皇帝，其他皇帝也持与之相同的立场。然而，他们当中没有一个人遇到过比腓特烈所遭遇的更深的仇视，这是因为，在与教皇作对方面，腓特烈比先前的教皇反对者高明了许多。

腓特烈身为德意志、意大利南部、西西里岛的君王，教皇的辖区处在他的包围之中，教皇的辖区指的是其位于意大利中部的领地。假设腓特烈向教皇的辖区发动战争，教皇极有可能会输——这一事实教皇是清楚的。

由于腓特烈能说一口流利的阿拉伯语，精通伊斯兰文化，他在抵达圣城的十字军战士和埃及的君主之间促成了和平协议；德意志本土太子党坚称他们应当享有自古以来属于他们的权利和特权，腓特烈对此做出了让步。所有国王都是文学艺术的资助人，腓特烈更胜一筹，他鼓励科学研究，还创建了那不勒斯大学，资助了位于萨莱诺的医学院。

腓特烈二世是个自信心超强的人，上帝有意让他成为欧洲最有权力的强人，对此他从未有过丝毫怀疑。

法兰西国王路易九世

（1214—1270）

法兰西国王路易九世（Louis Ⅸ）最大的愿望是成为模范的基督教君王。因他在虔诚的信仰、参加十字军东征、执法公正等许多方面取得成绩，他算是成功了——以至于他被奉为中世纪法国乃至欧洲君主中的楷模。1297年天主教会追尊他为圣徒。

13世纪40年代，一系列灾难降临到欧洲人的头上，极大地影响了路易的国际视野。1241年春，蒙古人毁灭了波兰和匈牙利，将所有前去阻击他们的军队打得落花流水。随后，1244年，来自埃及的穆斯林军队又彻底击败了巴勒斯坦的基督徒。

对来自蒙古的威胁，路易采取了外交解决方案，他派遣许多使节，携带丰厚的礼品觐见"大汗"，又在本国盛情接待来自蒙古的使节。对于埃及的穆斯林，他采取了围堵策略。多年来，入侵圣城和拜占庭帝国的穆斯林全都将埃及当作出征地。路易的目标是，尽可能长久地将埃及人封堵住，让中东的基督徒有时间重整军备，使之强大到不再需要欧洲西部的增援即可进行自卫。

1249年，路易率十字军夺取了尼罗河三角洲的达米埃塔，这里是守卫埃及的门户。然而，时间过去尚不足一年，一支穆斯林大军击败了十字军，俘虏了路易。为了让路易重获自由，法兰西付出的代价是退还达米埃塔；为拯救路易以及存活下来的十字军战士的生命，法兰西另外又付出了一笔巨额赎金。

返回法兰西后，路易对法律有了全新的认识，即应当用特别人性化的方式体现公正。他大大减少了死刑，对谋反者也不用死刑。他要求人们毫无偏颇地运用法律，他还取消了让贵族得以豁免的特权，也就是说，谋杀罪也适用于指控贵族。他对贫穷和无助之人慷慨地施以援手。为铭记"基督蒙难时所戴荆棘之冠"，他建造了哥特式的建筑奇观：巴黎圣礼拜堂。

路易得到报告，某苏丹夺取了凯撒利亚和乔帕两座城市，于是他再次组织了一支十字大军。出征途中，路易身患重病，他乘坐的战船只得在非洲北部的突尼斯抛锚，那地方远离故乡，远离圣城，路易国王在那里去世。

埃尔·格雷柯绘制的圣路易九世画像

中国皇帝、蒙古国大汗忽必烈可汗

（1215—1294）

忽必烈可汗在位的时期，形成了蒙古统治者与蒙古传统生活方式的决裂。他实际上可以说放弃了征战，全心全意地投入了治理庞大帝国的事业。他的疆域从朝鲜一直延伸到匈牙利东部和波兰。他的政策是，只要行得通，尽可能让帝国境内所有国家充分享有自治，一旦某一区域或某个城市处于蒙古国统治之下，立即停止对那里的掠夺。

忽必烈定居到了中国北部，在那里组建了一个由中国学者组成的团队，以帮助他赢得中国臣民的信任。他对中国臣民的统治方法别具一格。他吸纳了中国统治者的方法，既不吓唬臣民，也不敌视他们。在内蒙古为自己修建夏宫时，他从设计之初即沿用中国的建筑制式。他修建的是一座大理石材质的宫殿，里边有好几座佛寺及多处花园式庭院，忽必烈亲自将其命名为"上都"。英国诗人塞缪尔·泰勒·柯尔律治在其创作的长诗《忽必烈汗》里将其描绘成了"世外桃源"。

忽必烈在中国建立了一个新王朝，为其取名"元"，他以中国皇帝的身份生活和实施统治，还严格尊崇传统的孔子礼仪。他鼓励与域外国家通商（马可·波罗家族即是忽必烈邀请到其首都经商的欧洲商旅的成员）。他是中国国画、书法、戏剧的倡导者，他还鼓励发展中医药。

忽必烈希望帝国的行政管理人员都是行家里手，所以，管理机构的成员包括穆斯林金融顾问、欧洲商人、道教预言师，等等。

然而，忽必烈的和平仁爱政策惹恼了蒙古的因循守旧者，他们认为，大汗应该是征服者，如果当朝可汗对打仗和扩大帝国版图失去了兴趣，也许就不再适合担任最高长官了。因而，在他们的怂恿下，忽必烈入侵了中国南部，打败了宋朝皇帝，还迫使缅甸和占婆国（如今的越南南部）臣服于他。他还计划经海路入侵日本，不过，一次台风摧毁了他的舰队。

忽必烈生命中最后几年麻烦不断，征讨日本的战争几乎让他耗尽了国库；他最爱的妻子以及被立为王位继承人的儿子都死了。为安抚自己，他转向了大吃大喝，离世之际，他已经成了超级胖子，曾经伟大的头脑已经让酒精灌得糊里糊涂了。

诺夫哥罗德公爵、弗拉基米尔大公
亚历山大·涅夫斯基

（1220—1284）

1938年那会儿，苏联处在纳粹德国入侵的威胁下，伟大的俄罗斯导演谢尔盖·爱森斯坦发行了电影《亚历山大·涅夫斯基》，直接表现了他身边同仁们的焦虑。该电影讲述的是1242年的另一次德国入侵，以及当时俄罗斯人民如何取得了抗击入侵的胜利。

电影主人公亚历山大·涅夫斯基（Alexander Nevsky）是俄罗斯历史上的一个亲王，家族将他培养成了英勇善战之人。年仅16岁时，他追随父亲参加了抗击蒙古人的战争。18岁那年，他取得了人生第一次重大胜利，在涅瓦河畔将瑞典人赶回了老家（为铭记这次战斗，他把自己的姓氏更改为"涅夫斯基"）。1242年，亚历山大22岁，他遭遇了人生最大的挑战，日耳曼军事组织"条顿骑士团"入侵了俄罗斯，试图夺取俄罗斯领土，占领波罗的海沿岸的若干港口。

1242年4月5日，在普斯科夫以北的楚德湖畔，大约1000名"条顿骑士团"骑士及其雇佣兵组成的军队遭遇了亚历山大率领的5000人大军。时值冬季，湖面冻得很坚实——至少看起来如此。骑士团的重载骑兵率先向俄罗斯阵列发起冲击，在骑士团猛烈冲击下，俄罗斯阵列被冲垮成几个部分，他们的阵列断开了，不过，亚历山大的部队重新集结起来，包围了骑士团。在四面围攻中，许多骑士团成员及其跟随的步兵通过湖面往后撤退，他们退到一处冰面较薄的地方时，冰面裂开了，人员和马匹跌进了冰冷的湖水，厚重的铠甲使他们沉入湖底。

亚历山大还取得过其他一些胜利，最为著名的是，迫使蒙古可汗撤回派驻俄罗斯的税务员，停止强征俄罗斯人加入蒙古军队。让这位亲王名声大噪的是"冰上之战"。沙皇彼得大帝对亚历山大赞誉有加，俄罗斯东正教宣布他为圣徒。他还得到过斯大林的赏识。2008年，在一次民意调查中，200万俄罗斯民众投票推举亚历山大·涅夫斯基为俄罗斯有史以来最伟大的英雄。

卡斯蒂利亚和莱昂国王智者阿方索十世

（1221—1284）

　　阿方索（Alfonso）在许多方面都有极高的天分：他是诗人、音乐家、作曲家、天文学家，他还资助画家、雕塑家、历史学家。如今人们知之最多的是他创作的《圣母马利亚坎蒂加》（即《圣母马利亚赞美诗集》），其中收录了上百首脍炙人口的诗歌以及用于礼拜的、赞颂圣母马利亚的赞美诗。

　　当初摩尔人占据着西班牙南部，西班牙人刚开始在斗争中占上风，阿方索即登基成为如今西班牙卡斯蒂利亚省和莱昂省的统治者。他夺取了摩尔人占据的最大的行省安达卢西亚，巩固了在西班牙的胜利。与此同时，他还试图夺取如今法国的纳瓦拉省和加斯科涅省，进而在摩洛哥开辟立足点，不过最终均未成功。

　　1264年，不甘卡斯蒂利亚人统治的穆斯林群起向国王阿方索造反，他费时两年才把叛乱平息下去。完成平叛后，他把穆斯林赶出了家园，将他们的财产分给了西班牙的基督徒。

　　阿方索试图落实一项新法令：凡遇法律纠纷，贵族应向常设法院提请公诉，而非任由贵族自行组织陪审团。于是，对此不满的贵族造反。接着，由于国王强行向平民加征新税种，平民也造反。面临双重的反叛，阿方索做出了让步。贵族们感觉自己成功地捍卫了往昔的特权；而平民们似乎更加爱国了，他们同意向国王缴纳一种新的年度税，以便支付管理王国的开销。

　　阿方索生命中最后几年诸事不顺，摩尔人再次入侵了卡斯蒂利亚；他的大儿子亡故；他的二儿子桑乔四世竭力游说全国代表大会任命他为国王，同时剥夺父亲阿方索的所有权力，仅仅保留他的国王头衔。阿方索去世前剥夺了桑乔四世的继承权。

　　阿方索是中世纪最伟大的西班牙国王之一，也是取得诸多成就的人，如此成功的人却在悲凉和失望中离开了人世。

葡萄牙国王迪尼什和王后伊丽莎白

（1261—1325，1271—1336）

迪尼什（Dinis）和伊丽莎白（Elizabeth）的婚姻从起步就不顺，婚礼那天，伊丽莎白只有12岁，迪尼什20岁。迪尼什对娃娃新娘没有表示出兴趣，他总是跟嫔妃们轮番过夜。伊丽莎白将近20岁时，他们才开始像夫妻一样生活。1291年，伊丽莎白生了个儿子，他们给孩子起名叫阿方索。迪尼什从未终止与情妇们的缱绻，他亡故时，在身后留下了7个（另一说为9个）非婚生子，他承认所有孩子为己出，还把所有孩子都带进宫，下令由伊丽莎白抚养。

尽管迪尼什是个没有责任心的丈夫，但他却是个尽职尽责的国王。随着摩尔人对葡萄牙的威胁最终趋于中立化，迪尼什得以将更多精力投向国内问题。他鼓励国人与国外通商和通航；他没收教会和贵族们撂荒的土地，将其交给愿意耕种的人家；他在沿海地区大面积培植松林，阻止水土侵蚀；他让人抽干沼泽里的水，以获得更多耕地；他还让人用葡萄牙文缮写了葡萄牙法律条文；他和伊丽莎白一起创建了科英布拉大学。

然而，迪尼什的家庭矛盾日益激化，他偏爱其中一个非婚生子阿方索·桑切斯，而且对此完全不加掩饰，这一严重事态极大地挫伤了王储阿方索亲王。内心充满怨恨和憎恨的王储越来越相信，他的继承权已经濒临旁落，因而小心翼翼地策划了一场阴谋，试图谋杀同父异母兄弟，废黜国王，自己称王。迪尼什察觉了这一阴谋，准备严厉惩罚阿方索亲王，不过，伊丽莎白出面请求他原谅两人共同的儿子。

阿方索亲王又有两次试图推翻父王，每次都是伊丽莎白成功地平复了危在旦夕的局面。然而，后来的一次调解超出了她的能力，以失败告终，迪尼什和阿方索两人都准备好为王权而战。战斗开始前，伊丽莎白策马直奔两军之间的对垒，拒绝离开战场，直到父子双方达成和平方撤离。

迪尼什亡故后，尽管有各种担忧，阿方索最终还是成了国王。伊丽莎白离开王室，前往科英布拉，在一家医院附近建了一座小房子住下。王后每天前往病房工作，并且坚持了十一年，直至离世。

法兰西国王公正王腓力四世

（1268—1314）

中世纪时期的人们对于国王和教皇之间闹矛盾早已是见怪不怪了。不过，极少有哪个国王像腓力四世（Philip IV）一样，坚决要凌驾于教会之上。腓力四世的劲敌是教皇卜尼法斯八世，这位教皇的回应是，如果有人不愿意做教皇的臣民，像腓力四世一样干涉教会事务，那他们最终肯定得不到拯救。对此，腓力四世的回应是，宣布卜尼法斯为异教徒，倡议组建国际主教理事会，废黜卜尼法斯。为组建理事会，腓力四世派代表团前往意大利，代表团成员袭击了卜尼法斯，将其暴打一顿，致使他一个月后因伤离世。

腓力四世还有一个打击目标，即"圣殿骑士团"。该组织于1118年在圣城创立，目的是保卫基督教朝圣者和捍卫教会的领地。由于参战时所表现出的无畏以及生活中展现的圣洁，骑士团成员广受人们尊重。由于无以计数的馈赠和遗赠，更由于理财有方，骑士团成员也很富有。腓力四世嫉妒他们的富有，便指责他们卑鄙虚伪，控告他们在秘密仪式上亵渎和践踏十字架，控告年长的骑士鸡奸年轻的骑士，凡此种种。经过绵密的策划和谋划，腓力四世于1307年10月13日派人在一天之内逮捕了法兰西境内所有的骑士团成员。骑士们在狱中不堪忍受超常的酷刑，包括大首领在内，许多人屈打成招，承认了腓力四世的无端指控。后来，有骑士团成员翻供说，认罪是迫于狱中可怕的用刑，腓力四世就让人将这些人绑在火刑柱上烧死了。

对自己的家人，腓力四世同样毫无怜恤之心。有两位骑士被控与他的两个儿媳通奸，他亲自坐镇审判，再次动用酷刑，认定此二人有罪，并宣判对他们执行残忍的死刑。人们怀疑他的孙子们为非婚所生，让他没想到的是，由于这一审判，他亲孙子们的身世受到人们怀疑。

尽管出现了以上诸多是是非非，腓力四世仍然宣称自己是天主教正教和基督教道义的捍卫者。他一生最大的愿望是，希望人们像称颂他祖父圣路易九世一样颂扬他，这一愿望最终未能实现。

有人当着腓力四世和教皇克莱门特五世的面控诉骑士团

苏格兰国王罗伯特一世·布鲁斯

（1274—1329）

罗伯特·布鲁斯（Robert Bruce）是一位英勇的国王，他让苏格兰摆脱了英格兰的辖制，赢得了独立。不过，他并非总是值得称颂的英雄。首先，他们家族宣称对苏格兰王位拥有继承权，但此事其实不太靠谱；其次，英格兰国王爱德华一世率军入侵苏格兰期间，他和父亲一起支持英格兰人，站到了英格兰人一边。

罗伯特用行动救赎了自己，威廉·华莱士爵士（即被人们美誉为"勇敢之心"的那个人）领导民众造反期间，他站到了造反派那边。然而，他的麻烦远未终止，因为，声称对苏格兰王位拥有继承权的人何止他们家族一支。1306年，他见到了其中一位，地点在邓弗里斯的一座教堂里，那是个名叫约翰·科明的人。在本应以最文明的举止示人的圣洁之地，罗伯特做出了不可饶恕的背信弃义之举——他拔出短剑，刺杀了约翰·科明（实际上，罗伯特逃到教堂外时，对方还活着，罗伯特的两位支持者冲进教堂，给了对方一个彻底了断）。英格兰国王爱德华一世宣称罗伯特为罪犯；由于前述亵渎神明的举动，教皇克莱门特五世将他逐出了教会。尽管如此，罗伯特仍宣布自己为国王，在苏格兰的传统加冕地斯昆戴上了王冠。

1307年，英格兰人再次入侵苏格兰，在梅斯文打败了罗伯特，迫使他逃离苏格兰。罗伯特藏身爱尔兰附近的拉斯林岛期间，英格兰人抓住并关押了他的妻子、女儿、妹妹，杀害了他的三个弟弟。让人匪夷所思的是，罗伯特重返苏格兰，重新组建了一支军队，并于1314年在班诺克本击溃了英格兰军队。当时英军由爱德华一世无能的儿子爱德华二世统领。

为了让国王得到道义上的支持，更重要的是，为了获得国际承认，苏格兰贵族群体于1320年起草了《阿布罗斯宣言》，他们在宣言里追溯了苏格兰君主政体的渊源，并请求教皇承认苏格兰的独立和罗伯特的统治权。教皇满足了苏格兰人的要求。

英格兰国王爱德华二世坚持认为自己同时是苏格兰国王，不过，1327年，他妻子领导了一次政变，废黜并处死了他。接着，英格兰女王与罗伯特达成了和平共识。

如今，罗伯特一世仍然安眠在邓弗姆林修道院。他曾经要求人们将他的心脏安葬到圣城，不过，那颗心脏最远也只到了西班牙。末了，人们将那颗心脏送回苏格兰，安葬到了梅尔罗斯修道院。

1314年，英格兰与苏格兰两国军队在班诺克本对决，亨利·德·博亨爵士策马冲到苏格兰国王罗伯特·布鲁斯跟前

塞尔维亚人、希腊人、阿尔巴尼亚人的皇帝强人斯蒂芬四世·杜尚

（约 1308—1355）

斯蒂芬四世·杜尚（Stefan IV Dusan）家族命运多舛：家族里的国王们个个都觊觎其他国王的权力，亲王们也都迫不及待地企图登基继位，其结果是，14世纪前半叶，因两次父子不睦，塞尔维亚人吃了两场内战之苦。首先，斯蒂芬的父亲背叛其亲生父亲米卢廷，可惜，反叛以失败告终，斯蒂芬的父亲被捕，米卢廷为惩罚反叛的儿子挖去了他的双眼。其次，1331年，斯蒂芬沿袭家族传统，反叛自己的父亲，不过，斯蒂芬是个幸运的叛角，他成功地废黜了国王老子。

斯蒂芬是个行动果敢的国王，他与塞尔维亚的劲敌保加利亚一起缔造了和平，还迎娶了保加利亚的公主海伦。在王室成员互相撕扯对方的咽喉之际，塞尔维亚的贵族趁机攫取了许多权力和特权，斯蒂芬则剥夺了他们的所得。接着，他着手进行了一系列征伐，让塞尔维亚从小王国变成了帝国。他夺取了拜占庭帝国沿塞尔维亚边境所设立的许多要塞，接着，他征服了希腊北部一部分地区、马其顿的大部分地区，以及阿尔巴尼亚全境。1346年，他庆祝胜利，重新登基成为塞尔维亚人、希腊人、阿尔巴尼亚人的皇帝。不过，他没有因此满足，而是再次走向了战争，这一次，他意欲征服的是希腊的伊庇鲁斯省和帖撒利省。他一直希望收复原属于塞尔维亚的黑塞哥维那省，他做梦都想拿下君士坦丁堡，然而，他倾注一生也未能实现其中任何一个目标。

斯蒂芬在位期间，天主教和东正教之间的裂痕已然存在了将近三百五十年，令塞尔维亚国民惊讶甚至惊恐的是，塞尔维亚东正教是否能回归罗马教廷，这两个教派能否重新统一，斯蒂芬就这些问题与教皇开辟了谈判之先河。但塞尔维亚境内天主教和东正教双方的神职人员都直言不讳地反对，最终，斯蒂芬只好放弃。尽管如此，当土耳其人入侵欧洲东部时，斯蒂芬仍希望教皇同意他率领一支十字军来保卫基督教世界。教皇尚未表态，斯蒂芬却突然离开了人世。

斯蒂芬预见到了土耳其人将会成为他的威胁，果然在他过世数年后，土耳其人强迫他儿子放弃了他老爸征服的绝大部分领土。

摩纳哥亲王弗朗西斯科·格里马尔迪

（殁于 1309 年）

摩纳哥盾徽两旁各有一位身穿圣方济各会褐色长袍的修道士，他们各自手持一柄长剑。采用这两位非同寻常的人物形象，为的是纪念格里马尔迪王朝的开创者。这一王室统治摩纳哥长达七百年之久，其间从未中断。

13世纪那会儿，一座城堡矗立在摩纳哥裸露的岩层上，这座要塞式的城堡守卫着里维埃拉平川，使其免受劫掠成性的萨拉森海盗的袭扰。与此同时，欧洲大部分地区分裂成了两个互不相让的政治派别；其中一派宣称，在欧洲，神圣罗马帝国皇帝拥有至高无上的权力；另一派则说，这样的权力理所当然属于教皇。时间移至1297年，那个摩纳哥城堡已经落入力挺罗马帝国的军队手里。

离城堡不远处，坐落着意大利城市热那亚，那是一座富庶的商业都市，城里人都力挺教皇派。热那亚的主要家族之一为格里马尔迪家族，这族人里不仅出了精明的商人和银行家，还出了狡诈的战神。弗朗西斯科（Francesco）[一些历史学家用法语将他的名字拼写为François（弗朗索瓦）]是好战的格里马尔迪家族成员之一，他认为，位于摩纳哥的罗马帝国城堡对热那亚人的海运事业是个威胁。1297年1月8日，弗朗西斯科率领一小队武装人员来到城堡大门口，当时他身穿圣方济各会修道士平日里穿的褐色装束，不过，他在长袍里边穿了铠甲，还携带了武器。同行的伙伴们在阴暗处躲藏好之后，弗朗西斯科敲响了大门。他对守门的卫兵说了什么，后人无从知晓——也许说的是天黑了，他要借宿一晚，也许说的是有人喊他来是要为某个行将就木的人做临终祈祷——不管怎么说，卫兵放他进了城。守门的兵员不多，弗朗西斯科甫一进城就脱掉了长袍，抽出长剑，杀掉了几个卫兵，然后打开了城门。其他的人都悄悄进了城，分散到城堡各处，最后整个城堡的军兵都成了俘虏。

格里马尔迪家族现在的住处为摩纳哥亲王宫，它正好坐落在他们家族的先人弗朗西斯科当年攻占的那座城堡的所在地。

身穿圣方济各会修道士袍的弗朗西斯科·格里马尔迪

法兰西国王好人约翰二世

（1319—1364）

在战场上，法兰西国王约翰二世（John Ⅱ）可谓既神勇又豪爽，不过，在商讨国务的会议上，他却是个傻瓜。只要某个脾气暴戾的人扯开喉咙大喊两嗓子，他就会改变主意；另外，一旦做出某个决定，即使明显是个糟糕的决定，他也会固执己见，至死不改。

当时，法兰西和英格兰正深陷于一场你死我活的斗争中，即渐为后人所知的"百年战争"。1354年，约翰二世试图将法兰西西南所有行省割让给他的对手英格兰国王爱德华三世，以此收买英格兰人。法兰西王国许多高层贵族，包括约翰二世的亲子皇太子查理五世在内都认为，这一协议有损国家尊严。皇太子与纳瓦拉国王查理二世密谋废黜约翰二世，然而，约翰二世获悉了这一消息。最初他原谅了这两个阴谋家，不过，四个月后，他反悔了，派人逮捕了纳瓦拉国王，还下令立即处决纳瓦拉国王在法兰西境内的几个支持者。这些鲁莽的行动引发了一场内战。五个月后，事情变得愈加糟糕，在"威尔士黑太子"爱德华和英格兰国王爱德华三世的儿子率领下，英格兰人在普瓦捷大败法兰西军队，俘虏了约翰二世。

国王成了俘虏，国家遭到了羞辱，法兰西陷入了无政府状态。从前的士兵在乡下成群结队地四处游荡，杀人偷盗无恶不作，愤怒的农民袭击并杀害了贵族们，还抢劫了他们的城堡，这就是史称的"扎克雷起义"。在巴黎城里，势力强大的中产阶级将皇太子赶出了城外。

为换回国王，历经四年谈判，法兰西同意交付一笔高达300万金币的天价赎金。回国后的约翰二世以全新面貌开始了统治，他遣散了那些曾经给他出过坏主意的人，不再问政于他们，此番做法赢回了贵族和巴黎富人的心。他还组建了一支新军，以压制乡下的混乱局面。当法兰西国库无力继续支付赎金余额时，约翰二世自告奋勇返回英格兰，以便协商新的解决方案，假如英格兰国王执意将他留下，他愿意接受再次关押。他如此高贵的品性给法兰西人和英格兰人留下了深刻印象。令人伤感的是，约翰二世在伦敦与英格兰人谈判释放自己的条件期间亡故。

Jehan Rey de Fraucc

威尔士黑太子爱德华

（1330—1376）

　　尽管存在争议，爱德华（Edward）依然是英格兰有史以来最受欢迎的威尔士亲王。在其有生之年，他一直被颂扬为侠士的榜样。在战场上，他总是无往不胜，普瓦捷战役的胜利使他彪炳千古。那一仗，他不仅打败了法兰西，还生擒了对方的国王约翰二世。

　　爱德华有生之年，没有人称呼他"黑太子"——这一称谓16世纪才出现。也许源自他身穿黑色甲胄，或源于手持黑色盾牌的缘故。32岁那年，他迎娶了琼安，人称"肯特的仙姑"。他们的公爵府坐落在波尔多——爱德华的父亲封他为阿基坦公爵，这对父子鼓励学术研究和勇敢精神，当时在他们的王朝，音乐和诗歌同样一派繁荣。

　　爱德华的军旅生涯始于16岁，那年，他参加了"克雷西战役"，那是另一场彪炳史册的英格兰对阵法兰西的胜利。从所起的作用来说，他是英格兰指挥中心的总指挥，不过，这个十多岁的孩子很懂事，很乐意聆听久经沙场的老将的说道。

　　尽管爱德华具有侠士美名，但他也有残忍的时候。1355年，他采纳了一种"焦土政策"，下令他麾下的军队抢劫并焚毁了法兰西南部500座小城镇和村庄！转过一年，他横扫法兰西，第二次推行"焦土政策"，并在普瓦捷大捷和活捉约翰二世国王之时达到了顶峰。

　　时间移至1369年，爱德华患上了慢性病，也许是一种无法治愈的痢疾，或许有可能是一种当时无法诊断出的癌症。1370年，爱德华宣称，一定要重新夺回刚刚落入法兰西掌控的利摩日城。由于病重，无法骑马，他只好乘坐一顶轿子前往那里。攻下利摩日后，他放任手下的军兵洗劫和焚烧这座城市，致使上千城市居民惨遭屠杀。

　　1371年，爱德华回到了英格兰。他的生命几近结束，他挣扎着又活了五年，病故时，年仅46岁。他要求丧葬从简，将他安置在坎特伯雷大教堂的地下室里。然而他的家人和整个国家没有照办，而是让他安睡在了圣徒托马斯·贝克特神龛旁边的豪华陵墓里。这处陵墓至今犹存。

Ye Black Prince
Canterbury Cathedral

贝里公爵约翰

（1340—1416）

约翰（John）是好人约翰二世的儿子，法兰西国王查理五世的弟弟。"百年战争"酣战时，如果让他从军，那真是赶鸭子上架；如果让他做调停人，他更是毫无用处，他甚至调解不了自己家族的内讧！不幸的是，患有精神病的侄子查理六世国王钦点约翰为摄政王主政，以恢复法兰西的国内秩序。当然，那时王室里另有好几位亲王和公爵，都是约翰的兄弟和侄子，每个人都认为，与贝里公爵相比，自己更适合担当此重任。也许他们是对的。约翰根本没有治理能力，结果让英格兰利用法兰西人内部不睦再次入侵，尽其所能攻克城市和行省。

作为政治家，约翰成事不足，败事有余；不过，作为艺术品鉴赏家和收藏家，他的鉴赏能力万里挑一。从庄严的城堡建筑到华丽的小珠宝，所有美好的东西都难逃他的眼睛。他招徕了一些最好的金银匠，制作了一些漂亮的托盘，用以展示他收藏的、令人过目难忘的王室遗物。他还拥有许多工作室，由编织匠组成的团队为他编织了许多精美绝伦的挂毯，用来装饰他私宅里的各个墙面。他与名列那个时代最出色的画家群体的。弗莱米什人林堡三兄弟密切合作，设计并绘制了一些华丽的祈祷书，即闻名于世的《时序祈祷书》，其中最精致的是富于传奇色彩的《贝里公爵的豪华时祷书》。这本书之所以闻名，是因其以整版页面，绘制出一年中的每一个月的工作及娱乐场景，还有一幅约翰的肖像画，画中的他身穿华贵的服饰，身边簇拥着各式各样的宝物。

说来奇怪，林堡三兄弟和约翰公爵都于1416年同年离世，原因或许是一场传染病。

手绘贝里公爵（身穿黑色长袍者）插画

立陶宛和波兰国王瓦迪斯瓦夫二世·雅盖洛

（约 1351—1434）

　　"条顿骑士团"是十字军出征时期成立的数个军事组织之一，其成员均为骑士，不过，他们的誓言与僧侣们相同，都是要守贫、简约、服从。换句话说，他们是武装起来的僧侣。这些骑士们声称，他们的任务是保卫欧洲北部的基督教领地，抵御异教徒普鲁士人和立陶宛人的入侵，不过，这些骑士也袭击信奉天主教的波兰和信奉东正教的俄罗斯。这样的作为致使欧洲北部许多人相信，骑士们的野心与其说是宗教性的，莫如说是政治性的。

　　时间移至14世纪末期，对骑士们来说，立陶宛再也不像从前那样容易得手了。雅盖洛大公是个天不怕地不怕的战神，他统治的大片领土，包括如今的立陶宛、乌克兰、白俄罗斯、俄罗斯西部的一些地区。"条顿骑士团"再也无法对立陶宛趾高气扬了。

　　与此同时，立陶宛边境另一侧的波兰则由一位名叫雅德维嘉的11岁女孩打着"国王"旗号实施统治。波兰和立陶宛同为"条顿骑士团"的袭扰对象。1385年，雅德维嘉的特使找到雅盖洛，提出一个有意思的请求：迎娶雅德维嘉，成为波兰国王（雅德维嘉的头衔因此会改为"王后"），这两个国家联姻，会让"条顿骑士团"再也不敢冒犯。作为交换条件，雅盖洛和他治下的人民必须改信天主教。雅盖洛接受了条件。

　　雅盖洛恶补三天天主教教义，然后接受了洗礼；三天后，他与雅德维嘉成了婚。他接受了新名字瓦迪斯瓦夫，随后以瓦迪斯瓦夫二世·雅盖洛（Wladyslaw Ⅱ Jagiello）国王之名实施统治。作为国王，他尊重波兰的政治惯例，听取波兰贵族们的谏言，赐土地给波兰和立陶宛的支持者。然后，他返回了立陶宛，以推动整个国家改变信仰。据说，波兰天主教神父们鲜有会说立陶宛语的，因而雅盖洛亲自担当传教角色，教导人民如何诵读《使徒信经》和《主祷文》。

　　雅德维嘉曾经预言，联姻的波兰和立陶宛一定会彻底葬送"条顿骑士团"。1410年7月，她的预言成真了。当时，雅盖洛与堂弟维陶塔斯率领将近五万波兰人、立陶宛人，以及雇佣军组成的大军与"条顿骑士团"对决。格伦瓦德之战让鲜血流成了河。通过此战役，雅盖洛和维陶塔斯统率的大军将"条顿骑士团"的骑士杀得片甲不留，将骑士的势力从欧洲北部永久地根除了。

丹麦、挪威、瑞典摄政王玛格丽特一世

（1353—1412）

　　玛格丽特一世（Margaret Ⅰ）本是丹麦公主，青少年时期，她大部分时间在瑞典度过，后来她嫁给了挪威国王。由于一连串非同寻常的际遇，这位了不起的女性很快成了三个斯堪的纳维亚国家的女王。1375年，她父亲亡故，身后没有男性继承人，她游说丹麦贵族及大人物立她5岁的儿子奥拉夫为国王，她则作为摄政王辅佐儿子至其成年。1387年，丈夫亡故后，她再次凭借如簧的巧舌，说服挪威枢密院立奥拉夫为国王，她仍为摄政王。

　　与此同时，瑞典国王亡故，瑞典贵族推举玛格丽特的外甥阿尔伯特为国王。1389年，阿尔伯特亡故，瑞典人转而求助玛格丽特和奥拉夫。至此，玛格丽特已经成为三个斯堪的纳维亚国家的摄政王，她儿子已经可以顺利继承所有三个国家的王位了。丹麦、挪威、瑞典三国代表共同起草了一份正式声明，普天同庆玛格丽特成为他们"全权女主"。

　　让人扼腕的是，奥拉夫此时却亡故了！尤其需要指出的是，盘踞在南方的德意志亲王们，政治影响力强大的德意志"汉萨同盟"的商人们，都巴望着斯堪的纳维亚国家变得羸弱，变得容易操控，而此时的玛格丽特既没有丈夫，也没有儿子，她的统治已经处于风雨飘摇中。她只好劝三个王国立她的外甥孙子波美拉尼亚的埃里克为嗣子。丹麦人、挪威人、瑞典人全都表示了同意，玛格丽特立即安排在瑞典卡尔玛为这个14岁的孩子举行了加冕礼。

　　接下来十五年，埃里克只能眼睁睁地看着玛格丽特全权施政。凡是与她意见相背的人，她都弃之不用，代之以效忠她的人。不过，她给斯堪的纳维亚带来了二十年和平。在此期间，斯堪的纳维亚文化生活和经济活动极大地兴旺发达起来。不幸的是，玛格丽特亡故后，埃里克没有能力将姨姥姥的"大北欧联盟"作为一个整体维持下去。

威尔士亲王欧文·格伦道尔

（约 1354—1416）

欧文·格伦道尔（Owen Glendower）出身高贵，威尔士大多数王公贵族是他的长辈和亲戚。即便如此，14世纪中期那会儿，胸怀远大抱负的威尔士人若想在政治领域更上一层楼，除了前往英格兰，好像没有第二条道路。青年时期的欧文生活在伦敦，与英格兰王室保持着稳固的关系。1385年和1387年，英格兰两度入侵苏格兰，当时，欧文追随理查二世上了战场。但在家中，他仍过着普通威尔士人的生活，喜欢招待来自威尔士的人，尤其是诗人。

1400年，欧文回到了威尔士，为了将英格兰人赶到境外，让威尔士重新获得独立，接下来的五年，他一直领导着起义。凭借威尔士人的一己之力，这场斗争不可能取得最终胜利，因而欧文转向不满现状的英格兰贵族们寻求帮助。他迎娶了莫迪默勋爵的女儿凯瑟琳，与人称"热刺"的亨利·珀西结盟。亨利·珀西是英格兰北部著名的家族里最让人胆寒的战神。1404年，欧文领导的起义取得了巨大成功，当时他已经成为整个威尔士西部地区的统帅，他与法兰西人达成了一项协议，又与苏格兰人签订了秘密协议，苏格兰人愿意帮助他摆脱英格兰人的统治。他还得到了"威尔士亲王"头衔。他有一些计划，其中包括建立威尔士人的议会，或许还包括建立独立于罗马教廷的威尔士教会。

欧文的成功并没有延续下去。1405年，在关乎成败的伍斯特战场上，他输给了亨利四世。实际上，接下来的三年，他眼睁睁地看着英格兰人拿走了他赢得的几乎所有东西。

他逃进了山区，为守护国家领土，他经常发动袭击；有时候，他也会越过边境，深入英格兰进行袭扰。不过，自1412年以来，历史记录里不见了他的踪迹，后人再也没有听说过欧文其人。他女儿艾丽丝的家位于英格兰西部的赫里福德郡，人们相信，1416年，他亡故在了女儿家。

奥斯曼帝国苏丹巴耶塞特一世

（约 1354—1403）

1389年6月15日爆发的"科索沃战役"，以奥斯曼土耳其人的胜利宣告结束，它标志着塞尔维亚人的灾难。穆拉德苏丹遇害，一个塞尔维亚俘虏刺杀了他。

穆拉德苏丹遇害的消息立刻传到苏丹大儿子巴耶塞特（Bayezid）的耳朵里，他立刻当着全军战士的面宣布自己为苏丹，然后派人前往弟弟雅库布那里，命人将年轻的弟弟绞死。巴耶塞特无法容忍他人与自己争夺权位。

巴耶塞特成为苏丹时，正赶上拜占庭帝国日落西山。这主要归功于奥斯曼帝国一系列成功的征伐。14世纪90年代，拯救拜占庭帝国的呼声响彻了整个欧洲。1396年，12万亲王、贵族、骑士，以及普通士兵——堪称横跨从苏格兰到波兰广袤地域内贵胄的盛大聚会，在如今的保加利亚城市尼科堡郊外与土耳其人遭遇，巴耶塞特一举击败了欧洲联军，他下令立即处死的战俘数量可能高达万人，还迫使数千幸存者逃回多瑙河对岸。

1401年，巴耶塞特准备好拿下君士坦丁堡时，一位信使传递的消息称，帖木儿已经率领14万蒙古大军入侵了奥斯曼帝国领土。虽然巴耶塞特苏丹极不情愿，但还是修改了计划，率军穿过安纳托利亚，以迎击入侵者。在如今土耳其境内的锡瓦斯，帖木儿的军队从两翼和中路同时向奥斯曼人发起进攻，取得了巨大胜利，还活捉了巴耶塞特。

为奚落巴耶塞特，帖木儿邀请他参加宴会，端盘子的都是这位苏丹的后宫佳丽——而且个个一丝不挂。在一年时间里，巴耶塞特忍受的屈辱接踵而至，例如帖木儿将这位苏丹关进一个笼子里示众，拿他当上马的脚凳，给他套上辔头，让他拉双轮战车，等等。时间过去尚不足一年，巴耶塞特苏丹就丧命黄泉，死时依然是帖木儿的俘虏。

若不是帖木儿在同一时期入侵了奥斯曼帝国，巴耶塞特肯定会作为君士坦丁堡的征服者被载入史册。无论如何，他留给世人的遗产如下：在接下来的数个世纪里，奥斯曼帝国的新苏丹全都以他为榜样，杀掉自己的亲兄弟以及家族内可能与自己角逐权力的成员。

人们将巴耶塞特一世带到帖木儿面前

波兰和立陶宛王后雅德维嘉

（1374—1399）

雅德维嘉（Jadwiga）年仅一岁时，父母将她许给了未来的奥地利大公威廉。如此年幼便许下终身，这种事在那个年代的皇亲国戚当中相当普遍，他们利用孩子来巩固政治联盟。不管怎么说，这样的定亲并非总能结出婚姻的成果。

1382年，雅德维嘉的父亲亡故。两年后，波兰贵族选择这位10岁的小姑娘做他们的"国王"。贵族们建议雅德维嘉嫁给立陶宛大公雅盖洛，当时后者是欧洲北部最有权势的君王之一。雅德维嘉同意了，进而取消了父母此前以她的名义订立的婚约。年轻的求婚者威廉不辞辛劳，赶到了克拉科夫，试图劝说雅德维嘉尊重他们的婚约，不过，雅德维嘉已然决定嫁给雅盖洛，为的是通过这一婚姻，将波兰和立陶宛联合到一起。

1386年，雅盖洛更名为瓦迪斯瓦夫·雅盖洛，在克拉科夫大教堂与雅德维嘉成婚。是年，雅德维嘉12岁，雅盖洛36岁。

威廉是哈布斯堡家族成员，该家族散布恶毒的谣言，以攻击雅德维嘉。哈布斯堡家族的谣言说：威廉和雅德维嘉早已秘密成婚，她若与雅盖洛结婚，等于犯了重婚罪。

很难说雅德维嘉嫁给雅盖洛后的婚姻生活是否幸福，双方的年龄差异实在过大。人们如今只知道，他们两人合作重建了位于克拉科夫的大学——重建后的名称是"雅盖洛大学"。另外，随着教堂建设在立陶宛遍地开花，夫妻二人极其慷慨地向许多教堂捐赠了大量圣器、礼拜服、艺术品，等等。"条顿骑士团"疯狂劫掠立陶宛期间，雅盖洛在准备战斗，而雅德维嘉却在祈求和平。不过，没准这对王室夫妻只是在表演对手戏，一个唱红脸，一个唱白脸。

1398年，雅德维嘉宣布，她已经怀了孩子，这让波兰和立陶宛臣民欢呼雀跃。然而，雅德维嘉的孕产并不顺利，孩子早产，是个女孩，出生后仅仅存活了三周。产后四天，雅德维嘉因并发症亡故。

波兰人尤其怀念雅德维嘉，她为国家带来了新生力量，恢复了人们的精神生活，还试图与"条顿骑士团"达成和平。直到今天，波兰人仍然尊奉雅德维嘉为民族女英雄和波兰守护神之一。

英格兰国王亨利五世

（1387—1422）

在莎士比亚笔下，年轻的亨利像个小混混，唯有在酒馆、妓院里，与盗贼、妓女，以及其他流氓地痞觥筹交错时，他才感觉如鱼得水。然而，这只是莎士比亚描绘的关于亨利的一幅色彩斑斓的图画，不可能是真实的亨利。实际上，亨利是个精力充沛、让人信服的亲王。1410年至1411年，他的父亲生病期间，他把国家治理得非常好，或许因为他治理得太好了，父亲亨利四世病体刚刚痊愈，有能力亲躬问政时，立即将儿子赶出了王室咨询委员会。接下来的两年，亨利亲王一直无所事事，唯有等待染病的父亲魂归西天。

1413年，亨利四世亡故，亨利五世加冕。他遇到的第一个危机是宗教方面的：老朋友约翰·奥德卡瑟爵士加入了"罗拉德派"，这是个源自新教的宗教派别。这个派别密谋刺杀亨利和篡夺王位。有人走漏了风声，国王的性命才得以保全。不过，事情过去三年后，人们才抓获奥德卡瑟，经过庭审，以叛国罪处他死刑。

第二项阴谋由三位贵族挑头，这一阴谋关乎政治，于1415年败露。亨利再次快刀斩乱麻，处死了这几个阴谋家。

解决完国内动乱，亨利转向了海外冒险。他下决心夺回英格兰对法兰西王位的控制权。1415年，他渡海抵达法兰西，夺取了阿夫勒尔（Harfleur），然后向加来进军，中途与一支法兰西大军遭遇。亨利率领的军队有6000人，许多人患了痢疾。法兰西人由太子和法兰西元帅统领，还有许多身为贵族的高级将领，总数有两万人。两军在一片潮湿而泥泞的开阔地对垒。英格兰人首先发起攻击，亨利下令弓箭手放箭，法兰西步兵受到重创，而法兰西铁甲骑兵发动进攻时，身披重甲的马匹全都陷进了泥淖里，英格兰甲胄兵挥动斧子、长剑、短剑发起进攻，英格兰弓箭手趁机放出冷箭。法兰西在阿让库尔（Agincourt）战役损失了一万人，包括132名贵族和1500名骑士，而英格兰仅仅损失了300人。

1420年，通过战争和谈判相结合的方式，亨利五世迫使法兰西国王废除了亲儿子的继承权，承认英格兰国王为摄政王。为确保谈判成果万无一失，亨利迎娶了法兰西公主凯瑟琳。在法兰西南部乘胜扩大战果之际，亨利染上了痢疾，随后在法兰西亡故，身后留下了尚在襁褓中的儿子，即英格兰和法兰西的新国王。

葡萄牙亲王航海家亨利

（1394—1460）

亨利（Henry）亲王是葡萄牙国王的三太子，39岁时，他仍然不清楚自己的使命。他曾经尝试攻占摩尔人位于西班牙和摩洛哥的领土，却以失败告终。他也尝试过建立自己的王朝，然而事与愿违，他的许多追随者竟然变成了罪犯，又是杀人，又是强奸，少数人甚至成了海盗。他梦想着成为加那利群岛的主人，却又没有能力管控岛民。后来，1433年，一位占星家绘制出了亲王的占星图，并宣称，亨利即将展示给世人一种流芳百世的天赋。

作为亲王，亨利享有许多特权，其一为独享的海上通商或探险特批权，通航目的地为马德拉、亚速尔群岛，以及非洲西部沿岸。除此而外，他可以任意支配自己众多领地产出的巨额收入，他还垄断着捕鱼权和肥皂制造权。利用这些权力和财富，亨利资助了一系列海上探险，最初的计划是要入侵加那利群岛，不过起先的航行是为了侦查，后来才发展成了商业冒险，包括将非洲的黄金和奴隶带回葡萄牙。再后来，他名下的远航都成了不折不扣的发现之旅，他名下有大量船只在塞内加尔和冈比亚内河航行，并在佛得角群岛海域探险。

后来葡萄牙的探险家们又在亨利上述早期成就的基础上更上一层楼。瓦斯科·达·伽马航行得最远，他的船只悬挂葡萄牙旗帜，绕过非洲，最终抵达了印度沿岸。正是亨利开创了后来广为人知的"地理大发现时代"。

CE HENRY
OF
PORTUGALL

CE

朝鲜国王世宗大王

（1397—1450）

以"仁"号令天下的专制君主可谓凤毛麟角，而世宗大王（Sejong）内心深处真的揣有万民的福祉安康。

世宗于1418年继位，当时他只有21岁。那时候，朝鲜沿海地区经常遭受日本海盗袭扰，明朝的军队和女真部族也屡屡进犯。1419年，世宗袭击了一支日本海盗船队，杀死对方700人，活捉110人。这次胜利致使世宗与日本达成一项协议，朝鲜水域的海盗行径遂告终止。这位国王还在边境地带修建了一些新要塞，资助人们制造更多火炮，投身新型武器试验。

王国的安全得到保障后，世宗设立了一系列关乎国计民生的、令人惊讶的项目。他创建了"集贤殿"，即杰出人物会所，也就是最杰出的学者聚在一起做研究的机构。学者们在这里编纂新作品，内容广博，从天文到地理，从医药到农业。他还资助学者汇总中医和朝医的经验及技巧，编纂了一部全新的医药技术大全。

世宗既是作家又是诗人，他希望提高人民的文化水平。鉴于中国的书写体系是建立在汉字基础上的，比较难学，他发明了"谚文体系"，一种基于朝语发音的字母系统，以替代汉字书写体系。

世宗是个忧国爱民之人，每逢粮食歉收，他都会派遣政府官员跟随大车出城下乡，大车上载着成袋的大米、豆子、食盐，用以赈济饥民。

世宗还修改了刑法，用减罪和罚款代替严厉的体罚。他还创建了一套崭新的监狱管理体制，男女犯人分别关押，牢房始终保持清洁，允许囚犯每周洗一次澡；在修建监狱时，必须考虑夏季不至于炎热到令人难以忍受，冬季也不至于冰冷刺骨。

一般而言，征服者与战神们才会获赠"大王"或"大帝"的头衔。普天之下，因仁慈而获此头衔的伟大君王为数不多，但世宗是其中之一。

由世宗发明的谚文中的一个字，一直沿用至今

五个部族的酋长海华沙

（约 1450）

　　海华沙（Hiawatha）这个人究竟生活在哪个年代，人们的考证结果不尽相同——一种说法为12世纪，另一种说法为15世纪，还有一种说法为16世纪。17世纪定居北美的欧洲人留下的文字材料曾经提到海华沙，在此之前只有关于他的口述传闻，直到19世纪，莫霍克部落酋长约瑟夫·布兰特才第一次用文字全面记述了海华沙的一生。亨利·沃兹沃斯·朗费罗的长诗《海华沙之歌》让这个历史人物变得家喻户晓。然而，尽管如此，这首诗讲述的故事和真实的海华沙几乎不沾边。

　　海华沙生活在如今的纽约州。那时候，生活在这一地区的主要有五大部落：莫霍克部落、奥内达部落、奥农达加部落、卡尤加部落、塞尼卡部落。那时的纽约州深陷于残酷的暴力循环，这包括部落间的全面战争以及部族和家族内部的血腥倾轧。海华沙劝各部落联合成单一的民族，统称易洛魁人。作为联合的象征，他把紫色的和白色的贝壳穿成串，制作成一条贝壳腰带。穿起来的贝壳联结在一起，形成一条单一的腰带，代表各部落和各部族的统一。

　　彻底铲除血亲复仇传统是海华沙面临的最大的挑战之一。他至少提出过三种可行的解决方案：一是家族或部族成员可暂离公共生活十天，集中精力祭奠逝者，邻里们可用盛宴和礼物款待哀悼者；二是为保持家族人丁兴旺，允许将俘虏过继为家庭成员，以替代故去的亲人；三是为了让家族成员的哀伤和愤怒有所发泄，允许举行仪式，折磨战俘至死。

　　根据易洛魁部落的传奇说法，海华沙受到一个名叫德甘纳维达（Deganawida）的神灵的启迪和引领，神灵第一次现身时，海华沙还是个嗜杀成性的青年，以偷袭并杀戮为生。神灵德甘纳维达经常伴随在海华沙左右，给他智慧、勇气、坚韧，使他具备优秀品质，能够统一五大部落，以及为易洛魁部落带来和平。

沿河离去的海华沙

阿兹特克人的皇帝伊兹科阿图

（约 1400—1440）

伊兹科阿图（Itzcóatl）的字面意思是"黑曜石蛇"。黑曜石为黑色，质地坚硬，它是因火山喷发而形成的玻璃。在日常生活中，阿兹特克人用它来做切割工具，更主要的是，他们用它来做箭头、匕首，还把它嵌在打仗用的木棒上。作为闻名遐迩的战神，伊兹科阿图肯定清楚黑曜石具有更为致命的用途。

伊兹科阿图王朝建立于战乱时期的墨西哥谷地。那时，阿兹特克人已经在都城特诺奇蒂特兰定居下来。特诺奇蒂特兰城坐落在一个大湖的湖心岛上。（如今的墨西哥城即矗立在特诺奇蒂特兰城原址上。）阿兹特克人已经征服了几个邻近的部落，不过，他们仍然渴望继续征服周边的部落，以扩大国土面积。阿兹特克人的劲敌之一为特帕内克帝国，该国当时正陷于混乱：老国王已故，国王的大儿子被杀，谋杀者已经篡位，而统领特帕内克帝国各城市的王子们各自为政，不接受篡位者的号令，国家已经成为一盘散沙，国力羸弱。1428 年，伊兹科阿图主动联络特斯科科和特拉科潘两国——这两个城邦国家都位于阿兹特克人建都的大湖沿岸，提议三国联合起来，协同攻击特帕内克帝国。面对如此庞大、组织完善的军队，组织涣散的特帕内克人唯有投降。他们接受伊兹科阿图为皇帝，答允给他进贡。

初试牛刀的成功鼓励了三位统治者，促使他们正式结成"三国联盟"，并继续采取军事行动。他们在四年时间里攻克了另外五个王国。在联盟内部，伊兹科阿图显露了王者风范，其中又以阿兹特克人的军力为最强。

战争结束后，伊兹科阿图掀起了一场雄心勃勃的建筑高潮，他建造了许多神庙，还修筑了连接特诺奇蒂特兰城和大陆的堤道。

伊兹科阿图亡故时，阿兹特克帝国已经在墨西哥谷地站稳了脚跟，他的后人在他的成就之上更上一层楼。1519 年，西班牙人到达墨西哥时，阿兹特克皇帝治下的人口已经超过了 2000 万。

伊兹科阿图的征服与统治，引自《门多撒手抄本》

azcapucalco. zpu

coyuacon. zpu

teocalhua yacont. zp

esta flecha de estas
flechas significan los diestros
tos de guerra con que
ganaron los pueblos
contenidos en este
plana por sus figu
ras nonbradas

quaquacan / zpu

tecozpan / zpu

atlacuihuayan. zpu

mixcoac / zpu

quauximalpa

quauhtitlan, zpu

tecpan zpu

acolhuacan. zpu

法兰西国王查理七世

（1403—1464）

查理七世臭名远扬，世人所说抛弃圣女贞德的国王就是他。圣女贞德出身牧羊女，但她久经沙场，炼成了战神，她的宗教眼界和一系列军事胜利激励了法兰西人，她还为查理加冕，为国王铺就了坦途。

1337年以来，"百年战争"在法兰西境内时起时停。在查理的童年时期，英格兰人很可能会成为胜利者——他们占领了法兰西大部分领土，包括巴黎城。

1429年，26岁的查理依然没有加冕为国王，因为英格兰人占据着兰斯周边地区，那一地区是历代法兰西国王举行传统加冕典礼的地方。是年，查理遇到了贞德，贞德言之凿凿地告诉他，"天国之王"派遣她将英格兰人赶出法兰西，以便查理加冕为国王。查理是个神经兮兮、优柔寡断的人，瘦得几无人形，走路内八字，除此而外，他还特别缺钱。在贞德眼里，这些都算不上缺陷，对她来说，查理就是国王。

贞德对自己的使命坚信不移，这鼓起了查理的勇气，他让贞德带领3500名战士，为正处于英格兰人围困之中的奥尔良解围。令人难以置信的是，贞德成功地为这座城市解了围。接着，她率军挺进到卢瓦尔河流域，所经之处，拔除了所有英格兰要塞，因而查理得以安全地前往兰斯。两人第一次见面五个月后，查理在兰斯大教堂里以跪姿接受加冕，当时贞德就陪伴在他身边。

加冕典礼过后，查理收到一封勃艮第公爵的来信，信中提出双方停战。也许是因为查理不希望欠贞德这个农家女的人情，也许是因为憎恨与英格兰人打仗带来的开销和战争未来结果的不可预知性，他接受了停战。数月后，勃艮第军队在贡比涅城外俘虏了贞德。勃艮第公爵开出了一万银币赎回她，然而查理并未采取行动，筹措这笔能够挽救贞德生命的款项。勃艮第人将贞德交给了英格兰人，英格兰人判处贞德散布巫术罪，将她绑在火刑柱上活活烧死。

贞德去世二十五年后，她母亲和几个兄弟恳请教皇重审她的案子，以推翻当年的判决，为贞德恢复名誉。查理心里清楚，许多臣民相信他与处死贞德一事撇不清干系，为了给自己正名，他支持重审贞德一案。

让·富凯绘制的查理七世肖像

LE TRESVICTORIEVX ROY DE FRANCE

CHARLES SEPTIESME DE CE NOM

拜占庭皇帝君士坦丁十一世·帕里奥洛格斯

（1404—1453）

　　君士坦丁十一世于1449年加冕成为皇帝时，曾经不可一世的拜占庭帝国已经萎缩到只剩下黑海东南隅沿岸的伯罗奔尼撒地区以及君士坦丁堡城。其他所有领土均已落到奥斯曼土耳其人手里，而且敌人已经兵临城下。1452年，奥斯曼人在欧洲和亚洲分界处狭窄的博斯普鲁斯海峡修建了一座要塞，在城垛上装备了三门重炮，进而还规定，每一艘进入海峡的船只必须停航，接受登船检查，这么做的目的是阻止援军和物资抵达君士坦丁堡。一艘前往该城运送粮食的威尼斯船试图从城堡下边悄悄地溜过去，奥斯曼人用大炮将其击沉，并处死了仍未死去的船员，还用长钉钉死了船长。

　　意识到时间紧迫，自己的领地无法在粮尽援绝的处境下支撑下去，君士坦丁下令君士坦丁堡的所有市民参与城市防御，做好备战和加固工作，囤积好食物和武器，成批成批地勾兑好"希腊火"。数世纪以来，这种致命的、用于充填喷火装置的液体一直是拜占庭帝国的秘密武器。欧洲西部大多数国家的国王忽视了君士坦丁请求援兵的要求，不过，仍有少量驰援部队抵达：原有的守城士兵为5000名希腊人，他们得到1400名意大利士兵和少数西班牙水手的增援。排成阵列与他们对垒的奥斯曼军队人数多达8万或20万（两组数字均来自可靠渠道）。另外，奥斯曼人还装备了大炮。

　　1453年4月6日，奥斯曼人开始用大炮轰击城墙，不过，奥斯曼小股部队每次尝试翻越城墙攻入城里，均被君士坦丁堡的守城部队击退。尽管守城部队勇气可嘉，但顶住奥斯曼人实在是希望渺茫。

　　1453年5月29日总攻来临，数万奥斯曼军兵蜂拥爬上城墙之际，君士坦丁置生死于度外，离开皇宫，投身战斗。奥斯曼人冲过来时，他和他的堂兄弟以及一位守城的西班牙骑士迎着敌人冲了上去，三个人就这样消失在人海里。

1404

公元

那不勒斯国王勒内·德·安茹

（1409—1480）

在勒内·德·安茹（René D'Anjou）所处的年代，他是出身名门、最有教养的人之一，即便如此，除了历史学家，实际上人们早已将他忘却。勒内在奥尔良城外和圣女贞德并肩战斗过；有个名叫克里斯托弗·哥伦布的年轻人想当水手，勒内给了哥伦布第一笔资助；他还力劝美第奇家族和斯福扎斯家族的朋友们搜集和保藏珍贵的手稿和图书。据传，勒内是"佛兰德斯文艺复兴"时期绘画大师扬·凡·艾克的学生。勒内的确是有天赋的艺术家，不过，没有确凿证据证明他曾经在这位大师手下学习过。

作为安茹王朝的公爵，勒内拥有法兰西门第最高的贵族血统，同时，他与那不勒斯国王和王后关系史近——他们是他的表兄和表嫂。这一对王室夫妻一年之内先后过世，他们将王国遗赠给了勒内。

勒内特别喜欢浪漫的故事，特别崇尚骑士，例如他那个时代的亚瑟王、罗兰德、特里斯坦，以及其他文学作品里的英雄人物。索米尔城堡是他最喜欢的住地，那是个童话般的城堡，到处是各种塔楼和炮楼。勒内在此举办过多次竞技比赛——他最喜欢参与竞技活动，在规划和实施他喜欢的竞技方面耗费了太多心血，关于如何计划完美的竞技比赛，他后来还写出了一本书，终稿配有大量插图，如今那本书在巴黎国家图书馆里公开展出。

国王勒内喜欢写诗，他写了一首讽刺宫廷爱情的长诗（尽管他崇尚骑士精神，却无法忍受矫揉造作和因循守旧），内容为牧羊人和牧羊女争论真爱的实质。这首诗长达一万行，这样的长诗致使与他同时代的诗人弗朗索瓦·维庸评论道：无论如何，牧羊女都会比勒内更快地辨扯清楚真爱的实质。

勒内在普罗旺斯平静地度过了生命中的最后几年，他整日忙于写书，还忙于为他的几本书作插画。

诗人勒内·德·安茹公爵和妻子拉维埃·珍妮

瓦拉几亚亲王弗拉德·采佩什· 德拉库拉三世

（1431—1476）

弗拉德·德拉库拉（Vlad Dracula）的所作所为为《吸血鬼德拉库拉》提供了灵感，但他本人并非小说和电影中吸食人血的不死怪物。在他的祖国——如今的罗马尼亚，没有人将他当作恶魔。如果非要给他定性，在罗马尼亚人眼里，他可是个民族英雄。

弗拉德的父亲因为绰号"Dracul"（德拉库）而闻名，这一称谓在当地语言里的意思为"龙"，隐含的意思是"龙骑士团"。15世纪那会儿，这一地区的许多骑士和贵族都是这一军事组织的成员，因此赋予了弗拉德"德拉库拉"的绰号，在当地语言里的意思为"龙的儿子"。弗拉德生活在一个蛮不讲理和危机四伏的年代。那一时期，匈牙利人、保加利亚人、奥斯曼土耳其人全都争先恐后地征伐他的祖国瓦拉几亚。弗拉德还是个孩子时，父亲被迫成为奥斯曼苏丹穆拉德二世的附庸，作为信守承诺的担保，父亲必须交出两个小儿子弗拉德和拉杜做人质。弗拉德在心里种下了对奥斯曼人的深仇大恨。不过，生活在奥斯曼人中间，他熟悉了他们的思维方式以及他们的作战特点。与此同时，一帮无法无天的长矛重骑兵队员——一说贵族——刺杀了弗拉德的父亲，还谋杀了弗拉德的长兄（一种说法为，这年轻人被人挖去了双眼，然后遭到活埋）。

穆拉德的继任者穆罕默德征服君士坦丁堡后，继续向欧洲东部推进。1462年，穆罕默德苏丹率领9万大军进入瓦拉几亚时，眼前出现了令人毛骨悚然的景象：偌大一片平地上插满了尖锐的木桩，每根木桩上插着一个土耳其人。据说，为吓住入侵者，弗拉德包围了两万土耳其人，用这种残忍方式处死了他们。尽管场面恐怖，土耳其人仍旧入侵了瓦拉几亚。弗拉德根本无力正面抵抗规模如此强大的军队，只好求助于游击策略。

为解救不甘土耳其统治的人民，弗拉德投入了浴血奋战，弟弟拉杜却投靠了土耳其人，因为他认为，抵抗不过是枉费工夫。1462年，拉杜率领一支土耳其军队攻打哥哥的城堡。当时弗拉德不在城堡里，只有他妻子在里边。因不想被土耳其人活捉后凌辱，她从塔楼的一个窗口飞身跳了出去。

为了让哥哥不再挡自己的路，拉杜与匈牙利国王达成了停战协议，匈牙利国王保证只逮捕弗拉德，将其关押起来。弗拉德身陷囹圄时，土耳其人已然完成了对瓦拉几亚的征服。不过，1474年，重获自由的弗拉德再次拉起了一支队伍，并在1476年死在与土耳其人对决的战场上。

弗拉德在插满尸体的尖桩林里进餐

奥斯曼帝国苏丹征服者穆罕默德二世

（1432—1481）

穆罕默德二世（Mehmet Ⅱ）19岁成为苏丹，当时，没有一位欧洲统治者认为他会构成威胁。作为已故穆拉德二世苏丹最不受待见的小儿子，穆罕默德所具备的管理经验少之又少，他对军事问题也特别不上心，因而，帝国内部希腊族裔臣民和阿尔巴尼亚族裔臣民爆发动乱时，他未予重视。登基第一个月，他与匈牙利、塞尔维亚、威尼斯达成了和平协议，他还向君士坦丁堡的君士坦丁十一世皇帝发誓，双方将友好相处，直到永远。穆罕默德的柔弱或许蒙蔽了欧洲所有的君王，唯独君士坦丁察觉出，这位年轻的苏丹是个狡诈危险的人物。

一年后，即1452年，事实证明，君士坦丁的怀疑完全正确。在属于拜占庭的领土上，穆罕默德在博斯普鲁斯海峡地形至关重要且能够全方位监控过往船只的地方修建了一座要塞，对通过这一狭窄海峡的每一艘舰船构成了威胁。君士坦丁派出几位密使，对这一破坏领土完整的事件提出抗议，穆罕默德却把来使全都杀掉了。

第二年，穆罕默德率领一支人数众多的大军在君士坦丁堡城外安营扎寨，还带去了许多门大炮。攻占亚洲这座最伟大的基督教城市，是穆罕默德这辈子梦寐以求的目标，这座城市是曾经不可一世的帝国的最后堡垒。君士坦丁手下的卫戍部队大约有六千人，他们进行了英勇的抵抗。不过，无论是身处城里的人还是身在城外的人，每个人都清楚这次围城会如何结束。大炮轰塌了君士坦丁堡的数面城墙，然后，数万土耳其人蜂拥进了城，杀戮、强奸、抢劫，实在过于残忍，不出几个小时，穆罕默德便下令停止这种胡作非为。他策马来到圣索菲亚大教堂，在大理石地面跪下，开始祈祷。穆斯林征服者的这一传统姿态意味着这座教堂很快会被改造成一座新的清真寺。

征服君士坦丁堡数周后，穆罕默德决定以宽仁之心对待拜占庭的臣民。他给了他们某种程度的自治权，还任命了一位名叫金纳迪乌斯的僧侣当大牧首，以保证臣民的行为规范——这就是说一旦希腊人谋反，穆罕默德必然会拿金纳迪乌斯是问。

接下来数年，穆罕默德先后征服了塞尔维亚和波斯尼亚，还强化了如今土耳其境内穆斯林城邦国家的统一。1480年，他入侵意大利，这让欧洲不寒而栗。但后来对意大利的战事戛然而止，因为他突然中毒身亡了。一些人说，他的贴身医生是凶手。

QVI RESIDES SOLIO TANTI MAHOMETE PARETIS,
ET SVBIECTA TIBI TOT TVA REGNA VIDES

NIL NATVRA TIBI DOTISVE BONIVE NIGAVIT
HOC DOLEO CHRITI QVOD TIBI LVMÊ ABESI

匈牙利国王马加什·科韦努斯

（1443—1490）

匈牙利王国统治者亚诺什·匈雅提亡故时，小儿子马加什·科韦努斯（Matthias Corvinus）才10岁，他哥哥拉斯洛也只有15岁。亚诺什亡故后，奥地利哈布斯堡王朝、波希米亚总督，以及诸多匈牙利男爵都不遗余力地争夺匈牙利王位，于是各种各样的阴谋诡计几乎将匈牙利撕扯得四分五裂。在一片混乱中，拉斯洛的众多敌人将他枭首，马加什则作为人质被带到了布拉格。若不是众多叔父当中有个拥兵1.5万人的叔父说服了"议事会"（即如今的匈牙利国会），迫使"议事会"选举他侄子为国王，马加什极有可能要在布拉格度过余生。

争抢继承权引发了一片混乱，显而易见，匈牙利是个多事的王国。德意志人、土耳其人、奥地利人、波兰人、波希米亚人，甚至包括威尼斯人，个个都想吞下匈牙利，至少也想分得一杯羹。甚至匈牙利王冠当时竟然也不在其境内——德意志皇帝早已将其带走了。整整六年时间，马加什一直在马不停蹄地打仗，最终才让匈牙利安定下来。之后，他破费了6万金币，才从德意志皇帝手里赎回了属于他的王冠。

在匈牙利王国境内，马加什与不服管制的贵族依旧矛盾不断。为约束这些贵族，他启用了一种机制，罗马军团消失以来，欧洲人从未见过这种机制：由领取固定工资的职业军人组成的常备军。这些专职打仗的人多数来自波兰、德意志、波希米亚，他们像司令官"黑色约翰"豪格维茨那样，统一身披黑色甲胄。在马加什军中服役的人数，从一开始的不少于8000人，最终增加到了3万人。

马加什在位期间，文艺复兴在意大利方兴未艾，他特别希望将文艺复兴引进匈牙利。他邀请意大利艺术家和学者到他的朝廷供职，在布拉迪斯拉发创建了一所大学，还创建了科尔文纳图书馆，大量收藏历史、科学、哲学方面的书籍。然而，所有这些都是费钱的事，长期保有"黑色军队"，对财政也是一种负担，这么做如同竭泽而渔。为解决财政问题，马加什让人民承担了沉重的税赋。如今，匈牙利人将马加什当作开明的君王和民族英雄。不过，他亡故时，心怀不满的臣民对他的离世只感到庆幸。

西班牙国王阿拉贡的斐迪南二世和
王后卡斯蒂利亚的伊莎贝拉

（1452—1516，1451—1504）

15世纪的西班牙被人为地分割成了数个小王国——阿拉贡、卡斯蒂利亚、加泰罗尼亚、纳瓦拉，还有位于南部的格拉纳达——摩尔人在西班牙境内占领的最后一个前哨阵地。1469年，斐迪南（Ferdinand）和伊莎贝拉（Isabella）完婚，而后他们立即开始统一西班牙。征服格拉纳达是实现这一目标的组成部分，他们在至关重要的1492年完成了这一步。

数世纪以来，西班牙一直是多种宗教共存的国家，总的来说，在日常生活中，天主教徒、犹太教徒、伊斯兰教徒通常都能和平相处。不过，斐迪南和伊莎贝拉的愿望，是在王国宗教和种族两方面都比较纯粹。如果犹太人希望在西班牙生活下去，就必须改信天主教，如若不然，便必须将他们驱逐出这个国家。这种想法并非斐迪南和伊莎贝拉独有——实际上，欧洲的统治者都认为，宗教统一是国家统一的重要组成部分。

为犹太人设置的截止日期是1492年7月30日，那天，20万犹太男人、女人、孩子拥挤着登上了轮船，这些船只会把他们带到愿意接收他们的地方，比如说北非、土耳其、意大利。

按照《格拉纳达条约》某些条款的规定，斐迪南和伊莎贝拉做出承诺，允许穆斯林信众在家里从事自己的宗教活动——他们向国王和王后保证，一个时期过后，他们一定会改变信仰。然而，格拉纳达的穆斯林根本没有成为基督教信徒，相关的宗教官员和政府官员大失所望并开始袭扰穆斯林。1499年，格拉纳达的穆斯林群起造反，这给了西班牙当权部门以口实，他们开始驱逐这些人。

犹太人和穆斯林居民的减少对西班牙人来说是个巨大的打击，这是因为，在这些人里，相当一部分是医药、金融、数学、工程学领域的专家。不过，由于一个意外斩获，如此巨大的西班牙人才库的损失被淡化了。1492年，在伊莎贝拉支持下，克里斯托弗·哥伦布驾驶三艘船向西穿越大西洋，试图借此找到一条通向亚洲的近路，结果却误打误撞来到了美洲。此后三百多年，西班牙从诸多富裕的美洲殖民地得到了财富。

斐迪南和伊莎贝拉接受格拉纳达王国的求降

英格兰国王理查三世

（1452—1485）

　　值得一提的是，理查三世（Richard Ⅲ）在位只有两年，但为刻画好他这个角色，许多作家可谓不吝笔墨，抛砖引玉的人是托马斯·莫尔和威廉·莎士比亚，他们两人均把理查三世刻画成了嗜杀成性的暴君（与莫尔的描述相比，莎士比亚的描述更显生动）。

　　理查三世是英格兰"金雀花王朝"最后一位国王，上溯大约三百年，是亨利二世建立了这一王朝。真实情况有可能是这样的：理查三世并非通过谋杀获得了王位，不过，几乎可以肯定，他是通过篡权得到了王位。1483年，理查三世的哥哥爱德华四世亡故，理查三世被任命为12岁的爱德华五世与其10岁的弟弟理查的监护人。理查三世差不多当即就从年幼的新国王手里抢走了王位，还把两个侄子关进了伦敦塔。后人推断，两个孩子正是在伦敦塔里遭遇了谋杀，且极有可能是奉理查三世之命而为，具体日期至今不明。为了让篡位看起来合法，理查三世散布谣言说，两位王子为非婚所生，是他们的父亲重婚的结果，所以其婚姻不合法。许多贵族因不喜欢王后家族暴发户那样的自命不凡，宁愿相信这一荒诞的说法，因此支持了理查三世。国会也随了大流。

　　理查三世的加冕仪式刚刚过去，他最要好的朋友白金汉公爵亨利·斯塔福德就带头背叛了他，站到了里士满大公亨利·都铎一边。反叛失败后，斯塔福德遭到逮捕，罪名为叛国，刑罚为枭首。

　　王室如此行刑，将原本支持理查三世的许多贵族吓得魂不附体，他们纷纷逃往法兰西，转而支持在那边流亡的亨利·都铎。

　　为罢免理查三世，1485年，亨利·都铎率军渡过了英吉利海峡。从人数上看，国王理查三世的军队力压亨利·都铎的军队，且以2:1占优势。然而，在战斗过程中，竟有好几位贵族抛弃了理查三世，带兵投靠了亨利·都铎。即便如此，理查三世亲自披挂上阵，斗志不减成了英格兰最后一名亲赴战场的国王。就在他已十分接近亨利·都铎的千钧一发之际，亨利的一群下属以迅雷不及掩耳之势包围了他，并杀死了他。传奇中的说法是：查理三世临死前对着杀他的那些人大吼：叛徒！叛徒！叛徒！

塞浦路斯女王卡泰丽娜·科尔纳罗

（1454—1510）

科尔纳罗（Cornaro）家族（用威尼斯口音说即是"科纳"家族）是威尼斯最为显赫的贵族家族之一。这一家族的利益版图一直延伸到塞浦路斯岛。卡泰丽娜的父亲在该岛拥有大片领地。塞浦路斯国王詹姆斯向卡泰丽娜求婚，科尔纳罗家族欣然接受了。

婚礼由代理人操办，盛大的迎亲队伍陪伴14岁的卡泰丽娜（Catherine）从科尔纳罗家族的府邸前往总督府，塞浦路斯驻威尼斯大使代表国王站在总督府外恭迎。毫无疑问，由于卡泰丽娜年龄太小，她和父母一起在威尼斯继续生活了四年，然后才出发前往塞浦路斯。卡泰丽娜和詹姆斯一起生活了一年，詹姆斯出人意料地忽然亡故了，享年33岁。詹姆斯亡故时，卡泰丽娜已有身孕。

为保护威尼斯在塞浦路斯的利益，为保证威尼斯免受那不勒斯王国（该王国觊觎这个岛国已有多年）一触即发的入侵，皮耶罗·莫琴尼戈总司令率领一支舰队来到塞浦路斯，用带来的兵员充实了岛上的所有要塞。

塞浦路斯有一小批人不喜欢威尼斯干涉其事务。1473年11月13日天还未亮时，在尼科西亚大主教率领下，一小批武装人员强行闯入卡泰丽娜的王宫，杀害了她的叔父、兄弟、管家、医生，进而要求她交出还是婴孩的儿子，将继承权让给那不勒斯王国的阿方索。

莫琴尼戈总司令对这次政变的回应是，绞死了几名罪魁祸首，将其余同谋关进了监狱。威尼斯方面派出两位政务官前来管理塞浦路斯，卡泰丽娜继续留任这个只有名义而没有实权的首脑。第二年，卡泰丽娜年幼的儿子亡故。经过十六年实质上的软禁生活，卡泰丽娜提出了返回故乡威尼斯的要求，她的谈判条件为，自己退位，将塞浦路斯王国交给总督，以换取自己的人身自由。

为表示对这一举措的赞许，总督将阿索罗赠送给卡泰丽娜作为封邑。阿索罗是位于欧洲大陆一个山坡上的小镇。为缓解自己的苦闷，卡泰丽娜在小镇上创建了一个云集了诗人、学者、艺术家的文化广场。外来参访者们觉得，文化广场的艺术氛围让人愉悦。然而，由于无聊，卡泰丽娜早已感觉迟钝。尽管如此，她别无选择，只好索然无味地熬过了人生最后的二十年。

卡泰丽娜·科尔纳罗肖像画，基本可以确信出自提香的手笔

威尼斯总督安德烈·古利提

（1455—1538）

安德烈·古利提（Andrea Gritti）由祖父特里阿达诺一手抚养大。祖父是威尼斯最让人信赖的外交官之一，青少年时期的古利提经常有机会伴随祖父前往欧洲各王室处理敏感事务。

奥斯曼土耳其人攻陷君士坦丁堡后，威尼斯是第一个与奥斯曼苏丹建立商业关系和外交关系的西方强国。30岁时，古利提在商业领域一试身手，在君士坦丁堡定居下来。古利提与巴耶塞特二世苏丹渐渐成了朋友，古利提还成了驻该城的欧洲商人和奥斯曼政府间的联络人。与此同时，他搜集有关土耳其人的情报，将到手的情报回传给威尼斯政府。奥斯曼人肯定怀疑过古利提，他们认为，古利提的兴趣绝不止于维持两国间良好的商业关系。因为，威尼斯和奥斯曼帝国之间的战争刚一爆发，土耳其人立刻就将古利提送进了监狱。虽然如此，古利提依然有办法向威尼斯输送情报。

战事拖延了四年，苏丹向威尼斯方面派出一位信使，请求媾和，同时提议，代表威尼斯利益的和谈代表之一可以是早已被苏丹下令释放出狱的古利提。

时间移至1505年，古利提回到了家乡，正好又逢一场刚刚爆发的战争，这一次针对的是"战神教皇"尤利乌斯二世。威尼斯此前在意大利本土攫取了一些领土，意大利人组织了一个军事同盟，发誓要夺回这部分领土，教皇的军队是该军事同盟的一部分。经过一轮又一轮战争，该军事同盟打败了威尼斯人。1509年，古利提受命担任威尼斯军队总司令，他真的重新夺回了威尼斯在意大利本土曾经占领的所有领土。为表彰古利提为威尼斯做出的贡献，人们推选他为"圣马克行政会"会员，此会的入选资格很严格，唯有威尼斯城最高贵的家族成员方可成为其会员。

安德烈·古利提事业方面的巅峰期于1523年到来，是年，人们推选他为威尼斯总督，或称威尼斯公爵。当时他已经68岁——在那个时代，这个岁数的人早已是耄耋老人了。不过，在位十五年间，他向世人证明，他是个能干的管理者，因为他让威尼斯退出了撕裂意大利的战争。为避免进一步冲突，他规劝法兰西的弗朗索瓦一世和西班牙的查理五世，正在准备入侵匈牙利的奥斯曼帝国，才是他们真正的敌人。1538年，他在总督任上故去。

神圣罗马帝国皇帝马克西米利安一世

（1459—1519）

马克西米利安一世（Maximilian I）的父亲腓特烈三世，是第一个成为神圣罗马帝国皇帝的哈布斯堡家族成员。自他往后，直到1740年，这个家族一直世袭这一头衔。

在哈布斯堡王朝统治的大部分历史时间段里，他们一直掌控着日耳曼语地区的统治权，例如德意志、奥地利、波希米亚。马克西米利安让哈布斯堡的家族成员们登上了更加广阔的国际舞台，这主要是通过儿子美男子菲利浦迎娶疯女胡安娜实现的，后者是西班牙国王斐迪南二世和王后伊莎贝拉的女儿。由于这一联姻，哈布斯堡的一些家族成员成了欧洲低地国家、勃艮第、西班牙，以及诸多位于新大陆的西班牙殖民地的继承人。这是自英格兰国王亨利二世迎娶阿基坦的埃莉诺以来最大的王朝更迭。

为孩子们的婚姻细节讨价还价，使之变得有利可图，然后敲定婚事，在这方面，马克西米利安表现得更为成功，远胜于他在战场上的表现。他从匈牙利人手里收回了奥地利的被占领土，在奥地利南部的菲拉赫击退了土耳其人的入侵，虽然如此，他被迫给予瑞士独立地位。他入侵意大利北部，却以失败告终——先是夺取了米兰和维罗纳，然后又丢掉了这两座城市。实际上，针对这个议题，当年还有一首打油诗：

> 奥地利人去结婚，打仗自有其他人；
> 战神给予其他国，情有独钟是爱神。

回溯历史，自查理曼大帝以来，马克西米利安是第一个打破传统的神圣罗马帝国皇帝：他没有前往罗马接受教皇加冕。经教皇尤利乌斯二世允许，他开始自称"当选的神圣罗马帝国皇帝"，并宣称天上的圣父对此荣誉也会感到满意。

一些意大利富豪家族资助文艺复兴达到了疯狂程度，马克西米利安模仿其做法，邀请各学科学者前往他的朝廷供职，包括神学家、数学家、天文学家、语言学家，等等。他还成了德意志文艺复兴艺术家的热心赞助人，他赞助过的最著名的艺术家中包括大师级的阿尔布雷特·丢勒和阿尔布雷希·阿尔特多费尔。

由于马克西米利安外交式的联姻方式，哈布斯堡王朝对欧洲历史进程的影响一直延续到20世纪。

马克西米利安和妻子玛丽、儿子美男子菲利浦以及三个孙子

RATER·CARNALIS·IO·
DIVAE·VIRG·MARIÆ·

I
IACOBVS·MINOR·EPVS· MARIA·CLEOPHÆ·SO
HIEROSOLIMITANVS· VIRG·MAR·PVTATIVA
TERTERA·D·N

III II
IOSEPH·IVSTVS· SIMON·ZELOTES·CONSO

阿兹特克皇帝蒙特祖马

（约 1466—1520）

在阿兹特克人之间流传着一种说法，他们的守护神羽蛇神乘船离开阿兹特克人，去和太阳神住在一起。他返回时，会成为皮肤白皙，满脸胡子的人，并使阿兹特克帝国倾圮。

如果说，阿兹特克皇帝蒙特祖马（Montezuma）一开始将埃尔南·科尔特斯错当成羽蛇神，他一定很快便意识到，自己犯了错。因为从科尔特斯及其手下的举止来看，他只是个常人而已。

1502年，蒙特祖马成为阿兹特克帝国第九任皇帝。阿兹特克族富于侵略性、喜欢打仗。蒙特祖马通过征服如今墨西哥南部的恰帕斯扩张了帝国的版图。贝尔纳尔·迪亚斯·德尔·卡斯蒂略是追随科尔特斯前往美洲的西班牙征服者之一，他笔下的蒙特祖马形象是："年龄大约四十岁，身材高挑，比例匀称，体形偏瘦、单薄，皮肤不是很黑……头发不是很长，刚刚盖住耳根。他还留着稍显稀疏的、很有型的短胡须。他的脸形偏长，表情灿烂，一双眼睛很好看。"

一开始，蒙特祖马没有害怕西班牙人——与蒙特祖马庞大的军队相比，西班牙人在数量方面少得可怜。1519年，蒙特祖马在通往阿兹特克首都特诺奇蒂特兰（即如今墨西哥城所在地）的堤道上遇见了科尔特斯。他不仅将黄金和白银作为礼物送给科尔特斯，还把西班牙人当作贵宾，邀请他们住进了皇宫。

1520年5月，科尔特斯带领部分人马离开特诺奇蒂特兰，前去迎战另一批征服者。科尔特斯外出期间，留守特诺奇蒂特兰城的西班牙人趁阿兹特克人举行宗教活动发动了偷袭，屠杀了多达600名当地人。由于全城人奋起反抗，西班牙人囚禁了蒙特祖马。数周后，科尔特斯返回时，皇宫仍然处在阿兹特克人的围困之中。科尔特斯奋力杀进皇宫，强迫蒙特祖马站到一处平台上，命令他的臣民撤退。阿兹特克人非但没有听从皇帝的号令，反而用石头向他砸去。

当天晚上，蒙特祖马亡故。西班牙人的说法为，蒙特祖马因伤不治身亡，他受伤是他的臣民造成的。阿兹特克人的说法为，西班牙人觉得蒙特祖马没用了，因而将他刺死，然后将他的尸体抛到了街上。

英格兰国王爱德华五世

（1470—1483？）

1483年4月9日，英格兰国王爱德华四世亡故。爱德华五世的加冕典礼定于6月22日举行。长期以来，英格兰王室坚守着一种传统，加冕前，新国王须在伦敦塔的皇家套间里居住数日。实际上，传统的行进路线便是从伦敦塔至威斯敏斯特大教堂，所以，卫队陪护12岁的爱德华和他10岁的弟弟查理前往伦敦塔时，没有人看出任何不祥之兆。

还是个孩子的爱德华不能亲自治理国家，他的叔父格洛斯特公爵理查被任命为他的保护人，或称监护人。国王成人以前，理查公爵受命管理国家。不过，一则谣言流传开来：两位王子并非合法的婚生子。身兼巴斯暨韦尔斯大主教和英格兰大法官两职的罗伯特·斯蒂林顿在国会宣称，1464年，爱德华四世迎娶伊丽莎白·伍德维尔（两位王子的生母）时，早已跟另一位名叫埃莉诺·塔尔博特的女子结了婚。如果此事为真，国王肯定犯了重婚罪，他和伊丽莎白的婚姻即为非法，他们的儿子就没有资格继承英格兰王位。

埃莉诺·塔尔博特死于1468年，除了斯蒂林顿大主教的说辞，其他都死无对证。即便如此，爱德华五世加冕一事当天就被取消了。6月25日，国会颁布了一条法令，爱德华四世的两个儿子为非婚所生，国会同时宣称，真正的国王是格洛斯特公爵理查。7月6日，公爵成了按照传统途径前往威斯敏斯特大教堂的人，他在那里加冕成了理查三世国王。

1483年夏季以后，两位王子不见了踪影。最有可能的情况是，理查三世命人将他们杀害了，不过，没有可靠证据显示他牵涉其中。五百多年来，这一情况引发的各种传闻和阴谋论从未间断，业余历史学家和专业历史学家经常为此争论得不可开交。

1674年，人们在伦敦塔里的一段楼梯板底下发现了两具孩子的骸骨。当时的国王查理二世认为，这两副骨架必定是那两位失踪的王子，他命人将骨架安葬到了威斯敏斯特大教堂里。1933年，人们将遗骨重新挖出来做研究，不过，当时的鉴定技术无法确定尸骨的年龄，甚至无法确定其性别。两个孩子的失踪至今仍然是个不解之谜。

爱德华五世和约克公爵查理被囚禁在伦敦塔里

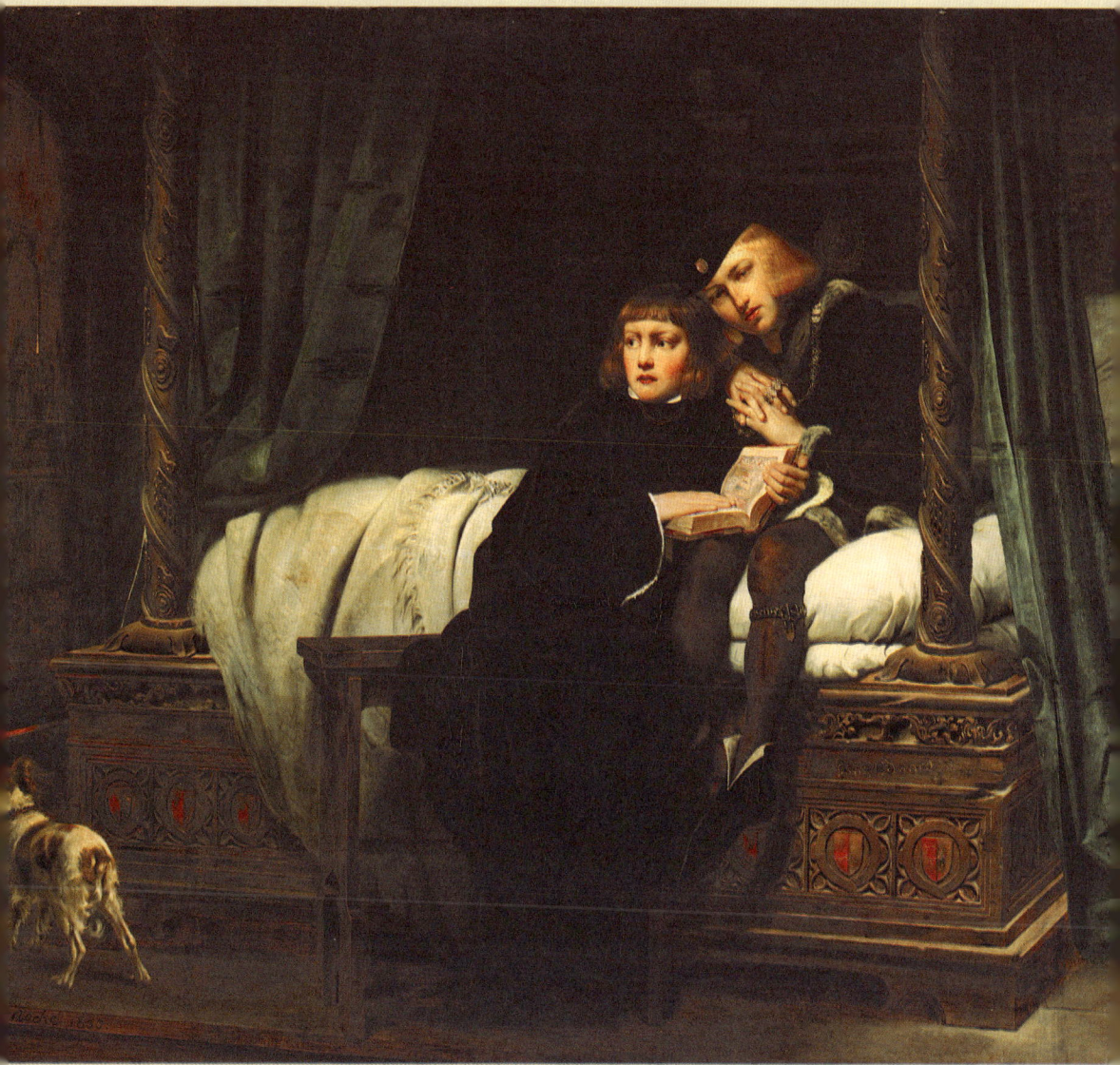

索尔兹伯里女公爵玛格丽特·波尔

（1473—1541）

　　玛格丽特的一生堪称不幸中之不幸！3岁时，母亲因难产亡故；5岁时，父亲克莱伦斯公爵遭到逮捕，原因是阴谋反对其兄爱德华四世国王，后来父亲在伦敦塔里遭秘密处决。再后来，弟弟爱德华因莫须有的叛国罪被砍头。

　　至于玛格丽特，她于1491年嫁给了理查德·波尔爵士。在对苏格兰的数次战争中，他的勇敢得到过亨利国王的赏识。这对夫妻育有四个儿子和一个女儿。理查德于1505年亡故。

　　亨利八世登基后，玛格丽特的霉运似乎到了头。新国王将其父被没收的所有玛格丽特家的财产还给了她，为她已故的弟弟免去了罪名，邀请她做女儿玛丽公主的教母，还任命她做公主的家庭教师。

　　当安妮·博林因权位之争面临宫廷危机时，玛格丽特尝试找出一条中间道路，既可以表现得对国王百依百顺，又可以表现得忠于玛丽的母亲阿拉贡的凯瑟琳。不过，亨利八世和安妮·博林要求人们全面承认他们的婚姻合法，及国王的新头衔"英格兰教会最高首领"合法。玛格丽特回避表态，因而亨利八世将她从玛丽公主身边赶走了。

　　后来，1536年，生活在欧洲大陆的天主教神父雷金纳德出版了一本书，他是玛格丽特的儿子之一，该书强烈谴责亨利八世宣称自己凌驾于宗教之上，以及迫害忠诚的天主教徒等行为。这本书让国王大为恼火，扬言要将波尔家族斩草除根。1539年，亨利八世下令处决玛格丽特的儿子杰弗里及其妻子，以及另外十位波尔家族的亲属。玛格丽特于1539年遭到逮捕，没有任何证据能够证明她参与了反叛，不过，她依然遭到两年以上关押在狱的刑罚。1541年5月28日清晨，伦敦塔负责长官告诉玛格丽特，数小时内将要对她执行死刑。玛格丽特抗议说，她还未被宣判有罪；这无关紧要——国王要她死。

　　作为王室成员，玛格丽特的死刑是秘密进行的。对她行刑的刽子手毫无经验，第一斧没有砍中她的脖子，落到了她的肩头，刽子手接连砍了好几斧，才砍下她的头颅！玛格丽特亡故时，年龄为68岁。

布列塔尼女公爵安妮

（1477—1483）

　　整个中世纪，在如今的法国境内，许多大行政区不服法兰西国王管辖，例如位于南方比利牛斯山区的纳瓦拉地区、大西洋沿岸的布列塔尼地区，等等。数世纪以来，历代法兰西国王都试图将这些独立王国收进自己的版图。

　　1488年，在布列塔尼小镇附近的圣奥班迪科尔米耶发生的战役中，法兰西国王查理八世打败了布列塔尼公爵弗朗索瓦二世。在投降协议的某些条款里，弗朗索瓦二世公开宣称向法兰西国王称臣。看样子，独立的布列塔尼就此不复存在了。

　　签署协议没过数周，弗朗索瓦二世就从马背上摔下来，因伤不治身亡，他11岁的女儿安妮继位。安妮和她的顾问们立即开始盘算，应该将她嫁给一个合适的君王，一位强大到有能力让布列塔尼重新获得独立的君王。最让他们中意的候选人是神圣罗马帝国皇帝马克西米利安一世。1490年，安妮通过代理人与其订立婚约，然而，还没等她见到丈夫并实际完婚，法兰西国王查理八世入侵了布列塔尼，并强迫安妮嫁给了他。

　　七年后，查理八世亡故，不过，安妮并未因此获得自由。按照她与查理八世成婚时所签协议某些条款的规定，如果男方亡故在先，而他们并未产下儿子，女方必须与男方的继任者成婚。那时安妮已经是成年女性，已经学会如何统治，如何谈判。她坚持让路易十二世承认她的头衔"布列塔尼女公爵"，承认她有统治该省的权力。路易十二世不仅同意，甚至自己还接受了二级头衔——"女公爵的配偶"，这意味着，在布列塔尼地区，女方的权力在男方之上。就路易十二世的角度来说，这是个温和的礼让，可是每个局外人都清楚地看出，布列塔尼的自治已经成为过去。无论如何，对安妮来说，哪怕是名义上的独立，也是非常珍贵的。

　　除了致力于布列塔尼的事务，安妮还喜欢音乐和艺术品，尤其喜欢挂毯。纽约修道院博物馆展出的著名的"独角兽挂毯"很可能是专为安妮制作的。

　　安妮去世前留下了训示，她死后要将她的心脏摘除，装进一个黄金打造的神龛，葬在她父母位于南特的墓地里，她要与所有布列塔尼独立时期过世的公爵们葬在一起。

多明我会修士安托万·杜佛把自己创作的一部赞美著名女性的作品献给安妮

卡斯蒂利亚和阿拉贡女王、
佛兰德斯女伯爵疯女胡安娜

（1479—1555）

这段故事里的男女主人公可谓一见钟情。西班牙公主胡安娜是斐迪南二世和伊莎贝拉的女儿，她的长相如异域女郎——黝黑的面庞，深色的头发，一双眸子似蒙着一层淡淡的、难得一见的海水绿；她文静，内敛，非常虔诚。而佛兰德斯伯爵菲利浦正好与之形成鲜明的对照，他皮肤白皙，发色金黄，长相非常帅气，非常健壮，性格特别外向。第一次见到公主，他就觉得对方太迷人，当即决定迎娶对方为妻。与菲利浦新婚当晚，胡安娜便坠入了疯狂的爱河，丈夫从此成了她的宇宙中心。

两人的蜜月很快就结束了。胡安娜不喜欢宴饮、跳舞、打猎——她不喜欢菲利浦狂热追求的一切。每次看见菲利浦和其他女人调情，胡安娜总会陷入暴风骤雨般的狂怒；每当胡安娜发飙，菲利浦就会反击，不跟她一起过夜。

这对夫妻育有六个孩子，四女二男，不过，胡安娜对孩子们不感兴趣。1501年，胡安娜和菲利浦前往西班牙进行正式访问期间，斐迪南和伊莎贝拉注意到，女儿平日的严肃变成了深度的忧郁。数周后，菲利浦宣称，他受不了西班牙的气候，准备返回家乡，返回低地国家；由于妊娠反应强烈，胡安娜无法与其同行。这次与丈夫分离，让胡安娜的精神变得更加压抑。胡安娜在西班牙期间思夫心切，难以自制，最终做出了疯狂的举动。一个疯狂故事：在一个风雨交加的夜晚，她跑到屋外，要求卫兵们给她打开城堡大门，以便她能追上丈夫再和丈夫相聚。卫兵们拒绝开门，她就势坐到地上，赖在地上整整一夜，第二天整整一天，她拒绝接受他人提供的所有帮助，甚至拒绝换上干衣服。

返回布鲁塞尔后，胡安娜再次演绎了一个更为疯狂的故事：她坚信菲利浦与某个在朝廷供职的妙龄金发漂亮女郎的关系非比寻常，因而她手持一把剪刀，攻击了那个女人，剪掉了对方的头发，并让对方破了相。事后，菲利浦将妻子锁在了单独的套间里。

1506年夏天，菲利浦患上了一种怪病，六天后，他就亡故了。胡安娜因悲伤发了疯，无论如何都不愿意离开菲利浦的尸体。她决定亲自陪护菲利浦的尸体到格拉纳达，将其安葬到皇家墓室里。她还坚持只在夜间赶路，用火把照明。一行人终于抵达了西班牙，斐迪南二世国王亲眼看见女儿的状况后，当即将其锁进了位于托德西利亚斯的城堡里。四十九年后，胡安娜在这个城堡里去世。

英格兰国王亨利八世

（1491—1547）

迄今为止，英格兰王室最著名的人物是亨利八世（Henry VIII），他不是伟大的国王，甚至算不上好人，不过，他的确让英格兰发生了天翻地覆的变化。亨利八世18岁成为国王，他身高1.8米，体魄强健，一表人才，饱读诗书，才思敏捷，风流倜傥。由于父亲过分吝啬，当政末期人心不睦，年轻的亨利八世受到臣民们疯狂的爱戴。他的品行有些不端，例如他自负、固执己见，遇到别人反对即暴跳如雷。许多百姓因爱慕他而冲昏了头脑，他们对他的不良品行要么视而不见，要么毫不在乎。

亨利八世娶了阿拉贡的凯瑟琳为妻，凯瑟琳是西班牙公主，比亨利八世年长6岁。两人育有一女，取名玛丽，不过，亨利八世想要儿子，他固执地认为，女人无法统治英格兰。令人悲哀的是，亨利八世和凯瑟琳的所有儿子要么胎死腹中，要么出生数周即夭折。时间移至1526年，亨利八世对王后越来越失望，他急于续弦，迎娶安妮·博林。

为解除自己与凯瑟琳的婚姻关系，亨利八世派遣多位使节与罗马教皇谈判了七年，然而，教皇采取了拖延策略。安妮宣称怀孕后，亨利八世随即与罗马教廷决裂，宣布自己与凯瑟琳的婚姻无效，然后迎娶了安妮，并要求全国承认他的新婚关系，承认他的新头衔"英格兰教会最高首领"。

安妮未能生下儿子，亨利八世最终以通奸、乱伦、巫术等莫须有的罪名处死了安妮。安妮之后，亨利八世又迎娶过四任妻子，唯有简·西摩一人为国王生下一子，产后不久，她即成了故人。

50岁以后的亨利八世病态地发福，在室内走动也需要他人搀扶，他脾气乖戾，一忽儿压抑，一忽儿痛苦，一忽儿狂怒，唯有第六任妻子凯瑟琳·帕尔能让他安静下来。尽管他给国家造成了创伤，许多普通民众不改初衷，仍然爱戴他。百姓们相信，国王之所以状态不佳，是因为听信了心怀鬼胎的议员们的谗言，国王是受害者。

亨利八世的儿子爱德华继承王位不足六年就亡故了。时年仅16岁。随后继位的是阿拉贡的凯瑟琳的女儿玛丽，她在位仅仅五年。安妮·博林的孩子伊丽莎白却稳稳当当地在位四十五年，她以行动证明了父亲言论的谬误——女人同样可以成功地统治英格兰。

汉斯·荷尔拜因绘制的亨利八世肖像

· SVÆ · XLIX

奥斯曼帝国苏丹苏莱曼一世大帝

（1494—1566）

苏莱曼一世（Suleiman Ⅰ）让奥斯曼帝国从政治和文化两方面华丽地登上了顶峰。他拿下了贝尔格莱德城，从十字军"圣约翰骑士团"手里夺取了罗德岛，征服了匈牙利，让军队推进到奥地利的维也纳城下，从而威胁到如今的所有西欧国家，他的大军还碾过了如今的伊拉克全境；海军攻占了北非的所有重要港口，地中海、红海、波斯湾基本上成了奥斯曼帝国的内陆湖，在所有这些水域，苏丹的舰队都畅行无阻。

苏莱曼将他发动的所有战争都涂抹上宗教色彩，他真诚地相信，上苍特意安排他让整个世界服从伊斯兰教。苏莱曼近乎不可战胜的神话让马丁·路德无比怵惕，这位宗教改革家号召所有欧洲人——尤论是新教徒还是天主教徒——加入十字军，以便打败苏莱曼苏丹。马丁·路德称其为"最邪恶的恶魔化身"。

说到艺术和建筑，苏莱曼苏丹按照希南的意图修建了上千座新建筑。绝顶聪明的希南是他最喜欢的建筑师。希南因设计君士坦丁堡的苏莱曼尼亚清真寺名声大噪，不过，他还在帝国全境各个地方建造了众多清真寺、学校，甚至包括桥梁、施粥棚，等等。他还在诸如大马士革、巴格达等城市，以及伊斯兰教最神圣的城市麦加、麦地那等地修建了恢宏的标志性新建筑，美化了所有这些城市。

像其他苏丹一样，苏莱曼也有几个无事生非的儿子。1553年，在小亚细亚地区，一些不满苏莱曼统治的土耳其帮派怂恿他的长子穆斯塔法废黜其父。这小子还没来得及动手，苏莱曼便将其绳之以法了。1559年到1561年，就父亲死后谁应该成为苏丹，苏莱曼的两个小儿子塞利姆和巴耶塞特争执不休，这场争执后来演变成了公开的战争，结果是巴耶塞特战败，并被处死。

1566年，苏莱曼亡故，其时，他已经将奥斯曼帝国打造成西半球最强大的国家。仔细研究过奥斯曼帝国的军事潜力和巨额财富后，奥地利外交家奥吉尔·吉斯莱恩·德·巴斯贝克发出了如下哀叹："一旦土耳其人通过战争搞定波斯人，他们会用东方的所有资源做后盾，立即扼住我们的喉咙，我敢说，对此我们真的毫无准备。"

　　　　　　　　苏莱曼骑马经过已成废墟的君士坦丁堡竞技场

西班牙国王、神圣罗马帝国皇帝查理五世

（1500—1558）

查理五世（Charles Ⅴ）有生之年发生的大事有：宗教改革的兴起、征服墨西哥和秘鲁、欧洲人第一次接触日本、尼古拉·哥白尼发表地球和其他所有行星围绕太阳运行的理论。前述事项里的任何一项都足以撼动整个欧洲社会，可它们竟然都发生在五十年的跨度内。

查理五世主持宗教大会时刚满21岁，前不久他刚刚加冕成为神圣罗马帝国皇帝。正是在这次宗教大会上，马丁·路德为自己的非正统宗教观点进行了辩护。马丁·路德拒绝退让，因而与会的教皇代表谴责其为异教徒。从那一刻开始，欧洲基督教分化成了两个阵营，即天主教阵营和新教阵营——查理五世亲眼见证了这次分裂。

不过，16世纪是个造就同床异梦者的时代。尽管查理五世是虔诚的天主教徒，他却希望掌控意大利，而那里的大部分领土属于罗马教廷。1527年，皇帝和教皇进行战争期间，一支由西班牙人、意大利雇佣军、德意志"路德宗"士兵组成的军队攻占了罗马，教皇将自己反锁在圣天使城堡里，查理五世的士兵们在城堡外肆意奸淫修女和女信徒，对修道士和贵族施以暴行，滥杀所有路遇的行人，犯下数不胜数的罪行，还在罗马城内各教堂里亵渎神明。当时查理五世并未统领攻陷罗马的军队，不过，那些人都是他的下属，所以他难辞其咎。

由于其帝国疆域延伸到了南北美洲，查理五世成了欧洲最富有的君王。阿兹特克王国和印加帝国车载斗量的财富穿洋过海源源不断地流进了西班牙，这些黄金不仅支撑了查理五世发动的数次战争，还支撑了一些建筑工程，例如格拉纳达规模宏大的宫殿，另外还支撑供养像提香那样的艺术大师，赞助麦哲伦那样的探险家。

查理五世生活在无序的时代，他曾经尝试给乱世带来公正和秩序，也曾经希望约束针对南北美洲原住人口的暴行。但与此同时，他也支持对所有定性为异教徒的人施以死刑。

由于终年操劳帝国事务，身心俱疲的查理五世于1556年退位。随后他隐居到一座修道院内，并在两年后亡故。

查理五世皇帝进入比利时的安特卫普

印加帝国皇帝阿塔瓦尔帕

（1502—1533）

　　1527年，阿塔瓦尔帕（Atahualpa）的父亲将印加帝国一分为二——将北半部遗赠给非婚生子阿塔瓦尔帕，将南半部遗赠给嫡生子瓦斯卡尔，内战因而在所难免。血腥、破坏性的冲突一直持续到1532年，那时，帝国人口已经减少，诸多城市遭到重创，国家经济几近崩溃。不过，阿塔瓦尔帕最终获胜，抓获并处死了瓦斯卡尔及其全家。

　　内战过去后，阿塔瓦尔帕前往温泉小镇卡哈马卡休养生息。在小镇期间，他接收到的消息称，一支由180人组成的西班牙"大军"在弗朗西斯科·皮萨罗率领下，开进了印加帝国首都库兹科！ 11月15日，印加帝国皇帝阿塔瓦尔帕和西班牙征服者见了面。皮萨罗邀请阿塔瓦尔帕第二天前来参加专门为他摆下的盛宴，阿塔瓦尔帕接受了。

　　翌日阿塔瓦尔帕乘坐众人抬的轿子，由上万名非武装臣民簇拥着来到宴会举办地。比森特·德·巴尔维德神甫是皮萨罗的神职人员之一，他走到皇帝跟前，向其扼要地介绍了基督教信仰，然后请求其接受洗礼。说着，牧师递给阿塔瓦尔帕一本《福音书》，皇帝随手翻了翻，然后将它丢到地上。巴尔维德牧师转身退回士兵行列里，皮萨罗一声令下，士兵们的火枪和火炮同时开火，接着，骑兵冲了出来。此前，印加人从未见过长枪短炮，也没见过马匹，他们吓坏了。由于未携带武器，印加人死伤了数千人。

　　阿塔瓦尔帕成了西班牙人的俘虏，他向皮萨罗保证，如果放他自由，他会命人将一间屋子装满金银财宝。皮萨罗同意了。印加人送来了24吨真金白银装满那间屋子——有史以来最大的一笔赎金——然而皮萨罗食言了，他不仅没有给阿塔瓦尔帕自由，反而以弑兄罪和崇拜异教诸神罪将其送上了法庭，而法庭宣布阿塔瓦尔帕有罪，宣判对其处以火刑。1533年8月29日，在点燃行刑的柴堆之前，巴尔维德神甫最后一次走向阿塔瓦尔帕，表示如果阿塔瓦尔帕接受洗礼，他可以得到绞刑，死得快些。阿塔瓦尔帕同意了。神甫为他施了洗礼，随后刽子手对他实施了绞刑，然后焚烧了他的尸体。

比森特·德·巴尔维德牧师尝试向阿塔瓦尔帕解释基督教信仰

许蕾姆苏丹

（1510—1558）

《古兰经》允许穆斯林男人娶四个妻子，而苏丹往往会娶更多，尽管如此，苏莱曼一世大帝仅仅娶了一个女人——许蕾姆苏丹（Hurrem Sultan）。

许蕾姆出生在如今的乌克兰城市罗哈廷，父亲是乌克兰东正教牧师，许蕾姆的教名是安娜斯塔西娅。她仅仅是个10岁出头的孩子时，一帮克里米亚鞑靼族人血洗了罗哈廷。许多人被带到卡法的奴隶市场，安娜斯塔西娅是其中之一。她和一船奴隶被人带到了君士坦丁堡，有人将她买进了苏莱曼一世苏丹的后宫。

如今，人们已经根本无法考证许蕾姆的长相和个性，不过，她一定是给苏莱曼一世留下了别样的印象，苏莱曼一世开始将大量时间花在她身上。苏莱曼一世最宠爱的妃子玛茜德芙兰妒火难耐，盛怒之下，将安娜斯塔西娅暴打一顿。苏莱曼一世听说此事后，将玛茜德芙兰和他们共同的儿子穆斯塔法一起送到了土耳其境内爱琴海边的马尼萨城，囚禁在那里。玛茜德芙兰离开后，苏莱曼一世全身心投在了安娜斯塔西娅身上。

不知从何时开始，安娜斯塔西娅改信了伊斯兰教，她的名字也改成了许蕾姆，新名字源自阿拉伯语的"noble"（高贵）一词，或源自波斯语的"Cheerful"（欢乐）一词。她的昵称是"Roxelana"（罗克塞拉娜），这个称谓或许取自土耳其语对她老家的称谓"Ruslana"（鲁斯拉纳）。

许蕾姆和苏莱曼一世共同生育了五个孩子。不过，玛茜德芙兰的儿子穆斯塔法才是公认的苏丹继承人。当穆斯塔法还未认真地考虑废黜父亲时，许蕾姆便抓住了先机说服苏莱曼一世，将这个具有反叛思想的儿子处以绞刑。如此一来，许蕾姆的儿子之一成为苏丹就顺理成章了。

为表示尊重，苏莱曼一世郑重地宣布许蕾姆为自由人（作为后宫的女人，许蕾姆当时仍然是奴隶身份），这是许蕾姆解除奴隶身份的标志，从此她成了自由人。然后苏莱曼一世正式娶了她。许蕾姆曾经参与国家政务，甚至还与外国君王互通信函——她写给波兰国王齐格蒙特二世的两封信留存了下来。

作为苏丹的妻子，许蕾姆有大笔的收入，她用一部分收入做慈善，修建了一座清真寺、数所学校、一座喷泉、一个浴池、一所女子医院、一处施粥场。

许蕾姆比苏莱曼一世长寿，因而亲眼见证了儿子塞利姆成为苏丹的过程。

受许蕾姆之托修建的公共浴场：哈塞奇许蕾姆苏丹浴室

法兰西女王凯瑟琳·德·美第奇

（1519—1589）

佛罗伦萨的美第奇家族不是王室家族，甚至连贵族都算不上——这一家族是银行世家。不过，他们也是精明的政客，利用手中的金钱和关系与贵族通婚，竟然成了佛罗伦萨统治者，甚至还让几个男性子弟当上了教皇。凯瑟琳的叔父克莱门特七世安排她嫁给了法兰西皇太子亨利亲王。这位叔父正是美第奇家族的教皇之一。

凯瑟琳受过良好的教育，她聪颖，能言善辩，天生兴趣广泛。即便如此，法兰西贵族甚至法兰西普通民众也从未对凯瑟琳有过好感——她既非出身王室，又是个外国人！她与亨利二世的婚姻算不上成功——亨利二世对情妇黛安娜·德·波伊蒂丝好于明媒正娶的妻子。然而，这一对王室夫妻的关系并非一塌糊涂——他们养育了10个孩子。

1559年，亨利二世参加一场比赛时受伤，因伤不治身亡。转过一年，继承人弗朗索瓦二世也离开了人世。按正常排序，应当由查理继位，不过，当时查理才10岁，凯瑟琳因而成了摄政王。手握大权的凯瑟琳充分利用了这一点。吉斯家族笃信天主教，在政治方面野心勃勃，正千方百计试图跻身王室。作为反制措施，凯瑟琳试图与法兰西新教中的胡格诺教派结盟，将其团结在朝廷周围。吉斯公爵的反应是，趁一群胡格诺教徒做礼拜之际发动袭击，杀死74人，杀伤100多人。这次暴行在法兰西引发了一场延续10年的宗教战争。为了让这场血腥的、毁灭性的战争停下来，凯瑟琳决定不追究胡格诺教徒。

两年后，加斯帕尔·德·科利尼海军上将在一次谋杀事件中受伤，他是胡格诺教派领袖之一。由于担心这些人以海军上将受伤为由群起报复，查理九世国王号召法兰西天主教徒杀光所有的胡格诺教徒。几乎可以肯定，凯瑟琳参与和批准了后来渐为人知的"圣巴泰勒米大屠杀"。在这次事件中，法兰西天主教徒杀死了上万名法兰西的胡格诺教徒。

时代的疯狂把凯瑟琳吓坏了。1588年，圣诞节前两天，她儿子亨利命人砍死了8名囚犯，这些人全都是吉斯家族成员。染上胸膜炎的凯瑟琳心灰意冷，一病不起，13天后离开了人世。

麦克坦国王拉普-拉普

（约 1521）

斐迪南·麦哲伦是葡萄牙航海家和探险家，他说服西班牙国王使他相信，尽管有南北美洲阻隔，向西航行穿过大西洋，的确有一条直通"香料群岛"（这一名称指的是如今的印度尼西亚）的海上通道。但让他没想到的是，这条通道引领他绕过南美洲最南端，穿过今人所称的麦哲伦海峡，跨越太平洋，然后到了一个意想不到的地方——菲律宾群岛，当时欧洲人完全不知道它的存在。

1521年4月，麦哲伦和他的手下在宿务上了岸，受到当地国王胡玛邦酋长的欢迎。麦哲伦手下有个马来奴隶，他大致能听懂胡玛邦酋长的话语，因而菲律宾人和西班牙人得以互相交流。胡玛邦酋长意识到，麦哲伦急于在群岛传播基督教，因而邀请麦哲伦为他和王后，以及400位臣民施洗礼。然后，胡玛邦酋长请求麦哲伦帮他个忙——乘船前往麦克坦，杀死他的敌人拉普－拉普。

如今人们对拉普－拉普一无所知，连他的年龄都无从知晓，不过，在菲律宾群岛内，他肯定有个效率特别高的情报系统。49个西班牙人在麦克坦涉水登陆时，迎候他们的是拉普－拉普手下排成3个阵列的1500名战士。拉普－拉普率队发起冲锋时，西班牙人的火枪和弩机同时开火，不过，这些武器并没有吓倒对面的敌人。

麦哲伦分出几个人前往村子里放火，原指望这么做能让对方的一些战士退出战场，眼见家中起火，菲律宾人反而更加愤怒！一支毒箭射中了麦哲伦的右腿，因而他大喊撤退。对方许多战士围拢过来，麦哲伦一头栽倒在沙滩上，那些战士用长矛不断地往他身上戳，还用长剑往他身上乱砍。事后，麦哲伦团队的一个成员用文字记述了这场战斗，他描述道："那时候，我们眼睁睁看着他死去，我们也受了伤，只好尽最大可能退回船上，而我们尚未撤退时，船已经驶离岸边。"

拉普－拉普战胜了对手胡玛邦和外国强权，挡住了外人对菲律宾的占领，菲律宾人将他当作历史英雄，口口相传至今。

拉普－拉普（头上顶着羽毛的人）和手下的战士们杀向斐迪南·麦哲伦

贡德王国女王拉尼·杜尔加娃蒂

（1524—1564）

　　莫卧儿帝国皇帝阿克巴的军队向如今的中部印度推进了，这是他征服整个印度的一个步骤，他向拉尼·杜尔加娃蒂（Rani Durgavati）提出如下条件：只要拉尼不抵抗，接受从属国地位，他会允许其继续在贡德王国行使某种程度的自治。拉尼的大臣们建议接受皇帝的条件，据说拉尼答复道："与其做奴隶生，毋宁为自由死！"

　　拉尼·杜尔加娃蒂是好几代能征善战的国王的后裔，她的祖先维迪阿达于12世纪击退了穆斯林对印度的入侵。阿克巴布好开战态势，准备进攻拉尼的国家时，她已经治理国家十四年了，她当政始自十四年前丈夫达尔帕沙阿去世之时。这一对夫妻育有一个儿子维尔纳拉扬，拉尼早已下定决心，传给儿子的王国必须独立于莫卧儿帝国。

　　贡德王国没有职业军队，若遇紧急情况，需要打仗时，国家会紧急征召农民和手工业者入伍。为支撑这些乌合之众拼凑的军队，拉尼可能还供养着一支由1000个步兵和数百头战象组成的队伍。

　　与此形成对照的是，阿克巴手下有训练有素的战斗人员，入侵贡德王国的军队由数万步兵、5万骑兵、1000头战象组成。

　　拉尼的军队和莫卧儿入侵者在纳来河谷遭遇，这是一片狭长地带，一侧为绵延不断的山坡，另一侧为两条河流，拉尼在此严阵以待。由于占有地利，拉尼击退了莫卧儿帝国的军队，她19岁的儿子维尔纳拉扬向莫卧儿人发起三次进攻，均获成功，后来儿子中了一箭，身负重伤，退出了战场。

　　坐在战象背上的拉尼接过战场总指挥权，后来她也中了箭，身负重伤，一支箭射中她的下巴，另一支箭射中她的脖子，她失去了意识。再后来她恢复知觉时，战场败局已定，赶象的象夫请求她把战象赶到安全地带。拉尼不想活着见证自己人战败，她抽出短刀，自刎身亡。

　　数个世纪以来，人们一直将拉尼当作印度历史的悲剧性人物。20世纪初，印度独立运动时期，印度人重新将她塑造成了反抗外部侵略的巾帼英雄。

西班牙国王菲利浦二世

（1527—1598）

菲利浦二世（Philip II）自认为是欧洲天主教捍卫者，他的对立面是欧洲新教徒和奥斯曼土耳其人。尽管西班牙在新大陆的众多殖民地为他带来了巨额的收益，由于扮演前述角色，他几乎是接二连三不停地在打仗，导致他的库房总是空空如也。

菲利浦国王一生注定悲惨懊丧，总有人在造他的反。1567年，为强迫摩里斯科人（生活在格拉纳达的摩尔人的后裔）完全融入西班牙社会，他签署了一项法令，禁止人们穿戴摩尔人装束，禁止任何人说阿拉伯语和柏柏尔语，他还要求所有摩里斯科人将名字改为西班牙基督教规范的名字。结果是摩里斯科人群起造反。经过三年艰苦卓绝的战斗，菲利浦才把他们镇压下去。

低地国家的情况更为糟糕，这些领土是菲利浦的先人征服的，他从爷爷美男子菲利浦手里继承了这些国家。他制定的高税率让人们怨声载道，加上愤怒的加尔文教牧师们介入其中，一场革命兴起了，涉事双方均以最凶残的暴力手段互相攻击，最终导致西班牙领土的重新划分：如今的比利时和卢森堡由西班牙继续控制，如今的荷兰则宣告独立。

更为惨重的灾难来自菲利浦与英格兰之间的战争，（他曾娶了亨利八世的大女儿玛丽一世）菲利浦曾经是英格兰领土上的国王。为废黜伊丽莎白一世，报复其对苏格兰女王玛丽一世"合法"的谋杀，恢复天主教统治，1588年，菲利浦派遣"无敌舰队"入侵英格兰，舰队由130艘战舰组成。英格兰人在海上打败了西班牙"无敌舰队"，接着，猛烈的风暴又彻底将它葬送。

菲利浦的重大胜利之一也发生在海上，即1571年的勒班陀海战。当时西班牙和其他欧洲国家结盟，摧毁了奥斯曼舰队，终结了土耳其舰船在地中海一家独大的梦想。

虽然面临着无尽的矛盾冲突，对于治理国家，无论事情大小，菲利浦坚持事必躬亲，而且历来如此。他坚信，倾听帝国最底层臣民的诉求，是他的职责所在。

全俄罗斯的沙皇伊凡雷帝

（1530—1584）

平心而论，被称为雷帝的伊凡四世（Ivan Ⅳ）并非坏得一无是处。为保卫俄罗斯，他创建了一支常备军；为处理农夫的争议，他建立了一个议事机构，后人称其为"缙绅会议"；为促进与西欧的贸易，他向人们熟知的莫斯科公司的英格兰商人们开放了位于白海的阿尔汉格尔港口；他欢迎能给俄罗斯带来新技术的德意志工匠到他的国家。他还征服了喀山国和阿斯特拉罕汗国数位蒙古可汗，使军队推进到了西伯利亚。为感谢天佑自己攻占喀山国，他命人修建了圣巴索大教堂，虽然争议犹存，这座教堂仍然不失为俄罗斯建筑的瑰宝。

伊凡四世的恐怖统治时期始于1553年，当时他已经病入膏肓，他把"博雅尔"（即俄罗斯贵族）召唤到病榻前，亲耳聆听他们发誓效忠襁褓中的儿子。许多"博雅尔"拒绝发誓，他们以为，伊凡四世百年后，大家都有争抢王位的份。然而，伊凡四世痊愈了，从那往后，他对贵族们总是疑神疑鬼。最糟糕的打击发生在1560年，那年，他深爱的妻子安娜斯塔西娅撒手人寰。伊凡四世坚信是一些"博雅尔"毒死了他的妻子，他把悲愤和怒火对准了那些他打探出来的与他为敌的人，血腥的屠杀开始了。他命人抓捕了上万人，还动用了酷刑，有些干脆不经审讯便直接杀了。伊凡四世不仅处死了有罪之人，还对他们的家属斩草除根，不给他们赎罪的机会，不留任何后患，他还把所有仇家一个不剩地斩尽杀绝。

又一轮恐怖杀戮的高潮始于1565年，是年，伊凡四世创建了"特辖军"。这是一批令人恐惧、手段残忍的"强力执法员"。他们身披黑色斗篷，骑着黑马，马鞍上挂着狗头，整个农村地区都是他们的地盘。"特辖军"到处追杀有叛逆嫌疑的人——包括农夫甚至"博雅尔"，也有平民。他们杀害了多少人，准确数字无从考证，肯定数百以上。

1581年，由于儿媳衣着不够规整，伊凡四世打了她。因为出手太重，儿媳流产了。她丈夫——伊凡四世的亲儿子——向老子讨说法时，这位沙皇用沉重的金属手杖向年轻人的头部打去。结果这位雷帝惊恐地看到，皇太子竟被他打死了。

1584年，伊凡四世在下棋过程中突然离世，人们怀疑他中毒身亡。20世纪60年代，人们打开了他的陵墓，经检测，他体内的汞含量果然达到了致命水平。

奥兰治亲王"寡言"的威廉

（1533—1584）

"寡言"的威廉出生在路德教派家庭里，不过，继承奥兰治亲王头衔有个前提，即必须信奉天主教，因而家人将他培养成了天主教徒。他成了西班牙国王查理五世最喜欢的年轻人之一。在退位仪式上，饱受痛风折磨的查理五世将手搭在威廉的肩膀上，这才得以站稳。

忧惕于加尔文主义的影响在低地国家民众中的扩大，1559年，国王菲利浦在国内开设了"特别法庭"。对新教臣民的宗教迫害让威廉忧心忡忡，致使他生平第一次认真考虑，或许应当站出来反对国王的某些政策。低地国家的新教徒掀起了一轮捣毁神像和圣器的风潮，以示反抗。从1566年8月到10月，信仰加尔文教的信徒袭击了一些天主教堂和修道院，砸坏了许多雕塑，弄污了许多玻璃窗，毁掉了许多绘画，做出了许多亵渎神明的举动，让天主教徒既震惊又愤怒。帕尔玛的玛格丽特是这一大片地区的总督，她请求包括威廉在内的一些贵族进行干预，以恢复社会秩序。然而，菲利浦二世坚信，必须采取更为强硬的措施。他派遣阿尔巴公爵费尔南多·阿尔瓦雷斯·德·托莱多前往低地国家，作为对这一措施的回应，威廉（据说，对于有争议的话题，他一向拒绝发表看法，人们才为他冠名"寡言"的）辞去了官职，组织了一支反叛大军。

威廉的第一个胜利是拿下布里勒城，很快地，他几乎将荷兰和齐兰境内的城镇尽数攻克。1579年，北部省份联合为一个整体，1584年，这些省份宣布不再效忠西班牙。然而，这一联盟远不像威廉希望的那么完美，在不同的省份和城镇，加尔文教和天主教分别居主导地位，强势的一方不愿意包容弱势的一方。（此时威廉已经成为加尔文教徒。）

菲利浦二世宣布威廉为叛国者，悬赏2.5万金币换取他的人头。一位27岁的名叫巴尔泽萨·杰勒德的法兰西天主教徒斥责威廉对国王和自己的信仰背信弃义，他约定于1584年7月10日来到威廉位于代尔夫特的家里拜访。在威廉从楼梯高处走下来迎接杰勒德之际，杰勒德掏出一把手枪，对准威廉的胸口开火将他打死。

"寡言"的威廉不仅是荷兰的开国之父，也是世界上第一个命丧手枪下的政治人物。

这是一幅讽刺画，骑在荷兰母牛背上的是西班牙国王菲利浦二世，喂牛的是英格兰女王伊丽莎白一世，双手紧紧抓住牛角的是"寡言"的威廉

英格兰女王伊丽莎白一世

（1533—1603）

伊丽莎白一世（Elizabeth Ⅰ）在位期间，有两件事始终占据着主导地位：一是宗教，二是她应当嫁给谁。由于选择新教作为英格兰国教，信仰天主教的臣民们将她树为敌人，英格兰也因此成了天主教强国进攻的目标，法兰西和西班牙两个国家均有可能废黜她。伊丽莎白取消了排除异端邪说的法律条文，以政治上不忠诚为口实对天主教徒实施迫害，原因是他们不愿意承认她的"英格兰教会最高领袖"头衔。

伊丽莎白的顾问一次又一次地请求她结婚，甚至国会亦如此，以便王国能有个继承人。然而，始终让伊丽莎白忧惧的是，一旦有了丈夫，对方会凌驾于她之上。她曾经天真地幻想过嫁给儿时的玩伴和最信任的人罗伯特·达德利，要么就嫁给法兰西亲王弗朗索瓦、安茹公爵，不过，这些人对她的追求都无果而终。伊丽莎白喜欢年轻帅气的男子与她做伴，多年来，她有过几个心仪的人——例如达德利、罗伯特、埃塞克斯伯爵、沃尔特·雷利爵士等人。

对伊丽莎白而言，最大的威胁是她的堂妹，苏格兰女王玛丽。假如伊丽莎白很快亡故，玛丽肯定会成为英格兰女王。由于玛丽是天主教徒，她肯定会试图引领英格兰倒退，回到与罗马结盟的道路上。更具威胁性的是，玛丽有个儿子，因而她的血脉可以延续下去。令人悲哀的是，玛丽不具备伊丽莎白那样的政治悟性，因而她卷入了苏格兰国内动荡之中，致使她迫不得已逃往英格兰，请求伊丽莎白庇护。伊丽莎白提供了庇护！——囚禁堂妹长达二十一年之久。末了，她让人砍下了玛丽的头，罪名是"她与英格兰天主教的阴谋家密谋刺杀伊丽莎白，以成为英格兰女王"。

世人美誉伊丽莎白时期为"文学艺术复兴时期"，尤其在戏剧和诗歌两方面。威廉·莎士比亚和克里斯托弗·马洛是这一时期艺术舞台的主宰；一些诗人也让这一历史时期熠熠生辉，例如菲利普·锡德尼爵士、埃德蒙·斯宾塞、约翰·多恩等。

1601年，即伊丽莎白离世前两年，她向国会发表了一篇类似告别辞的演说。"世上原本没有无价之宝，无论是多么贵重的珍宝，都比不上我所提到的一个，这就是你们的爱。"这里引用的是她的原话："也许你们会见证许多比我英明的王公端坐于这个席位上，不过，不会有比我还爱你们的人就座于此，这样的人过去没有，将来也不会有。"

伊丽莎白一世当政晚期的肖像

密西西比诸部落酋长图斯卡鲁萨

（约殁于 1542 年）

　　1539 年，古巴总督埃尔南多·德·索托率领 800 人前往如今美国亚拉巴马州中部的阿塔哈齐村，拜访图斯卡鲁萨（Tuskaloosa）酋长。一位德·索托远征队员笔下所描写的图斯卡鲁萨形象说："他这人个头高挑，不胖但肌肉发达，四肢匀称。他是许多领土和无数部落人的'超级酋长'，从属部落和周边部落的人都相当地怕他。"

　　为取悦印第安人，也为了给印第安人留下好印象，西班牙人举行了一场小型竞技运动会。好几位骑马人横持长矛，分好几次冲向酋长，不过，图斯卡鲁萨没有流露出任何畏缩的表情，对这样的竞技，他似乎没有显示出任何有兴趣的表情。印第安人和西班牙人一起饱餐一顿后，德·索托向酋长提出，他想找一些男人为西班牙人背行李，再找一些女人做饭和提供性服务。图斯卡鲁萨当即拒绝，因而西班牙人将他囚禁起来。西班牙人以为用他的生命进行要挟，他的部落会乖乖就范。

　　即便如此，印第安人也不合作，他们不愿意提供独木舟运送西班牙人到亚拉巴马河对岸，脚夫和女人也从未现身。印第安人还抓走了德·索托的两个下属。

　　西班牙人继续向马比利阿（Mabilia）城前进。抵达该城后，他们发现，木质围栏后边有上千个全副武装的青年武士严阵以待。图斯卡鲁萨告诉德·索托，他已经厌倦了跟随他们奔波，他要留在马比利阿城。这是客套而含蓄的说法，等于是说，西班牙人已经到了离开的时候。然而，德·索托没有理会这一暗示。西班牙人在栅栏外向图斯卡鲁萨施压时，另一位酋长出面干预了，在双方推推搡搡的过程中，一个西班牙人拔出佩剑，砍断了酋长的一只胳膊。这一场景促使印第安士兵发起了反击，西班牙人逃到了城外。

　　战斗围绕马比利阿城持续了八九个小时，后来，西班牙人攻破了城墙，点燃了城里的房子，屠杀了许多印第安战士。战死的人包括图斯卡鲁萨的儿子，不过，酋长的尸首不见了，他有可能逃之夭夭了。

　　至于德·索托方面，200 人战死，另有 148 人受伤，所有辎重先前都运到了城里，都在大火中化成了灰烬。此外，他们还死了 45 匹战马。眼下他们的处境比囚禁图斯卡鲁萨之前严峻了许多。不过，他们继续着探险之旅，向王国的更深处进发。

德·索托"发现"密西西比

苏格兰女王玛丽一世

（1542—1587）

如果玛丽一世（Mary I）只是法兰西王后，她原本可以幸福许多。她5岁时，家人将她送往法兰西，由夫婿家抚养（家人将玛丽许配给了法兰西太子弗朗索瓦）。不过，两人的婚姻和在位时间非常短促——弗朗索瓦登基仅两年，便于1560年12月过世，在那之后，玛丽返回了故乡。

玛丽十四年没有回国，祖国已经变成险象环生的地方。由于新教引领了一场非常暴力的改革，占主导地位的新教多数派与天主教少数派将国家分裂成了两个阵营。

玛丽采取了宗教怀柔政策，她自己的宫殿里有个小教堂，她总是在那里一个人做弥撒。1565年，她嫁给了身为英格兰人和天主教徒的达恩利勋爵亨利，两人育有一个孩子，取名詹姆士，不过，两人的婚姻并不圆满。达恩利勋爵试图分享王室权力，玛丽据此认为，他太不明事理，当即拒绝了他。作为报复，达恩利勋爵与一些苏格兰贵族密谋除掉玛丽最信任的顾问大卫·里齐奥，他们闯进玛丽的私人寓所，将大卫·里齐奥拖往隔壁房间，在那里刺死了他。一年后，又发生了一场阴谋，达恩利勋爵当时在位于柯克·欧菲尔德的一所房子里，因病卧床不起，有人炸毁了那座房子。后来，人们在花园里找到了他的尸体，可人们至今也无法确定，他是死于爆炸，还是有人事后干掉了他，谁都不知道这次阴谋是何人所为。在当时的苏格兰，人们普遍相信，玛丽卷入了这一阴谋。三个月后，玛丽和博斯韦尔伯爵詹姆斯的仓促婚姻也未能改善她的名声。

不出几周，苏格兰的贵族造反了，他们囚禁了博斯韦尔伯爵，强迫玛丽退位，将她和儿子强行隔离。玛丽逃到了英格兰，满以为伊丽莎白会给她一支军队，让她夺回王国，可这种事不但没有发生，伊丽莎白反而将她软禁起来，时间长达二十一年之久。在二十一年的时间里，玛丽成了发生在英格兰国内外数次天主教阴谋的焦点。1587年，有人控告她阴谋反对伊丽莎白，虽然她辩护说，英格兰法庭无权审判她，但法庭依然判她有罪，并处她以死刑。行刑时，玛丽身穿一袭血红色的宽松上衣，这种颜色是天主教圣徒礼拜服的颜色。她去世一年后，人们将她安葬到了彼得伯勒大教堂内；她儿子詹姆士成为英格兰国王之后，人们才将她的遗体转移到威斯敏斯特大教堂内，让她躺进了一座恢宏的白色大理石陵墓里。

玛丽一世试图阻止苏格兰贵族谋杀大卫·里齐奥

莫卧儿帝国皇帝阿克巴大帝

（1542—1605）

阿克巴（Akbar）大帝在位期间，他与印度教臣民的关系总是有些反复无常。他曾经一度取消了两项遭人痛恨的穆斯林排他性标志：第一项为"贾吉尔采邑制"。这是一种税制，所有非穆斯林臣民若想长期从事日常宗教活动，必须依据这一制度纳税。第二项也是一种赋税，征收的对象是那些前往印度教圣地的所有印度教臣民。后来，阿克巴又恢复了"贾吉尔采邑制"。再后来，他又取消了这一税制。不仅如此，他取消了印度教徒所必须遵守的"沙里阿法"（即伊斯兰法）的规定，让他们恢复了原有的律法和法院体系。他给予诸多印度教城邦国家一定程度的自治权，还同意印度教徒修建新庙宇，条件是必须事先征得他的明确授权。在没有征得授权的情况下，一位印度将军开始兴建庙宇，后来被迫将其改建成了清真寺。阿克巴的行为方式致使信仰印度教的印度人对他的评价毁誉参半。

阿克巴是个爱美之人，他怀揣对完美居所的向往，修建了法塔赫布尔西格里城。那是个规模宏大的建筑群，主体建筑包括一座宫殿、一座清真寺、一个巨大的花园、一座礼拜堂。该城设计得十分出色，然而，工程师们将其建在了远离水源的不毛之地。所以，随着阿克巴的离世，后人将该城废弃了。

阿克巴大帝征服的城邦国家包括孟加拉、古吉拉特、克什米尔、喀布尔，等等。尽管他热爱法塔赫布尔西格里城，却无法在那里长期居住，水源是个遗留的老大难问题。他每年都会抽出一部分时间在帝国疆域内巡视，考察从属国的王公以及手下的政府官员是如何管理国家的。

曾经在莫卧儿王朝亲眼见证过阿克巴的欧洲人描述他"脸色苍白，个头高挑，肩宽胸厚，两臂超长"。为了给他的举世无双加分，人们口口相传他19岁时曾经一剑杀死了向他扑来的一只老虎；还有一次，他迫使一头野象在他面前下跪。

后人对阿克巴的一生褒贬不一，他留给后人的帝国比先人留给他的大得多。他曾经尝试让帝国内的臣民们统一为一家人，结果不太成功，他自己的世界观成了他美好愿望的绊脚石。

日本幕府将军德川家康

（1543—1616）

16世纪，日本已经有了天皇，不过，此时的天皇仅仅是名义上的元首，真正的权力掌握在几大武士家族手里。16世纪前，至少在一个世纪时间里，为争夺日本的绝对权力，各武士家族之间争战不休。德川家康（Tokugawa）小小年纪即已卷入了动乱——4岁时被父亲迫不得已作为人质交给了敌对家族。

德川家康17岁时成为家族的统领，他的领地很小，军队也处于弱势，不过，他充分利用自己的资源，压制住了臣民们的数次造反，整顿好了军队的风纪。由于势力相对弱小，他总是千方百计寻找机会，与势力大的武士结盟。然而，打仗并非生活的全部，德川家康结了婚，有了家庭，还有了饲养猎鹰打猎的嗜好，他的这一嗜好延续了一生。那一时期，他一直在全力以赴地不断装备军队。

时间移至1600年，德川家康已经拥有日本全境最大的武装力量之一。在京都东北大约八十公里的关原，他与主要对手一拼高下，最终战胜了对方，使自己成了整个日本权力最大的人。1603年，天皇发布文告，认同德川家康为幕府将军，这是一种军事方面可以独断专权的封号。

当年，葡萄牙人、荷兰人、英格兰人都强烈要求获得与日本通商的权利。既然国际商贸能让国家富强，德川家康理所当然欢迎大家这么做，他对获得欧洲武器最有兴趣。他还允许葡萄牙和西班牙天主教传教士在日本境内传教，这些人取得了巨大成功，让多达数万人改变了信仰。德川家康认为，这些日本天主教徒是忠诚度不稳定的个体，一旦日本与欧洲诸强国摊牌之际，拿不准他们支持自己的国家，还是支持天主教教友。德川家康暗中实行反基督教政策，而他的后人用残酷手段变本加厉地强化了这一做法。

德川家康将自己的根基扎在了江户，即今天的东京，在那里构建了全世界规模最大的军事要塞群。

德川家康终止了内战，给日本带来了统一、和平，增加了财富。他欢迎与外国通商，同时拒绝外国的意识形态；他坚持认为，日本必须延续日本传统，不过，他没有像后来的幕府将军那样推行孤立主义。

低地国家总督奥地利的唐·胡安

（1547—1578）

胡安（Juan）是个敢打敢拼的军人，他用短暂的一生获得了许多巨大的成就。作为查理五世的非婚生子，他不能参与王室事务。然而，成为国王的菲利浦二世不仅认可胡安的同父异母弟弟的身份，还给了他一大笔俸禄，以及叫作"奥地利的唐·胡安"的头衔。

胡安渴望在军事方面有所作为，1568年，他有生以来第一次参与了军事行动：在地中海打击摩尔海盗。第二年，菲利浦二世又命令他前往格拉纳达镇压摩里斯科人叛乱。

胡安24岁时，承担了一生中最重大的一项任务：担任舰队司令。那时，为主宰地中海，奥斯曼土耳其人正在建造一支庞大的舰队。为打败土耳其人，由西班牙、威尼斯、热那亚、萨沃伊、教皇国、"医院骑士团"组成的"神圣同盟"也在组建海军。菲利浦二世任命胡安担任"神圣同盟"舰队司令。唐·胡安年轻、帅气、精力充沛，取得过一系列全胜战绩，激励了手下人和军官们追随他的忠心和必胜信念。1571年10月7日，"神圣同盟"和土耳其双方舰队在希腊沿海岸帕特雷湾的勒班陀遭遇，唐·胡安赢得了一场惊世骇俗的胜利。在战斗中，"神圣同盟"击沉了50艘土耳其划桨船，还掳获了137艘划桨船，解放了一万名被迫做苦役的天主教徒，杀死、杀伤、俘虏了两万名土耳其人。唐·胡安成了整个欧洲的英雄。

接着，菲利浦二世又提名唐·胡安为"低地国家总督"，那一地区的几个行省正在公开造西班牙的反，这是一项艰巨的任务。不过，胡安怀揣浪漫的憧憬接受了他想借助低地国家为跳板，进攻英格兰，以解救苏格兰女王玛丽。一旦解救成功，他会迎娶玛丽为妻。

他的确在低地国家取得了一项重大胜利——于1577年推行《永久法令》，该法令要点为：如果当地人民承认他的权威，重新信仰天主教，他保证从这一地区撤回西班牙军队。7个北方行省——如今的荷兰——拒绝了他的提议，不过，10个南方行省——如今的比利时、卢森堡、法国北部–加来海峡地区——在该法令上签了字。

一年后，唐·胡安死于斑疹伤寒。尽管他是私生子，菲利浦二世仍然将他安葬在埃斯科里亚尔王宫里的西班牙王室地下墓穴内。

勒班陀海战

全俄罗斯的沙皇鲍里斯·戈东诺夫

（约 1551—1605）

　　20世纪60年代，法医证据显示，伊凡雷帝死于汞中毒。如果这是真的，鲍里斯·戈东诺夫（Boris Godunov）可能是这一事件的策划人之一。为彻底阻止伊凡10岁的儿子德米特里长大后成为对手，将这孩子割喉的人极有可能是鲍里斯的下属。

　　鲍里斯没有任何站得住脚的理由得到皇位，除了一样：伊凡雷帝咽气前，曾任命三个人加入"摄政会议"，鲍里斯是其中之一。伊凡的儿子费奥多尔是庸懦之辈，这三个人将代表他治理俄罗斯。1584年至1598年，鲍里斯一直在该组内，不过，他很快就开始以唯一摄政王身份施政了。他设计了各种战略，让俄罗斯置身于战争之外，例如为避免与奥斯曼人直接对抗，他向克里米亚的反土耳其军队提供资金；为减少鞑靼人和芬兰人的袭扰，他沿国境线兴建了一批新城镇；为了让西伯利亚留在俄罗斯人手里，他对那一地区进行移民，以开拓殖民地；他还创建了一些新城市，如托博尔斯克。

　　1598年，费奥多尔亡故，莫斯科大牧首极力倡导"博雅尔"们（即贵族们）选举鲍里斯为沙皇。鲍里斯更愿意通过全国代表大会进行选举，这样一来，人们会以为，是俄罗斯人民选择了他。之后，这样的大会果真召开了，他以全票当选。数周后，鲍里斯加冕成了沙皇。

　　鲍里斯真心实意想改变俄罗斯国民的生活，他邀请外国学者在俄罗斯开办学校，将一部分最有前途的俄罗斯孩子送往国外接受大学教育。不过，他永远是个疑神疑鬼之人，对阴谋和对手每时每刻怀有恐惧。鲍里斯在世最后几年，平地里冒出个自称德米特里的人，他自称自己奇迹般躲过了鲍里斯对他的谋杀。那人在他自己身边聚拢了一些追随者，还组建了一支军队。1605年，鲍里斯亡故后，这个冒充德米特里的人安排支持者加冕自己为沙皇。这就是后人所熟知的冒牌德米特里，他统治俄罗斯十个月，有人将其揭穿、处死，并焚尸扬灰。

神圣罗马帝国皇帝、匈牙利和 波希米亚国王鲁道夫二世

（1552—1612）

　　鲁道夫二世（Rudolf Ⅱ）既是国王又是皇帝，但他对统治却没有兴趣。他的情感全都投向了艺术——资助艺术家、搜集艺术品、科学研究。他也喜欢科学，只是有点走火入魔，他过分耽溺于超自然现象。

　　鲁道夫将首都建在了布拉格，为了让朝廷和布拉格显得人才济济，他邀请了许多画家、建筑家、哲学家、天文学家。他还为这座城市修建了一座全新的议会人厦，又为大主教修建了一座新宫殿以及好几座新教堂。有时候，他的品位会超出常人的想象，甚至荒诞不经，这足以解释他最喜欢的艺术家之一为什么是朱塞佩·阿尔金波尔多了，因为这位艺术家绘制了许多匪夷所思的鲁道夫肖像，例如用水果、蔬菜、树根等元素构成皇帝的面庞和身体。

　　鲁道夫收藏的物品可谓五花八门，包括精美的图书、古钱币、精雕细刻的珠宝、精密的科学仪器，等等。他还从市面购入了最好的艺术精品，例如列奥纳多·达·芬奇、阿尔布雷特·丢勒、彼得·勃鲁盖尔、保罗·委罗内塞等人的作品。

　　为鲁道夫王朝服务过的科学家既有天文学家第谷·布拉赫、约翰内斯·开普勒，也有研究人神对话的爱德华·凯利，以及炼金术士约翰·迪伊。鲁道夫二世和这个炼金术士一道做试验，以期找到将普通金属转化成黄金的途径，据说他还涉猎巫术研究。

　　当鲁道夫开始尝试统治国家时，他曾把许多事情弄得一团糟。他与土耳其人打了十一年仗，多数战斗发生在布拉格以外的匈牙利地界，而匈牙利臣民们厌倦了流血和破坏，他们造反了。鲁道夫的家人出面进行干预，迫使他把权力交给弟弟马蒂亚斯，弟弟与造反派和土耳其人达成了和平协议。最初所有麻烦都是鲁道夫招致的，而他认为，弟弟马蒂亚斯对于土耳其人做出的让步过多了，因而他试图再次与土耳其人开战。这一次，鲁道夫的家人坚决要求他退位，将王位禅让给马蒂亚斯。

　　鲁道夫怀着一腔怒火和懊恼离开了人世，不过，他身边围满了令人艳羡的物品。

318

法兰西国王亨利四世

（1553—1610）

    恶名昭著的"圣巴泰勒米大屠杀"发生于1575年8月24日。这一天是庆祝亨利迎娶法兰西公主瓦卢瓦的玛格丽特（凯瑟琳·德·美第奇的女儿，查理九世的妹妹）的狂欢日。真实情况为，所有胡格诺教徒领导成员惨遭杀害，亨利却幸免于难，他假装放弃新教，装模作样地称自己改信了天主教。他改变信仰的机缘那么凑巧，因而亲家们从未相信过他，实际上，亲家们一直拿他当俘虏对待。1576年2月，亨利逃脱了，与信仰新教的朋友们重聚一堂，而后领导了一场与法兰西国王为敌的新一轮宗教战争。

    随着时光的流逝，凯瑟琳·德·美第奇的所有儿子一个接一个过世了，法兰西王室再也找不出男性继承人，依序排在最前边的是亨利。不过，当时的法兰西政府绝无可能接受胡格诺教徒当国王。1593年，亨利再次成为天主教徒，使这一问题得到了解决。据传，在改信宗教的仪式上，有人听见他揶揄此事说："巴黎是值得做场大弥撒的。"

    经过数十年战争，法兰西已经处在国家灾难边缘。亨利坚信，若要振兴王国，他必须成为说一不二的君王。他强化了手中的所有权力，根本不把"三级会议"（等于如今的全国代表大会）放在眼里，他还直接插手地方城镇的管理。不过，他鼓励发展农业、工业，以及开拓新领域，例如丝织行业。他还与英格兰和西班牙达成了和平协议，又创建了一所为法兰西军队培养军官的军事学院。为了给巴黎装点门面，他修建了蒂伊勒里宫、巴黎新桥、巴黎市政厅、巴黎皇家广场等建筑。他还派遣探险家萨缪尔·德·尚普兰前往加拿大，评估那里的资源，评估在荒蛮地区建立法兰西殖民地的可行性。

    亨利的行事风格平易近人，与任何阶层的人打交道，他都驾轻就熟，就连平民百姓都喜欢他的机智和率直。他还具备解读他人个性的能力，这一能力渐渐得到各上等阶层人们的尊重。

    1610年5月14日，乘坐四轮马车的亨利正穿行于巴黎的大街上，一个名叫弗朗索瓦·拉瓦雅克的天主教狂热分子（此人认为，国王正在策划向罗马教皇发动战争）突然向国王冲去，用匕首刺死了他。

　　　　　　　　　　　　　　　亨利四世迎娶瓦卢瓦的玛格丽特

英格兰国王詹姆士一世
暨苏格兰国王詹姆士六世

（1566—1625）

英格兰女王伊丽莎白一世去世时身后无嗣，也不曾指定继任者。她临终之际，朝廷重臣们全都聚拢到了她身边，请求她指定个什么人。对继承人一事，她却三缄其口。合乎逻辑的选择是在世的、与她血缘关系最近的亲戚，而此人却是命运悲催的苏格兰女王玛丽的儿子——苏格兰国王詹姆士六世。

詹姆士（James）1岁时，母亲退位，逃离了苏格兰，从那往后，严厉的苏格兰贵族以及更加严厉的加尔文教派的老师将他抚养成人。他们强加给他的理念是，国王应为贵族与平民殚精竭虑，但他厌恶这样的训诫。而当他成为英格兰国王后，种种说教对他便不起作用了。自亨利七世时期以来，英格兰人对朝廷中央集权早都习以为常。不过，詹姆士更进一步，他宣称，他坚信君权神授，换句话说，是上帝选择了他，对此存疑，就是违背天意。苏格兰人鄙视他，讨厌这套说辞，甚至英格兰人也认为，他这么说实在有些过分。

在继位仪式上，詹姆士一世曾经向英格兰天主教徒们暗示，对他们的宗教信仰，他会比伊丽莎白一世更宽容，后来他却食言了。一群愤怒的天主教贵族在国会大厦地下室里藏匿了几桶火药，准备一旦上议员、下议员、国王以及王室成员全都到场，他们就引爆火药。一位名叫蒙特伊格的天主教贵族收到一个匿名警示，提醒他1605年11月5日那天远离国会。对这一警示心存疑虑的蒙特伊格将消息转给了国王，国王下令搜查整个国会大厦。卫兵们在地下室里发现了火药，并且抓获了其中一位阴谋参与者盖伊·福克斯，当时他正要点燃引信。

詹姆士一世王朝谱写了两项经久不衰的功绩：其一为移民弗吉尼亚以开拓殖民地；其二为组织人手重新翻译英文版《圣经》，即世人熟知的"詹姆士国王钦定版《圣经》"。为纪念詹姆士国王，人们将第一个美洲定居点命名为詹姆斯敦。至于前述《圣经》，它诞生于英格兰文艺复兴时期最辉煌的阶段，"詹姆士国王钦定版《圣经》"成了英语文学的旷世杰作。另外，詹姆士一世还有一件值得后人肯定的事：他在位期间，英格兰从未卷入过任何战争。

恩东戈和马坦巴女王恩辛加·姆班迪

（约 1583—1663）

16世纪中叶，西班牙人和葡萄牙人急需大量奴隶充填南北美洲诸多殖民地。为弥补短缺，奴隶贩子——既有欧洲人，也有非洲人——洗劫了西非，将数万男人、女人、孩子装船运往大西洋彼岸。但凡出面干预的非洲部落和王国都会遭遇灭顶之灾。

1624年，恩辛加·姆班迪成了恩东戈人民的女王，她的领土坐落在罗安达以东，位于如今的安哥拉境内。为阻止自己的人民被他人当奴隶劫走，恩辛加与葡萄牙人达成了协议。葡萄牙人同意停止在恩东戈王国境内洗劫，而恩辛加及其人民则甘当协理，帮助葡萄牙人从非洲内陆运送奴隶到海边装船。为确保双方恪守承诺，恩辛加同意接受洗礼，还接受了基督教教名安娜。

但不出两年，葡萄牙人就违反了协议。安哥拉的地理位置特别适合奴隶贸易，葡萄牙人希望那里成为其帝国的组成部分。恩辛加召集自己的人民，一起逃往内陆，在内陆建立了新王国，取名马坦巴王国。恩辛加昭告天下，马坦巴王国欢迎逃亡的奴隶以及接受受过使用欧洲武器训练的非洲人。

为抗击葡萄牙人，恩辛加创立了职业武士阶层，人们称其为"基隆博"，这一阶层的人都是与家庭断绝关系的十多岁的男孩，他们进入一种类似军事院校的组织，接受战斗训练。他们只忠于恩辛加以及同为武士的伙伴。

1641年，恩辛加与荷兰人结成同盟，从恩东戈王国起事造反，命令"基隆博"发起进攻。他们夺取了罗安达，不过，他们却守不住胜利的成果——葡萄牙人过于强大。恩辛加被迫退回马坦巴，这次战争打打停停持续了十六年，最终，恩辛加与葡萄牙人达成了停战协议。恩辛加再次将她的王国打造成了商业中转国，使中部非洲的交易物品得以经过这里运往诸多沿海港口。

关于恩辛加，人们编造的传奇故事足有一大箩筐——比如她在后宫里养了一大群男性情人，她是个吃人肉的人。这些故事都不是真的，不过，这些故事很是刺激欧洲听众。恩辛加颐养天年，无疾而终，享年80岁。

瑞典国王古斯塔夫·阿道夫

（1594—1632）

古斯塔夫·阿道夫成为瑞典国王时，年仅16岁。最初几年，他一直在打仗，最初是与丹麦，随后是与俄罗斯。这些早年经历的军事冲突让他获得了直接的军事经验，这些战斗由此开始塑造他，让他成了17世纪最伟大的军事将领之一。

瑞典人口稀少，不过，古斯塔夫意识到，如果从全国所有15岁以上的男性中征召10%的人，即可组建一支3万人的大军。他还以此为基础从新教徒占优势的几个德意志行省招募了一些雇佣军。他发明了一种全新的T字队形步战法，相比其他国家流行的一字队形，新战法效率更高。他还与军事战略家们一起复活了当年流行过的骑兵冲阵战法。

古斯塔夫的成年时期完全消耗在"三十年战争"中。"三十年战争"是欧洲所有宗教战争中破坏性最大的一次。古斯塔夫取得了一系列让人瞠目的胜利，他成了新教的最高捍卫者。1631年，他在布赖滕费尔德打败了神圣罗马帝国皇帝的军事统帅约翰·采克拉斯·冯·蒂利；后来，他又在莱希河战役中再次击败了神圣罗马帝国大军，杀死了蒂利。

神圣罗马帝国皇帝任命了一位新指挥官，而后古斯塔夫的命运大变。新指挥官是阿尔布雷希特·冯·瓦伦斯坦，这人的军事天赋和瑞典国王难分高下。古斯塔夫偷袭了瓦伦斯坦设在纽伦堡城外的军营，然而，帝国将军把他赶跑了。数周后，两军在吕岑城外再次相遇。自纽伦堡惨败后，古斯塔夫的军队尚处在休养生息阶段，然而，他不肯坐失眼前的战机，也不肯穿戴钢制的护胸甲——他的身材已经过于肥胖，护胸甲穿在身上非常不适，不仅如此，护胸甲还经常摩擦旧时留下的伤疤。古斯塔夫决定亲自率队进行一次著名的骑兵冲阵。整个战场笼罩在薄雾中，古斯塔夫不知不觉与自己人走散了。神圣罗马帝国皇帝手下的一些军人认出并射杀了这位走失的国王。

古斯塔夫·阿道夫的战亡一度让新教徒军兵心灰意冷，不过，副总指挥萨克森-魏玛的伯恩哈德重新集结了队伍。他们高呼着口号："为国王报仇！"冲向神圣罗马帝国的军队，最终大获全胜。

在吕岑会战中一马当先、率领骑兵冲锋陷阵的古斯塔夫·阿道夫身受致命伤

波瓦坦人的公主波卡洪塔斯

（约 1596—1617）

1607年，英格兰殖民者在弗吉尼亚创建詹姆斯敦镇时，波卡洪塔斯（Pocahontas）年龄为10到12岁。来自远方的陌生人吸引了这位迷人的小姑娘，她经常长时间滞留在陌生人中间，并且花大量时间访问殖民者。

波卡洪塔斯一生最著名的举动是在1607年12月，当时，波瓦坦战士们抓获了约翰·史密斯上尉，将其带到了位于约克河畔的首都威尔沃科莫科。他们将英格兰俘虏扔到酋长——波卡洪塔斯的父亲——脚前。接着，一位战士将粗大的棒子高举过头顶，正要往下抡时，波卡洪塔斯冲出人群，用身体护住了史密斯。近些年，历史学家们开始相信，波卡洪塔斯"救人于行刑时刻"实际上是她父亲精心安排的接纳仪式。史密斯上尉永远无法理解这一点，犹如波瓦坦人无法理解这样的事情一样，酋长赦免又接纳了史密斯上尉，可他就是不听命于酋长。

虽然波卡洪塔斯救约翰·史密斯上尉的目的至今不明，可她的确帮了英格兰殖民者许多忙。例如，殖民者们断粮时，她为他们送去了食物；她还在殖民者以及波瓦坦人民之间维护了和平；她还与英格兰人就释放其抓获的所有波瓦坦人质展开谈判。

可是，在英格兰和波瓦坦之间，双方关系仍然日趋紧张，1610年，终于爆发了"第一次盎格鲁-波瓦坦战争"。即便在战争进行期间，波卡洪塔斯依旧继续前往定居点看望朋友们。1613年，英格兰人坚持认为，波卡洪塔斯必须作为人质和他们待在一起。实际上，他们一直将她礼为上宾。时间过去不足一年，她改信了"英格兰国教"，接受了教名瑞贝卡，还与名叫约翰·罗尔夫的殖民者订了婚。并于1614年成婚。

两年后，罗尔夫、波卡洪塔斯，以及他们尚在襁褓中的儿子托马斯乘船来到了英格兰，人们将波卡洪塔斯引荐给了詹姆士一世国王。一位朝臣由衷地感慨说，波卡洪塔斯的举止"像个地地道道的国王的女儿，并且获得了上层人士相应的尊重"。1617年，这家人计划返回弗吉尼亚时，波卡洪塔斯病倒了，最终病故在格雷夫森德。

虽然后人津津乐道于波卡洪塔斯的浪漫举动，可她的善举远不止上述这些。她是英格兰人在美洲成功地设立的第一个殖民点的守护神，也是第一个在欧洲人和印第安人之间尝试让双方和谐相处的美洲土著人。

身着英格兰贵妇装束的波卡洪塔斯

Ætatis suæ 21. Aº. 1616.

s als Rebecka daughter to the mighty Prince
an Emperour of Attanoughkomouck als Virgi
ted and baptized in the Christian faith, a
fe to the worll Mr Tho: Rolff.

英格兰和苏格兰国王查理一世

（1600—1649）

借助安东尼·凡·戴克绘制的诸多肖像画，今人有幸一睹查理一世的风采，他是所有英格兰国王中最时尚的国王。他的上髭和山羊胡修剪得精准得体，半长卷曲的头发沿后背自然垂落，歪戴着宽边礼帽，样子略显俏皮，丝质的束腰外衣缀有精致而厚实的蕾丝镶边。从表面看，查理一世国王是个信心满满之人。

当然，查理也有不少毛病。由父亲詹姆士一世一手抚养大的查理深信，他的统治权为上帝神授，对臣民们的各种非议，他从不往心里去。当时英格兰国内宗教情绪日益偏向清教徒，而查理却鼓励英格兰国教吸纳天主教的某些做法，例如应在祭坛上安放金色十字架，至少得摆放一个普通材料的。查理的妻子亨利埃塔·玛丽亚是个信奉天主教的法兰西公主，从法兰西嫁过来时，她带来一大帮朋友，还强迫查理给予这些法兰西天主教徒特殊关照。查理对时代的脉搏反应迟钝，这常常让他与国会的意见相左，而国会则以反制措施，拒绝向国王的拨款议案投赞成票。在王后的唆使下，查理签发了逮捕五位国会议员的逮捕令，这一做法激怒了全国的清教徒和议会党人，在他们的号召下，掀起了一场革命。

查理将妻子和孩子送出了国，将司令部设在了牛津，然后着手恢复自己的权威。他是个有胆识、果敢的指挥官，可是，议会党人的军队不仅装备精良，而且由清教徒把控，那些人认为，他们与国王为敌，英勇作战，是受了上天的派遣。就装备和狂热献身的精神两方面来说，保皇党人的军队根本不是议会党的对手。

1648年，查理向一支苏格兰军队投降。这也许是暗中希望那些人会保护他免受议会党人荼毒。但事与愿违，他们将查理交了出去。1648年12月，由清教徒和议会党人组成的法庭开庭审理国王，英格兰法院从未经历过这样的先例。然而，构成法庭的成员并未因此退缩。不过，查理拒绝承认这一法庭，拒绝为自己辩护。终审判决是意料中的事——国王犯有叛国罪。然而，如何宣判却难以出炉：最后只好以投票方式决定，68票赞成，67票反对，国王被判定死刑。1649年1月30日，查理在大庭广众面前被砍了头。这件事震惊了整个欧洲。

跪在断头台前等待行刑的查理一世

奥斯曼帝国苏丹穆拉德四世

（1612—1640）

  执政初期，穆拉德四世（Murad Ⅳ）面临两个最大的威胁，分别来自两支军队中的精英部队：一是"斯帕希卫队"，这是一支骑兵部队；二是"耶尼塞里军团"，每逢作战，这支部队总会展示出斯巴达骁勇的风格。1632年，关键时刻来临，由"斯帕希卫队"和"耶尼塞里军团"成员组成的一批军人闯进了苏丹的王宫，要求处死当朝宰相以及另外16位当朝重臣。这些倒霉蛋遭到了处决。不过，这些精英部队的人撤走后，穆拉德迅即开始谋划报复。

  穆拉德派遣一些忠诚的军人袭击并杀死了许多"斯帕希卫队"和"耶尼塞里军团"的成员。他的第二个步骤为，借口恢复宗教纯洁，关闭君士坦丁堡的一些酒馆（穆斯林信徒禁止喝酒精饮料），他甚至关闭了一些咖啡屋，因为他有理由相信，政治反对派往往在这种地方聚会。他还禁止人们吸烟。

  穆拉德是个身材高大、肌肉发达的人，他最喜欢的武器是重达60公斤的大锤。天黑以后，他经常身着平民的装束上街闲逛，见到有人饮酒、吸烟、喝咖啡，他会挥起手中的大锤，一下击碎对方的头颅。

  与其健硕的身子骨相匹配，穆拉德胆大包天，他是奥斯曼帝国最后一位亲自领兵打仗的苏丹。在与波斯的战争中，他攻占了阿塞拜疆、埃里温城、大不里士城、哈马丹城，还重新夺回了某位前苏丹丢掉的巴格达。不过，完成征服后，穆拉德承认，他有了一种失落感。他的原话是："我以为，尝试夺取巴格达和体验巴格达的存在，前一种感觉更好。"

  在其短暂人生的最后几年，穆拉德开始变得行为乖戾。他常常于夜间突然冲出后宫，光着双脚，身穿一件宽松的便服，手提出鞘的长剑，在街上横冲直撞，杀掉路遇的每一位行人。穆拉德27岁亡故，原因是肝硬化——与他颁布的法律相背，他嗜酒成性，最终成了酒鬼。

波瓦坦人的酋长波瓦坦

（殁于 1618 年）

波瓦坦（Powhatan）的本名是瓦亨苏纳科克（Wahunsunacock），成为弗吉尼亚东部30个部落的超级酋长时，他接受了波瓦坦这一称谓。人们对他早年的统治知之甚少，除了以下这些：他打败了科库坦部落，强迫该部落的人向他进贡；根据不完整的记录，居住在如今弗吉尼亚海边的切萨皮克部落人曾经对他不恭，作为惩罚，他灭除了该部落；不过，在强迫奇克哈默尼部落接受他统治方面，他一直没有成功。根据约翰·史密斯上尉1608年的记录，除了奇克哈默尼部落的人，詹姆斯河以及约克河流域所有部落的人都臣服波瓦坦。

1607年，英格兰人来到了美洲，这成了波瓦坦一生最关键的时刻，对他的人民来说，亦是如此。在双方最初几次的接触中，让英格兰人印象至深的是，波瓦坦的举止完全像个国王，他说话口气威严，对来人毫无惧意。至于波瓦坦本人，他认为，英格兰人手里有非凡的武器，为征服莫纳坎部落，他止需要英格兰人这样的盟友。一个著名的插曲足以为此事作注脚：波瓦坦的女儿波卡洪塔斯拯救俘虏约翰·史密斯上尉性命一事，实际上可能是个意在接纳的手段，意在让史密斯成为其部落成员，使其背负替波瓦坦打仗的义务，以抗衡莫纳坎部落。

波瓦坦对待英格兰人的策略混杂着同情和担心两种成分。在一片遍布野生动植物的大地上，运气不佳的英格兰人食不果腹，在女儿波卡洪塔斯力促下，酋长只好将食物当作礼物送给英格兰人。然而，英格兰人并没有老老实实待在要塞里，而是不断地蚕食印第安人的领地。1609年，满载货物的固定班轮从英格兰源源不断地到来，史密斯上尉返回了英格兰，一些殖民者开始搬离詹姆斯敦要塞，到要塞以外开拓农场。后来爆发了一场没有结果的战争。战后，波瓦坦仍然保留了超级酋长身份，实际权力却交给了他的弟弟奥佩堪卡努，因他推行反英格兰的好战策略。

1617年，陪同罗尔夫和波卡洪塔斯前往英格兰的波瓦坦人乌塔玛托玛金将波瓦坦的女儿波卡洪塔斯死于海外的消息带给了他，还带来了更多坏消息：英格兰人的数量远比印第安人想象的多——大西洋彼岸的海岛上住满了英格兰人。波瓦坦彻底退位了，他陷入了深深的忧郁，并于第二年亡故。

                                        英格兰殖民者克里斯托弗·纽波特将一顶王冠献给波瓦坦

瑞典女王克里斯蒂娜

（1626—1689）

　　父亲古斯塔夫·阿道夫国王战死沙场那年，他的女儿克里斯蒂娜（Christina）只有6岁。摄政王阿克塞尔·奥克森谢纳是个睿智、想象力丰富且忠心耿耿的人。他延续了古斯塔夫·阿道夫的政策：将瑞典建造成欧洲北部的强国。他同时还负责克里斯蒂娜的教育，他招聘了与之相宜的老师，以利于克里斯蒂娜全面掌握科学、人文、语言诸方面的知识。克里斯蒂娜成长到16岁时，奥克森谢纳开始安排公主参加"摄政会议"，使其接受政治方面的教育。

　　18岁那年，克里斯蒂娜登基，开始自主行使权力。她大把大把地花钱，包括收购艺术品和资助艺术创作，启动一些耗资巨大的建筑项目，将土地作为酬劳，慷慨地犒赏给参加过"三十年战争"的瑞典老兵。奥克森谢纳试图控制这样的挥霍，然而，年轻的女王根本不把他放在眼里。

　　克里斯蒂娜的谋臣们满心盼望她成婚诞育，以便王朝代代相传。不过，女王打消了他们的念头。让朝廷和整个国家大吃一惊的是，1651年，女王宣称打算下野，并让表兄卡尔继位。弥漫全国的失望情绪让她暂时退缩了。但是，1654年，她执意完成了退位，永远离开了瑞典。居留奥地利因斯布鲁克期间，她向外界披露，她早已皈依了天主教。由于父亲曾经是"三十年战争"中最坚定的新教守护者，她的告白在瑞典激起了更大的悲愤。

　　她继续向罗马前进，打算在那里定居。她让教皇也大吃一惊，因为她居然身穿一袭红色装束出现在大庭广众之中，而这红色是罗马娼妓的标准服。

　　克里斯蒂娜位于罗马的宫殿成了沙龙，学者、贵族、红衣主教常常到她那里聚会和高谈阔论。除了具有女主人身份，克里斯蒂娜对阴谋诡计特别上瘾。虽然她放弃了瑞典王位，但她却试图成为那不勒斯女王，后来她还试图成为波兰女王。她的某位家臣告诫西班牙驻当地特使，克里斯蒂娜策划的一次突袭入侵将一触即发，由于那位家臣败露了克里斯蒂娜的那不勒斯秘密计划，她竟然安排人割断了那人的喉咙——而且是让人当着她的面这么做！这次谋杀让教皇怒不可遏——最著名的天主教皈依者竟然让教会如此难堪，怎么都让人高兴不起来。不过，三十年后，克里斯蒂娜亡故时，人们已然忘却了当初她的种种不堪。人们将她安葬在圣彼得大教堂里，遂成为世界上仅有的安葬在那里的三位女性之一。

莫卧儿帝国皇帝沙·贾汗

（1628—1666）

人们记住沙·贾汗（Shah Jahan）的原因是，他至死不渝地爱着妻子，对妻子的死，他痛断肝肠。为了让自己对慕塔芝·玛哈皇后的爱成为永恒，他修建了世界上最完美的纪念馆之一——泰姬陵，以罩住玛哈的坟墓。然而这位情圣似的丈夫另外的作为却鲜为人知：他发起过针对国内印度教徒和天主教徒的战争；1632年，他下令强行拆除了不久之前建成的，以及当时仍然在建的所有印度教庙宇；他还下令摧毁了阿格拉堡和拉合尔两座城市的天主教堂。

接着，沙·贾汗将注意力转向了摧毁加尔各答城外的葡萄牙人聚居地。他提出的理由非常荒诞，即葡萄牙人是一群海盗，他们正在绑架穆斯林信徒。他派出一支军队，摧毁了整座城镇，屠杀了镇里的所有天主教居民。许多君主采用强制手段净化国内宗教，并视其为己任，在这方面，沙·贾汗与他们没什么区别。

与这种做法相矛盾的是，虽然沙·贾汗对印度教除了鄙视还是鄙视，却又是印度诗词和印度音乐的热心崇拜者。他常常邀请一些有天赋的印地语诗人和音乐家前往朝廷，并能用流利的印地语与他们交谈。

泰姬陵是沙·贾汗的杰作，他严格要求建筑师、雕塑家、镶嵌匠人交出绝对完美的作品，他的要求全都得到了满足。陵墓镶满了碧玉、红玛瑙、天青石、孔雀石，以及其他宝石和半宝石，每一处细节都做到了尽善尽美，最终效果非常和谐。

泰姬陵并非沙·贾汗唯一的杰作，他还在德里修建了完美的贾玛清真寺，在阿格拉堡修建了完美的珍珠清真寺。在旧德里郊外，他修建了红堡，"孔雀宝座"即安放在红堡的景观大厅里。这一宝座由4根金色的椅子腿托起，12根镶嵌祖母绿的立柱支撑起了罩住宝座的穹顶。沙·贾汗偏好珠宝精品，并因此闻名遐迩，远在欧洲的珠宝商人都把最好的（当然也是最昂贵的）宝石卖给他。

沙·贾汗在世最后几年相当凄惨，他的儿子奥朗则布杀死了自己的三个兄弟，废黜了他这个父皇，自行称帝。最后八年，沙·贾汗实际上是被软禁在阿格拉堡里，由女儿贾汗娜拉看护。沙·贾汗去世后，人们将他安葬在泰姬陵里他的爱妻慕塔芝·玛哈身边。

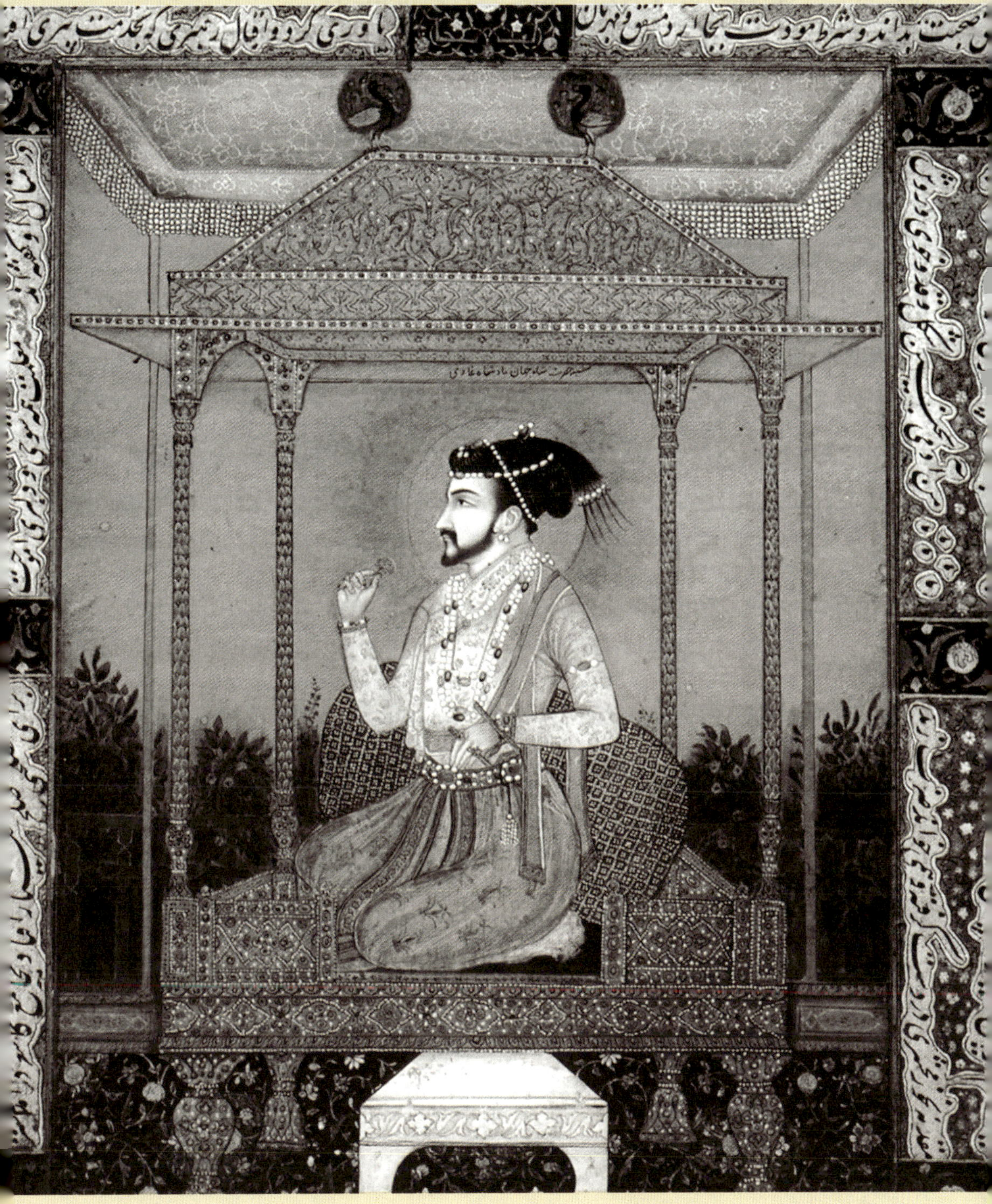
شاه جهان بادشاه غازی

波兰国王扬三世·索别斯基

（1629—1696）

波兰军队总司令扬·索别斯基（Jan Sobieski）年届47岁时，人们选举他为国王。神圣罗马帝国皇帝利奥波德一世原以为自己会当选，结果却落了空。为安抚利奥波德一世，索别斯基与其签订了协议：缔约双方的任何一方若遭土耳其人入侵，双方将实施共同防御。

七年后，该协议得到了落实。奥斯曼帝国苏丹宰相卡拉·穆斯塔法·帕沙率兵15万推进到维也纳城下，当时城防部队仅有1万人。维也纳请求驰援的信息传到了索别斯基手里，同时也传给了德意志和奥地利的大公。索别斯基带去了3.7万人，成为人数最多的驰援部队。

维也纳的城墙远比土耳其人预料的结实。为了让城墙垮掉，土耳其人开始在城墙底下挖掘隧道和安放炸药。他们成功地炸毁了3座门楼，9月8日，土耳其人攻占了一段城墙。城防司令官冯·施塔海姆贝格伯爵、欧内斯特·鲁迪格告诫自己人，做好与土耳其人巷战的准备。

与此同时，驰援部队逐一抵达。黎明前，波兰人、德意志人、奥地利人组成了联军，做好了战斗准备。在维也纳城外的平原上，惨烈的战斗持续了12小时，后来，傍晚5点钟，索别斯基率领2万骑兵进行了一次冲锋——这是骑兵史上规模最大的冲锋之一。他们冲散了奥斯曼人的队形，维也纳城防部队组成一支分遣队，从城里蜂拥而出，卷入了混战。土耳其人死伤1.5万人，被俘5000人，溃败时丢弃了所有火炮、整个营盘以及所有辎重。这次维也纳之战的胜利是个标志性事件，自此彻底终结了奥斯曼帝国对西欧的入侵。随后数年，奥斯曼人还被赶出了匈牙利和特兰西瓦尼亚。

冯·施塔海姆贝格伯爵兴高采烈地拥抱和亲吻了索别斯基国王，称其为大救星。索别斯基用波兰语谦恭地答道："Venimus. Vidimus. Deus vicit."中文意即："我们来到，我们看到，胜利属于上帝。"

在扬·索别斯基的余生，他所到之处，人们都尊称他为西欧英雄。教皇钦定了一个缅怀那次战斗胜利的周年纪念日，某天文学家还以他的名字命名了一个星座，称其为"索别斯基之盾"。

英格兰和苏格兰国王查理二世

（1630—1685）

查理（Charles）亲王16岁撤出英格兰，来到了欧洲大陆。为保住王位，父亲查理一世国王必须留在国内继续奋战。随同查理撤出的有母亲亨利埃塔·玛丽亚女王以及他所有兄弟姐妹。三年后，臣民们将查理一世送上了断头台。查理亲王既无法改变局势，也无法拯救父亲的生命。

随后十一年，查理的经历与欧洲诸王室穷亲戚们的经历别无二致。没有人待见他，他没钱养活自己和一小批追随者，他手里没有军队，无法收复英格兰，也看不到一丝返回英格兰的希望，更别提当国王了。

然而，1658年，共和国联邦领袖奥利弗·克伦威尔死了。由于厌倦了十多年清教徒式的军事独裁，英格兰人已经准备好迎接流亡在外的国王。加冕仪式过后，查理二世逮捕了那些弑君者，在查理一世死刑裁决书上签名的有59人，其中12人已经去世，13人遭到处决，19人叛了终身监禁，余下的都逃到了海外。查理二世还命人挖出奥利弗·克伦威尔的尸体，将他的尸体用铁链吊起，将他的头颅插在了一根立柱上。

既然得到英格兰人民的爱戴，查理二世决心永远不再失去他宝贵的王位。他的作为全都经由政府阁僚实现，倘若某项政策在实践中不受欢迎，公众的不满会指向阁僚们，国王则超脱于争论之外。

在清教主义盛行时期，甚至连圣诞节都不准许庆祝。那一时期过后，查理二世以闻所未闻的规模推广音乐、舞蹈以及场面宏大的娱乐活动。他还废除了一项古老的禁令，允许女性参加戏剧演出（此前女性角色全都由青年男性身穿女装扮演）。他最喜欢的情妇奈丽·格温就是女演员。

查理二世和布拉干萨的凯瑟琳王后一直未能生育孩子——凯瑟琳每次怀孕均以流产告终。不过，查理二世情妇众多，他至少育有14个非婚生的孩子。

查理二世曾经尝试在英格兰推行宗教怀柔政策，然而，清教徒、国教徒、新教徒、天主教徒之间的对立实在过于根深蒂固。国王自己的宗教观始终是个谜，他临终时在病榻上改信了天主教。

查理二世国王的园艺师举着一枚菠萝让他过目

King Charles

法兰西国王路易十四

（1638—1715）

令人惊异的是，路易十四（Louis XIV）在位时间长达七十二年！他5岁成为国王，那时他母亲奥地利的安娜和他的首相兼枢机主教尤勒·马萨林替他治理国家。1661年，马萨林去世，23岁的路易十四拒绝任命新首相，因而，所有权力都握在了他手里。

17世纪的欧洲是个绝对君权的时代，扮演大权独揽的君王，没人能比路易十四更驾轻就熟，更胸有成竹，更以此为荣。他借用太阳做自己的象征——诚然不够谦虚，但也不无根据，因为他的功绩超过了那个时代的所有欧洲君王。

路易十四在位期间，法兰西军队在战场上取得了一个又一个胜利。为保证自己永远立于不败之地，路易十四将军队规模扩大到了令人吃惊的34万人（某些统计数据为40万人）。他网罗了一些天下最能干的军需官，以保证士兵们按时领到食品、供给，还有最重要的：按时领到军饷。如此规模的军队，倘若稍有不满，定会成为革命的发端。

与荷兰人和德意志人打仗，路易十四取得了一系列胜利，他还拓展了新的疆域，不过，以黄金和生命为代价的投入超过了实际所得。路易十四晚年坦白承认，发动战争对他有不可抗拒的诱惑。

论及艺术成就，路易十四始终心无旁骛地专注于凡尔赛宫的建设、装修、摆设。这座宏伟壮丽的宫殿位于巴黎郊外，里边有好几座花园，整个工程耗时四十二年，总投资8200万金币。路易十四非但不尝试控制贵族，反而刻意倡导王室和贵族在精神层面和谐相处。因此他常常邀请贵族来凡尔赛宫聚会，而贵族也会带着相互竞争的意识前来，例如身穿最华丽的服饰，以最勇敢的姿态示人，用最机智的措辞发表议论，不一而足。

路易十四去世之际，法兰西展现给世人的是欧洲文化的巅峰水平，那一阶段也是法兰西的和平时期。不过，由于政府开销巨大，国家经济已经处于风雨飘摇之中。路易十四的专制主义统治模式一直延续到"法国大革命"时期。

名望女神克吕墨涅向人们展示路易十四肖像画

King Charles

法兰西国王路易十四

（1638—1715）

令人惊异的是，路易十四（Louis XIV）在位时间长达七十二年！他5岁成为国王，那时他母亲奥地利的安娜和他的首相兼枢机主教尤勒·马萨林替他治理国家。1661年，马萨林去世，23岁的路易十四拒绝任命新首相，因而，所有权力都握在了他手里。

17世纪的欧洲是个绝对君权的时代，扮演大权独揽的君王，没人能比路易十四更驾轻就熟，更胸有成竹，更以此为荣。他借用太阳做自己的象征——诚然不够谦虚，但也不无根据，因为他的功绩超过了那个时代的所有欧洲君王。

路易十四在位期间，法兰西军队在战场上取得了一个又一个胜利。为保证自己永远立于不败之地，路易十四将军队规模扩大到了令人吃惊的34万人（某些统计数据为40万人）。他网罗了一些天下最能干的军需官，以保证士兵们按时领到食品、供给，还有最重要的：按时领到军饷。如此规模的军队，倘若稍有不满，定会成为革命的发端。

与荷兰人和德意志人打仗，路易十四取得了一系列胜利，他还拓展了新的疆域，不过，以黄金和生命为代价的投入超过了实际所得。路易十四晚年坦白承认，发动战争对他有不可抗拒的诱惑。

论及艺术成就，路易十四始终心无旁骛地专注于凡尔赛宫的建设、装修、摆设。这座宏伟壮丽的宫殿位于巴黎郊外，里边有好几座花园，整个工程耗时四十二年，总投资8200万金币。路易十四非但不尝试控制贵族，反而刻意倡导王室和贵族在精神层面和谐相处。因此他常常邀请贵族来凡尔赛宫聚会，而贵族也会带着相互竞争的意识前来，例如身穿最华丽的服饰，以最勇敢的姿态示人，用最机智的措辞发表议论，不一而足。

路易十四去世之际，法兰西展现给世人的是欧洲文化的巅峰水平，那一阶段也是法兰西的和平时期。不过，由于政府开销巨大，国家经济已经处于风雨飘摇之中。路易十四的专制主义统治模式一直延续到"法国大革命"时期。

名望女神克吕墨涅向人们展示路易十四肖像画

万帕诺亚格部落酋长菲力浦国王（梅塔卡姆）

（1640—1676）

英格兰殖民者和马萨诸塞原住民部落之间保持着友好关系，然而，梅塔卡姆（Metacom）的一生刚好印证了这种关系悲剧性的倾圮。

梅塔卡姆的父亲迈斯色以是清教徒移民最早的同盟和最可信的朋友。迈斯色以死后不过两年，英格兰殖民者绑架了他的儿子万萨塔（又名亚历山大），因为他向另外几个殖民区出售印第安人的土地。绑架一事发生不过几天，万萨塔就病死了，梅塔卡姆（他更为人知的名字是菲力浦国王）随即成为万帕诺亚格部落的酋长。

菲力浦几乎立刻就陷入了无尽的麻烦。他的领地与三个殖民区接壤——普利茅斯、罗德岛、马萨诸塞湾——每个殖民区的人都嫉恨其他殖民区的人，并渴望征服更多印第安人，占有他们的土地。在这场争夺土地的拉锯战中，各殖民区法院的判决往往倾向于得到印第安人的土地。与此同时，英格兰商人不停地向印第安人兜售朗姆酒，而殖民者则放任饲养的牛羊以及其他牲畜侵犯印第安人的田亩，毁掉地里的庄稼。菲力浦本想吓唬吓唬殖民者，使之出台自我约束政策，然而他刚刚展示出一点实力，对方就把枪口顶在了他的脑门上，迫使他签署协议，他反而成了各殖民地政府强力部门的下属。

战争是不可避免的了，爆发地点为斯旺西。一些印第安袭击者在斯旺西城外的庄稼地里杀死了数头牲畜。作为回应，一个英格兰男孩举起长枪开了火，杀死了其中一个袭击者。很快，罗德岛、马萨诸塞、康涅狄格先后卷入了战争，交战双方都实施了一些难以启齿的暴行。除了屠杀和酷刑，英格兰人还激起了新的公愤——印第安人听说，放下武器即可得到赦免，1675年8月，数百名印第安人在普利茅斯投降。乔赛亚·温斯洛总督不仅没有赦免他们，反而将他们装船运往西班牙加的斯港奴隶市场加以贩卖！没有人说得清楚，在"菲力浦国王之战"中，究竟有多少印第安人被当成奴隶贩卖了。不过，卖掉的人包括菲力浦的妻子和儿子。

这次战争的代价让人后怕：当时殖民者人口总数有5万，其中大约2000人，包括男人、女人、孩子，在战争中丧命。印第安人的伤亡比率更高——他们的人口为2万，伤亡数量也许高达6000人。菲力浦也战死了。英格兰人砍下了他的头颅。随后二十年，这颗头颅一直在普利茅斯要塞公开展示。

帕芒基部落女王安妮

（约 1650—1715）

对安妮来说，困难的任务是保留本部落文化的完整性以及本部落在弗吉尼亚所剩无几的土地。帕芒基部落是波瓦坦酋长曾经统治过的30个部落之一（波瓦坦本人可能就是帕芒基部落成员）。

安妮成为帕芒基部落女王（"女王"一词是白人邻居对她的称谓）时，祖先留下的大部分领土已经为殖民者所有，帕芒基部落拥有的土地已经不足以养活部落里的人。多数大型野生动物不见了踪影，它们或者被印第安人和殖民者猎杀，或者逃进了密林深处。然而，殖民政府仍然要求各部落按年度上缴高不可攀的税费。

为购买食品、物资，也为了上缴税费，安妮授权出售一部分宝贵的部落土地。土地测量员总是欺负帕芒基人，划走的土地总是多于双方协商后在销售协议里明文列出的面积。为反击这种欺诈行为，安妮坚称，今后将仅仅租借部落的土地给殖民者。不过，位于威廉斯堡的殖民政府拒绝接受这一诉求。不仅如此，安妮禁止酒类商人到部落的村庄里兜售商品的政令也总是行不通。

时间移至1711年，部落的财政陷入了绝望的困境，安妮只好祈求殖民地总督取消年度税费。他们同意了，条件是，安妮要把儿子送到位于威廉斯堡的威廉玛丽学院接受教育。创办该学院的目的本来也是为了教育殖民者和印第安部落人的孩子，然而，印第安人总是不愿意将孩子送到外来者手里接受教育。其原因是，受过教育的印第安年轻人返回村子后，在校所学知识根本没有用武之地。尽管如此，安妮还是把儿子和另外一位帕芒基部落的男孩送进了学校。

时至今日，帕芒基部落是美国弗吉尼亚州仅存的两个印第安部落之一。帕芒基人认为，部落能够生存至今，主要应归功于安妮女王的政治智慧。

流经安妮故乡的帕芒基河

蒙茅斯公爵詹姆士·司考特

（1649—1685）

处死英格兰国王查理一世那年，詹姆士·司考特（James Scott）出生在鹿特丹。他的生父是流亡的威尔士亲王查理，生母是查理的情妇露西·沃尔特。英格兰复辟旧政体后，他父亲成了当朝国王查理二世，国王公开承认当时已经十多岁的司考特为庶出的儿子，还授予他"蒙茅斯公爵"头衔。

时间如水流逝着，所有英格兰人渐渐认识到，查理二世国王已经不可能有嫡亲孩子继承王位了。因此，国家渐渐分裂为两大阵营，其中一派支持查理二世的弟弟约克公爵詹姆士。按照顺位排列，理应由詹姆士继承王位，不过，詹姆士是个天主教徒，许多英格兰人不愿意接受天主教徒当国王。对此不满的人团结到了蒙茅斯公爵身边。不错，他是非婚所生，不过，他不但是国王的儿子，还是名新教徒。好几位英格兰贵族力劝查理二世立蒙茅斯公爵为王储，然而，国王拒绝这么做。国王认为继承权理应属于他弟弟。

令人难以置信的是，1683年，司考特主动卷入了一起刺杀父亲的阴谋。根据他的计划，几个刺客藏身在霍兹登的黑麦酒庄里静候，预谋国王看完赛马回宫途中路过酒庄时发动袭击，刺杀国王。然而这起阴谋出现了失误，国王比预期提前离开赛马场，刺客们尚未在黑麦酒庄就位，国王就已经经过酒庄走远了。

司考特逃到了荷兰，不过，另外三个参与阴谋的人遭到了处决。

1685年2月，查理二世亡故，詹姆士二世成了英格兰国王。四个月后，司考特踏上英格兰国土，他拥兵谋反，追随者在汤顿拥戴他为国王。农夫和手工业者都加入了他的队伍，然而，鲜见贵族和上流社会的人追随他。为詹姆士二世国王作战的职业军队在塞奇高沼区（Sedgemoor）击溃了司考特的业余军队，司考特本人也成了阶下囚。庭审期间，司考特大失贵胄风度，甚至跪地求饶。不过，终审判决依然将他送上了刑场砍了头。

拥兵反对詹姆士二世国王的司考特以落败收场。虽然如此，1690年，詹姆士二世的女婿奥兰治的威廉打败了岳丈，在英格兰复辟了新教王朝。

万帕诺亚格部落大酋长迈斯色以

（殁于 1662 年）

"迈斯色以"在印第安语里的意思为"大酋长"，他的本名是沃麦金。迈斯色以的部落曾经拥有横跨如今马萨诸塞和罗德岛东部的大片领土，这两个地区正是最早的英格兰清教徒移民以及后来接踵而至的清教徒到达美洲时最初的落脚点。

第一批清教徒移民抵达美洲时，落脚在如今马萨诸塞州的普利茅斯，是年，迈斯色以大约四十岁。他第一次造访清教徒移民的定居点时，见过他的清教徒移民之一这样描述他："风华正茂，身材健硕，一脸严肃，不苟言笑。"

这批清教徒移民抵达美洲时，已经是 12 月下旬，种庄稼已经为时过晚。由于错过了打猎和捕鱼季节，随"五月花号"邮轮带来的各种储备也已经消耗殆尽，这些英格兰人差不多快饿死了。出于对远道而来的新居民的同情，迈斯色以慷慨解囊，给这些移民送去了各种食物。

在 1620 年至 1621 年的那个冬季，迈斯色以和清教徒移民达成了一项初步协议，主要内容有：任何一方若伤害到对方，或盗窃了对方的财物，责任人必须受到惩处。若印第安人遭受敌人攻击，移民必须帮助印第安朋友；同理，若移民遭受敌人攻击，印第安人也必须提供支援。

1623 年，迈斯色以派人给朋友爱德华·温斯洛捎去一个口信，说他病得很厉害。温斯洛赶紧往箱子里装了些他认为能帮着祛病的药品和零食，匆匆往酋长的村子赶去，随行的有印第安翻译，还有一个移民同伴。他们看到，迈斯色以的确病得很厉害，他舌头肿胀，满嘴都是某种类型的真菌。温斯洛将朋友嘴里的脏东西刮除，清洗了伤口，让他吃了些果酱，喝了些黄樟茶，五天后，迈斯色以康复了。"如今我知道了，英格兰人都是朋友，他们爱我。"他说。以下也是迈斯色以的原话："只要我活着，我永远不会忘记他们的好处。"迈斯色以在世期间，印第安人和这批清教徒移民一直和平友好地相处。双方和平共处四十二年间，迈斯色以只拒绝了清教徒移民一件事——他从未同意传教士尝试让他的人民改变信仰的请求。

迈斯色以和约翰·卡佛总督签署的、有据可查的第一份美洲原住民与欧洲移民的协议

全俄罗斯的沙皇彼得大帝

（1672—1725）

彼得大帝是个满脑子充斥着启蒙思想的专制君主。他称羡欧洲的技术，痴迷于启蒙理论，同时又顽固地坚持俄罗斯永远不设国会、不立宪法，其君主政体的权力不受法律制约的理念。

自中世纪初以来，直到17世纪，俄罗斯从未发生改变。全国各地到处都是破败的样子，对源自欧洲的各种思潮，俄罗斯不仅拒绝，还严重怀疑，人们固守着各种传统和行为规范，在西方人眼里，俄罗斯人即便算不上野蛮，也堪称原始。彼得十多岁时就与生活和工作在俄罗斯的西方社团有过交往，他从那些人里知道了航海——这成了他一辈子的爱好。他还听说了西方的种种新技术以及科学进步的事情。

作为沙皇，彼得大帝有幸前往荷兰、英格兰、德意志、奥地利旅游。在这些国家，他见证了西欧的技术优势，回国时，他已经有了实施彻底变革的决心。他模仿英格兰人和荷兰人的模式创建了一支海军；他从西欧延揽了一批工程师和建筑师，让他们采用最新的建筑风格，在波罗的海沿岸的沼泽地带为他建造了一座全新的城市。他放弃了中世纪的俄罗斯首都莫斯科，将政府搬迁到他的这座有宽阔的街道、巨大的广场，和许多新古典主义风范的宫殿的新城：圣彼得堡。

彼得大帝甚至将变革拓展到了细枝末节。他摈弃了古老的俄文书写方式，创办了国家的第一份报纸，强制俄罗斯男人刮掉大胡子，换穿欧式服装，以代替土耳其式长衫；为削弱俄罗斯东正教神职人员的影响，他甚至有意将路德教引进俄罗斯，只是由于担心这么做会引起一场革命，最后他放弃了这一想法。

俄罗斯曾经多次尝试殖民阿拉斯加未果，而彼得大帝却为此扫清了道路，将俄罗斯边界一路拓展到了太平洋沿岸。

彼得大帝的众多成就堪称史诗，然而，至少在一个层面，他的保守与中世纪的前辈们别无二致：他固然希望自己的人民充分享受到和西欧人一模一样的社会进步，但又不要给他们西方观念中的"自由"。

波尔塔瓦会战中的彼得大帝

坎大哈国王米尔维斯·汗·霍塔克

（1673—1715）

1700年，处于波斯人控制下的阿富汗人，不仅担负过高的税赋，同时还被迫将各伊斯兰逊尼派部落改宗为什叶派。1704年，造反的事件在这个国家此起彼伏，波斯王派遣军队总司令格尔干·汗前往坎大哈镇压叛乱。

格尔干在战场上打败了反叛者，烧毁了他们的村庄，处死了谋反的罪魁祸首及其追随者，又将大量疑似反叛者投进了监狱，在整个坎大哈地区实施军事管制。格尔干最愿意炫耀的得意之作是活捉了米尔维斯·汗（Mir wais Khan），他将这个俘虏披枷带锁，押解至伊斯法罕，作为战利品交给了波斯王。无论是阿富汗人还是波斯人，所有人都相信，今后再也见不着米尔维斯·汗了。

然而，在伊斯法罕，米尔维斯·汗与波斯王第一次见面，就出现了对前者有利的转机：波斯王不仅没有当即处死反叛首领，只把他当作战俘囚禁起来。时间的流逝由数周变成了数月，米尔维斯·汗赢得了波斯王的信任和友谊，甚至使波斯王头脑里产生了些许疑惑的念头，使他对格尔干的忠诚和办事方式产生怀疑。末了，波斯王释放了米尔维斯·汗，让他回了坎大哈。

如今轮到米尔维斯·汗用自己超常的魅力来对付格尔干·汗了。1709年4月，为镇压叛乱，波斯军队的主力离开了坎大哈。米尔维斯·汗向格尔干发了个请柬，邀请格尔干到科卡隆他的庄园宴饮，那地方位于城外的乡村地带。米尔维斯·汗为宾客准备了一顿极为丰盛的大餐，还配有上等葡萄酒。尽管伊斯兰教义禁止酒精饮料，但格尔干及其随从却都开怀畅饮起来。等到这些波斯人全都醉了，米尔维斯·汗趁机动手，杀掉了格尔干。

有关这次谋杀的消息大大地惊动了波斯王，他派遣数位使节前往坎大哈问罪，米尔维斯·汗逮捕了他们，将他们关进了监狱。波斯王派出一支军队镇压坎大哈的反叛者，不过，米尔维斯·汗又打败了来犯者。波斯王没了主意，干脆听之任之。

米尔维斯·汗在世的最后几年一直努力劝说阿富汗各部落联合起来，以使其他国家不敢轻易进犯。1715年，米尔维斯·汗在睡眠时宁静地逝去。人们在当年杀死格尔干·汗的花园里建了陵墓，将他安葬在那里。

坎大哈的风光

瑞典国王查理十二世

（1682—1718）

查理（Charles）几乎一辈子都在打仗，作战行动是他的最爱，可是，战争毁了他的国家。1697年，查理成为国王时，瑞典是欧洲北部的强国之一。而当1718年他去世时，瑞典已经破产，成了斯堪的纳维亚的一个破落户。

查理15岁成为国王之初，对瑞典威胁最大的三个国家波兰、丹麦、俄罗斯结成了三方联盟，试图以优势兵力压倒这个娃娃国王，摧毁他的军队，使他的国家瘫痪，因而爆发了长达二十一年欲罢不能的"大北方战争"。

查理师从雷恩思科约尔德将军学习军事战术。20岁那年，他已经可以亲自率领军队打仗了。在萨克森和波兰（他在这个国家扶植了一个亲瑞典的国王）的一系列胜利证明了老师对他的教学特别富有成效。随后，查理把主要精力转向了俄罗斯。

查理的余生一直处在战争状态，他一直在与主要对手彼得大帝不停地较劲。这两个男人都拥有训练有素的军队，他们都决心让自己的国家成为欧洲北部最强的国家。查理还多了一份野心——阻止俄罗斯有朝一日在波罗的海沿岸获得港口，从而阻止俄罗斯获得进入诸多西欧市场的捷径。

1708年至1709年，战争在俄罗斯境内进行，那次战争成了一场灾难。好不容易挨过了冷酷的俄罗斯严冬，查理的军队在"波尔塔瓦会战"中彻底溃败了。彼得大帝将1万名瑞典战俘当作苦役犯，分别送往乌拉尔山区的矿山以及即将成为圣彼得堡的超大型建筑工地。查理和1000名军官及其随从逃到了奥斯曼帝国境内，在那里他竭力劝说当朝苏丹向俄罗斯宣战。

瑞典在波尔塔瓦会战中的失利，给丹麦和萨克森壮了胆，这两个国家趁机起兵，与查理作对。随后，挪威、普鲁士、汉诺威也加了进来。1718年，查理在挪威率领军兵打仗，在小城弗雷德里克斯顿郊外查看围城工事时，他刚从一个栏杆上探出身子，便被一个狙击手碰巧看见，狙击手举枪瞄准，扣动扳机，一枪击中了国王的头部，查理当场毙命。

1697年，查理十二世（前右）和瑞典王室成员逃离起火的城堡

摩洛哥苏丹穆罕默德三世·本·阿卜戴拉·嘎迪巴

（1710—1790）

穆罕默德三世（Mohammed Ⅲ）是位改革家。数十年来，一些乱象将前几任摩洛哥苏丹的朝廷折腾得千疮百孔，乱象包括柏柏尔部落和贝都因部落长期不睦，以及数次抗击英格兰人和西班牙人的战争。穆罕默德三世47岁才成为苏丹，或许因为这个，他事先获得了足够的时间研究国内情况，更重要的是，研究国际形势。因而，在成为苏丹时他已经做好了变革的准备。

穆罕默德三世稳住了争吵不休的各个部落，恢复了君主政体的所有权力，他的大政方针为摩洛哥带来了和平以及繁荣。他首先做的是，与欧洲列强签订协议，然后派遣舰队深入地中海，以打击柏柏尔海盗。这些海盗妨碍了国际贸易，对过往商船的船员以及落入他们手掌的乘客实施各种暴行。

为方便英格兰人、法兰西人、西班牙人、葡萄牙人、荷兰人从事海运，穆罕默德三世在摩洛哥大西洋沿岸选中一处地方，建起了一座全新的城市索维拉。他的本意是将其打造成商业中心，他还邀请犹太商人来此定居，并让全欧洲都知道，他欢迎所有国家的商人来此做生意。

1776年，北美大西洋沿岸的13块英国殖民地宣布脱离大不列颠，让全世界大吃一惊。转过一年，1777年，穆罕默德三世也让全世界大吃一惊，他成了第一个正式承认美利坚合众国为主权国家的统治者。

1786年，穆罕默德三世与托马斯·杰斐逊签署了一项协议，该协议延续至今已超过220年！此为美国和外国签署的唯一一份延续如此长久和从未中断的协议。

穆罕默德三世为他的王朝带来了实力和稳固，为他的人民赢得了和平与繁荣，给大洋彼岸羽翼未丰的美利坚合众国送去了法律地位和友谊。

索维拉古城

神圣罗马帝国皇后玛丽娅·特蕾莎

（1717—1780）

　　玛丽娅·特蕾莎有一长串令人印象深刻的头衔，包括神圣罗马帝国皇后，匈牙利、波希米亚、克罗地亚、斯拉沃尼亚女王，奥地利女大公，帕尔玛和皮亚琴察女公爵，托斯卡纳大公爵夫人。玛丽娅·特蕾莎23岁时，父亲查理六世皇帝亡故，她继承了父亲的所有头衔。为保障家族利益，维护领土和权力完整，"哈布斯堡家族"曾经颁布法令，若男性继承人缺失，年龄最大的女儿可继承一切。父亲和唯一的弟弟过世后，按照排序，玛丽娅·特蕾莎成了第一顺位继承人。

　　年轻的女王很快就意识到，她在财政和军队两方面均处于极其可悲的境地。不仅如此，为争抢"哈布斯堡家族"的地盘，或许更为了王位本身，在法兰西支持下，巴伐利亚、西班牙、萨克森、普鲁士等国向她宣战了。在英格兰的乔治二世支持下，玛丽娅·特蕾莎奋力保卫着自己的帝国，击退了入侵者。在1748年签署的和平协议里，她紧紧地抓住领土和头衔不放，实际上，她没有向敌人做出任何让步。

　　玛丽娅·特蕾莎的政策是"开明专制主义"。作为女王，她绝不允许自己的权力遭到质疑，不过，受"启蒙运动"启发，她进行了多项改革。她废除了肉刑和死刑，废除了诬人为女巫烧死的做法。她还规定所有孩子必须入学接受教育。为了对付帝国境内的天花，她鼓励人们种痘，包括她自己、她丈夫弗朗茨，以及两人养育的13个孩子，全家人都接种了天花疫苗。

　　从其他许多方面看，玛丽娅·特蕾莎和她那个时代的女性没什么区别。她无法接受在帝国境内实施完全开放的宗教自由政策，可是，她也无意推行宗教迫害。她的解决方案为，布告天下，特兰西瓦尼亚公国允许人们不受干扰地信奉新教，她还同时下令，所有希望自由敬拜的新教徒应迁居该公国。

　　与一个多世纪以后的维多利亚女王一样，玛丽娅·特蕾莎让自己的孩子与欧洲的重要王室都攀了亲。可她的所有孩子都没有让历史记住，只有小女儿玛丽·安托瓦内特例外——因为她成了命运多舛的法兰西王后。

奥地利玛丽娅·特蕾莎皇后与洛林的弗朗茨在婚礼的早宴上

英格兰和苏格兰王位的觊觎者帅哥王子查理

（1720—1788）

 绰号帅哥王子的查理，其祖父是詹姆士二世。由于他信仰天主教，1690年，他遭到废黜，由信仰新教的女儿玛丽及其荷兰丈夫威廉继位。苏格兰人渴望恢复斯图亚特（此为查理家族的姓氏）王朝，因为这一家族早前曾经是苏格兰王室成员。然而，占英格兰人口压倒多数的新教徒害怕信仰天主教的斯图亚特家族成员可能尝试将天主教强加给整个国家。事实上，斯图亚特家族已经定居到了罗马，并依赖着教皇的财政支持，然而这一事实完全无助于消除新教徒的恐惧。

 1745年，查理王子25岁，法兰西国王答应给他一支军队，帮助他讨回王位。因而他乘船前往赫布里底群岛，在那里，他对那满怀希望、迫不及待地向他送祝福的人群说："我回来啦，不再回法兰西了，因为我得知，忠于我的'苏格兰高地人'会跟我站在一起。"许多"苏格兰高地人"是天主教徒，他们确实团聚在了查理周围，查理率军向南方的英格兰挺进了。

 开局良好。在普雷斯顿潘斯镇，查理的军队打败了该镇的一支英格兰军队。接着，查理率军越过边界，推进到英格兰境内。德比城的守军一枪未发便投降了查理。伦敦政府开始为局势担忧之际，查理及其追随者们同样开始心生忧虑——根本没有出现英格兰人大量聚集在他麾下的情况，答应帮助他的法兰西军队也一直没有现身。

 查理率军退回苏格兰境内，在福尔柯克镇打败了英格兰人。后来，1746年4月16日，查理在因弗内斯附近的卡洛登沼泽地遭遇了坎伯兰公爵率领的军队。公爵的军队装备了火枪，另有火炮做后援，而查理的手下多数人只配备了长剑和盾牌。英格兰人用火器射杀了1500至2000苏格兰人。时间过去不足40分钟，战斗就结束了，查理王子恢复王位的美梦破碎了。

 回到意大利的查理整日喝酒，借酒浇愁愁更愁。他倒是一直活在苏格兰人的诗词和民歌里，大多数作品将他刻画成一个浪漫而难逃厄运的人物。

查理·爱德华·斯图亚特王子在爱丁堡

俄罗斯女皇叶卡捷琳娜二世大帝

（1729—1796）

第一次见到未来的丈夫彼得大公爵那一刻，叶卡捷琳娜（Catherine）就不喜欢他。彼得一身孩子气，既自负，又特别让人讨厌。不过，叶卡捷琳娜还是嫁给了他，这是因为，彼得有朝一日会成为俄罗斯皇帝，而她会因此成为皇后。

彼得迷恋普鲁士人的一切，普鲁士国王腓特烈大帝是他心中的英雄——尽管普鲁士是俄罗斯事实上的头号敌人。当上皇帝后，彼得将"七年战争"中征服的普鲁士领土全都归还了敌方，这让军队非常愤怒；他强迫卫队的士兵们身着和普鲁士军装一模一样的军服，这让卫士们对他有了敌意；他还威胁俄罗斯东正教教会，声称他已经计划好在全国引进路德教；他经常侮辱叶卡捷琳娜，让叶卡捷琳娜恐惧的是，迟早有一天，彼得会杀了她。

1762年7月9日，在情人格利高里·奥尔洛夫为首的近卫军支持下，叶卡捷琳娜夺取了权力，逮捕了彼得。据说，与近卫军混战时，彼得死于意外，其实他遭到杀害，很可能就是混战的目的。

叶卡捷琳娜是个兴趣广泛的女性，伏尔泰和狄德罗的作品对她影响尤其深远。受启蒙运动某些观念的影响，她开办了许多学校，还倡导宗教融合，免费向国民提供天花疫苗，她还认真考虑过废除农奴制，不过，她完全不知道，没有农奴制的俄罗斯将如何运作。她在圣彼得堡紧挨冬宫的地方修建了艾尔米塔什博物馆，用来摆放她收藏的且不断增多的高端艺术精品。

在手握大权之前，叶卡捷琳娜就有过一些情人，多数为帅气的军人。很有可能的是，彼得只是她一儿一女保罗和安娜名义上的父亲，而真正的父亲是格利高里·奥尔洛夫。她爱得最深的人是格利高里·波将金，此人是个贵族，后来成了她政治上的搭档，两人也许秘密结过婚。

波将金比叶卡捷琳娜早五年去世。叶卡捷琳娜希望见到俄罗斯更为进步，但在她生命最后几年孤身独处期间，她渐渐意识到，儿子保罗的许多想法与她格格不入，在行动上也是个与她作对之人。她去世时满腹忧虑，尤其担心儿子会把她建树的一切毁于一旦。

孟加拉大首领西拉杰·道拉

（1733—1757）

　　"不列颠东印度公司"是一家成立于16世纪的合股公司，它最初的宗旨是为了促进与东印度（如今的印度尼西亚）和印度的贸易，最终将中国也包括进来。18世纪，这一商业组织不仅卖东西给这些国家，还涉足这些国家的政务。"东印度公司"拥有一个独立的军事和官僚体系，它深深地植根于印度，且不断地发展壮大。

　　在"东印度公司"加速涉足孟加拉事务之际，西拉杰（Siraj）成了大首领。他性情冷漠，经常在公开场合贬低和羞辱尊贵的远方来客，并以此为乐。他常说，跟他最要好的一些朋友都是傻瓜和浪荡公子。他对身边遭受磨难的人毫无恻隐之心，这导致一些历史学家怀疑，他或多或少有一点反社会倾向。

　　且放下西拉杰乖戾的性情不说，其实他心里清楚，他的王国已经危如累卵。他向"东印度公司"的总督抱怨说，公司违反了双方的协议，超标扩建了位于加尔各答的要塞威廉堡，还在关税方面欺骗孟加拉政府，另外，他们还收容他的敌人。该公司的高管对西拉杰的抱怨充耳不闻，导致他命令军队开进加尔各答，从不列颠人手里夺取了该公司。

　　据称，获胜的西拉杰围捕了146名不列颠人，将他们关进威廉堡的一间土牢里。这间土牢狭小，长8米，宽6米，而且空气不流通。一夜过后，123人因窒息而死亡。以"加尔各答黑洞"冠名的这间土牢渐为人知，幸存者里仅有一人就那一晚的事留下了文字记录。长期以来，人们对这一记录存有争议，这是因为，那么狭小的空间根本塞不进146位成年人。修正的数字为："黑洞"里关押了大约70人，那一夜，其中46人因窒息而亡。

　　"东印度公司"派遣罗伯特·克莱夫率军进行报复，他买通了西拉杰手下许多人，让他们在战斗打响时放下武器。由于下属的背叛，西拉杰唯有逃跑，不过，克莱夫的印度盟友之一将他抓获，且砍了他的头。

　　西拉杰战败，且遭到枭首，让"东印度公司"朝着征服整个印度又迈进了一步。

罗伯特·克莱夫打败西拉杰·道拉后与印度盟军相聚

大不列颠国王乔治三世

（1738—1820）

两百年来，乔治三世可谓臭名远扬，因为他是个铁石心肠和冥顽不化的国王，他的许多政策乏善可陈，让大不列颠付出了惨重代价，丧失了诸多美洲殖民地。1994年出品的电影《疯狂乔治王》恢复了他的本来面目，似乎让他成了个比常人更富于同情心的人物。

美洲各殖民地群起革命，是内阁某些决策失误所致，责任并不全在国王乔治身上，例如他首先提出了想废除"印花税法案"。根据该法案，从报纸到遗嘱，所有东西都要征税。乔治严重依赖内阁大臣，可是，经这些大臣唆使推行的许多税收政策让美国人恨得咬牙切齿。不过，波士顿的民众将整整一船价值不菲的茶叶倒进大海后，国王便不再同情那里的人民，在那个当口，他认为，那些人纯属流氓无赖和蓄意破坏者。

1775年，各殖民地和宗主国之间的战争爆发了，乔治三世给予首相诺思勋爵坚定不移的支持，诺思要求所有美洲殖民地全面屈服，他拒绝接受任何让步的提议。国王的不妥协反倒正中移民们的意向，因为他们希望让全世界看到，国王是个暴君，而他们的主张是正义的。这让美国人站到了道德的制高点上，正可以通过这一局面来得到法兰西和西班牙那样的国家的同情与支持。

1788年10月，乔治三世突发暴病，似乎在一瞬间就跌入了一种癫狂状态。实际上，这是"卟啉症"，一种罕见的代谢紊乱。后来，1801年、1804年、1810年，同一疾病又发作了三次，最后一次发作延续了十年之久，直到他病故。在疾病发作间隔期间，乔治三世仍是个能干的行政官，一直在保卫大不列颠免受法国大革命和拿破仑的威胁。不过，他在世的最后十年，是由儿子小乔治作为摄政亲王代他施政的。

乔治三世称不上是个勇于尝试、锐意进取的国王，这一点是显而易见的。某些刑法促使爱尔兰天主教徒感到，他们在自己的国家竟然是二等公民。为消除爱尔兰反复出现的造反现象，乔治三世的首相威廉·皮特建议取消那些刑法，但乔治三世拒绝接受。无论怎样解释和劝说，都无法改变国王的立场，皮特只好辞职。

易洛魁部落战时首领
约瑟·布兰特（本名泰因德尼加）

（1743—1807）

泰因德尼加（Thayendanegea）一辈子都脚踏两只船，一只脚踏在印第安人的船上，另一只脚踏在白人的船上。孩提时代的泰因德尼加在如今美国康涅狄格州黎巴嫩市就读于由依利沙·惠洛克牧师所创办的学校。他信仰"英国国教"，还取了个英国名字约瑟·布兰特。他姐姐玛丽（人们都称呼她摩丽）的丈夫威廉·约翰逊爵士是坚定的亲印第安派，也是大不列颠负责印第安事务的最高官员。由于姐姐的引荐，他结识了一些纽约殖民地最有权势的官员。

1775 年，美国革命爆发，易洛魁部落联盟本投票决定中立，然而，布兰特竭力说服易洛魁部落参战，站在了不列颠的一边。他率领易洛魁人和忠于大不列颠的殖民者组成的军队，攻击了位于纽约莫霍克流域、纽约南部、宾夕法尼亚北部的几个要塞和定居点。他在奥里斯卡尼伏击了美国民兵，给对方造成了重大人员伤亡。在宾夕法尼亚樱桃谷和怀俄明谷的定居点，他的下属屠杀了当地居民，包括一些妇女和儿童（布兰特坚称本人没有参与此事）。

战争结束后，不列颠人背着布兰特和易洛魁人与美国人签署了一项协议，协议内容完全没有提及印第安人，也没有试图保障他们对于所拥有的土地的权利。好在不列颠王室将位于安大略格兰德河沿岸 1.2 万亩肥沃的土地授予了印第安人，布兰特和其他许多易洛魁人搬到了那里。后来，布兰特远赴伦敦，从伦敦政府那里为战争期间失去土地和失去财产的印第安人争取到了财政补偿。

事到如今，布兰特终于认清了，印第安人若想生存下去，必须组成大型部落联盟，以整个民族的地位与美国政府对话。这样的团结一致原本就难以实现，美国人则利用印第安各部落之间的分歧，将所有位于俄亥俄的土地几乎都买走了。

布兰特从未放弃印第安部落的各种仪式和规矩，不过，在其他几乎所有方面，他都像个英格兰绅士一样活着，他居住在庄园式的房子里，身边簇拥着穿号衣的用人。他强烈要求自己的人民融入欧洲式的社会生活，但不是完全彻底融入——而是一种平衡式融入，多数人认为，这根本不可能实现。

布兰特不让被俘虏的美国指挥官受刑死去

法兰西国王路易十六和
王后玛丽-安托瓦内特

（1754—1793，1755—1793）

没有人事先能料到，法国大革命竟然如此超乎寻常的暴力，王室成员、贵族成员、法兰西天主教会、无以计数的法兰西平民百姓，人人都表现得无比激进。而无论接受过什么教育，经历过什么历练，都不可能导致他们走到这一步。

路易由祖父路易十五一手养大。路易十五是个专横的老头，他认定自己的孙子，也就是他未来的继承人是个傻瓜。果不其然，长大成人的路易成了个腼腆、心思单纯而行为古怪的人。至于路易的妻子玛丽-安托瓦内特（Marie-Antoinette），她是奥地利的弗朗茨一世和玛丽娅·特蕾莎生养的13个孩子中最小的一个，她是个感情丰富、喜欢玩乐的女子。不过，她挥霍无度，政治方面尤其幼稚。当时，法兰西正深陷于危机之中：封建主义的残余势力让农民们失去了本性；由于粮食歉收和饥荒，不断突显的财政吃紧愈加恶化；免除贵族和教会赋税的特权已经延续长久……如何应对这些可以撕裂法兰西的危机，国王和王后二人谁都不具备相应的理事能力。这一对王室夫妻在公关方面更是束手无策，玛丽-安托瓦内特这方面尤为糟糕。她曾在凡尔赛宫的人造农场里扮演牧羊女为戏，而真正的牧羊女与其家庭成员们此时却正在水深火热中挣扎。

美国革命的成功曾经从资金、武器、军队诸方面得到过路易十六的支持，这对于法兰西的革命者或许是个鼓舞。1789年，一群巴黎暴徒攻击了象征专制的巴士底监狱，释放了关押在里边的七名囚犯，将典狱长枭了首。从那一刻往后，随着"国民议会"变得越来越激进，形势急转直下。路易十六本想将自己置于革命领袖地位，不过，这一举动必定是竹篮打水，只带来暴徒们的嘲笑。

1792年，路易十六、玛丽-安托瓦内特、他们14岁的女儿，还有他们7岁的儿子，一家人都被关进了巴黎圣殿城堡。1793年，革命政府认定路易十六犯有与国家为敌的刑事罪，于是在现如今的协和广场将他送上了断头台。九个月后，玛丽-安托瓦内特也被强行送上了法庭，作为革命者尤为仇视的对象，她被控犯有叛国罪、与儿子乱伦罪，她同样被送上了断头台。

路易十六正在向法兰西探险家拉彼鲁兹伯爵下指示

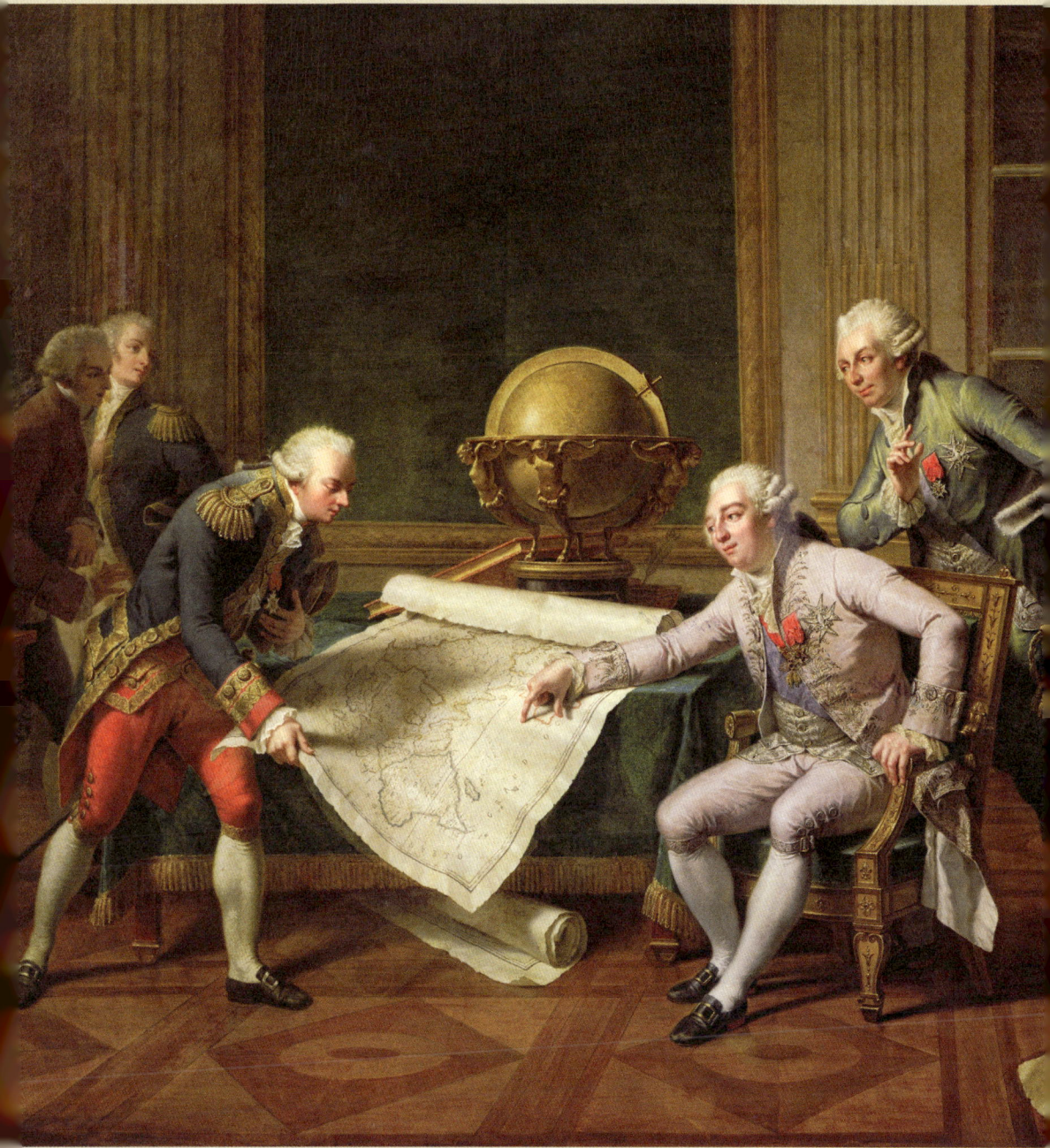

夏威夷群岛国王卡美哈美哈一世

（1758—1819）

探险家詹姆斯·库克上校登上夏威夷岛时，卡美哈美哈（Kame-hameha）年方20岁。这位青年男子给库克手下的一名军官留下了深刻印象。他写文发表感想说："他的面庞与我见过的其他野蛮人别无二致，不过他真的既和善又幽默。"

卡美哈美哈家族统治夏威夷岛已经有好几代人了。1782年，卡美哈美哈成为国王之际，立刻开启了征服整个夏威夷群岛的战争。他雇用了两名英格兰水手——约翰·杨和艾萨克·戴维斯，让这两人教给他以及他的属下使用火枪和火炮。由于拥有枪炮优势，卡美哈美哈先后拿下了毛伊岛、莫洛凯岛、拉奈岛。

夏威夷岛某部落酋长考瓦起兵反叛卡美哈美哈，造反势力很快就被削弱了，一座火山恰在此时喷发出有毒气体和炽热的火山灰，让考瓦的手下人死了三分之一。夏威夷人将这一干扰解释为，火山女神站到了卡美哈美哈一边。

1795年，卡美哈美哈率领一支军队前往瓦胡岛，多位敌方酋长率兵参战，在一场堪称史诗的战斗中，卡美哈美哈的下属将瓦胡岛的军兵逼得从努阿努峭壁上纷纷跳下。随后，整个群岛只剩下考爱岛和尼豪岛（Niihau），生活在这两个岛上的部落都不战而降。

所有以前的夏威夷国王带兵打仗均奉行杀光策略，即斩尽杀绝敌方部落的所有成员。卡美哈美哈从根本上颠覆了以往的政策，他宣称："让所有老人、妇女、孩子都趴在路边，不要伤害他们。"换句话说，他的军队不伤害非战斗人员。这位国王还摈弃了另一个传统，他宣称用活人祭祀为非法。

作为王中之王，卡美哈美哈保留了所有民间传统。他非常希望与乘船来到美丽的夏威夷各个港湾的欧洲人和美国人开展贸易。他征收港口税，为夏威夷王国带来了财富。

卡美哈美哈亡故后，人们为他举行了传统的夏威夷葬礼，唯独废除了活人祭祀环节。随后，人们将他的遗体带到一个秘密地点下葬，墓地位置至今仍然无人披露。

敌方战士用船桨击打卡美哈美哈的头部，以致折断了手中的船桨

越南皇帝嘉隆

（1762—1820）

　　嘉隆（Gialong）是越南阮朝王室成员，在一场农民暴乱中，他眼睁睁地看着全家人横遭屠杀，那年他只有15岁。他孤身逃脱，一直逃到越南的最南端，那里的一个法兰西天主教传教士皮埃尔–约瑟夫–乔治·皮诺·德·贝尔内让他藏身在一所神学院内。在法兰西政府找越南人谈判时（当时法兰西正有意在东南亚攫取殖民地），皮诺·德·贝尔内主教牵线，让法国成了帮助嘉隆重新夺回越南王位的实用后援。他为嘉隆的追随者们弄到了欧洲武器，还教会他们制造手榴弹。他还安排法兰西军官为嘉隆训练军队，向越南人传授战斗技艺：筑造更加坚固的城堡，制造蒙有一层铜皮的几乎无法击沉的舰船。传教士的努力并非毫无私心：如果能帮助嘉隆成功地夺回王位，这个皇帝肯定会为他大开绿灯，慷慨地允许天主教传教士在越南传教。

　　拥有了训练有素、装备精良的军队以及攻无不克的舰队，嘉隆首先巩固了自己在越南南方的地位，然后打败了众多北方的敌人。绵延不断的战争持续了25年，嘉隆彻底铲除了所有敌人，最终成功地登基为皇帝。令人惋惜的是，皮诺·德·贝尔内主教未能活着亲眼见证这一切。1799年，主教去世，嘉隆亲自主持葬礼，送葬的人包括皇室成员、1.2万禁卫军战士、4万哀悼者。嘉隆亲自致悼词，颂扬主教是"南圻国朝廷有史以来最著名的外国人"（18世纪，人们将越南称作南圻国）。

　　嘉隆从未成为天主教徒，他反而鼓励人们传播孔子学说，他告诫他的臣民，生活中要与人为善，对家庭成员和对他皇帝本人要尽责任和义务。

　　不知何故，嘉隆终止了对外贸易，拒绝向英格兰人以及荷兰人做出让步，连对他所爱戴的法兰西人亦如是。他认为，从总体上说，经商有损身份。

政府所在地搬迁到顺化后，嘉隆将这处大本营建造成了固若金汤的要塞，守城部队装备了许多大炮和800头战象

沙瓦尼部落战时酋长特库姆塞

（1768—1813）

特库姆塞（Tecumseh）14岁即开始跟随他的长兄杰希考（Cheeseekau）攻击白人殖民者。这些殖民者分布于俄亥俄河流域及其以南多处的地方。特库姆塞一生都致力于反抗美国人蚕食俄亥俄，不过，仅靠一个部落单枪匹马与美国人战斗，似乎无法阻止他们向西推进。1805年，特库姆塞的弟弟坦斯克瓦特瓦（Tenskwatawa）在一次神秘莫名的宗教体验中，得到来自冥冥中的神谕：美国人是"巨蛇"的孩子，在沙瓦尼人看来，这是邪恶的化身，整个部落绝不能与美国人有任何交往。

坦斯克瓦特瓦的体验在沙瓦尼人部落和其他部落中促成了一场宗教复兴，人们成批成批地涌向他所在的村庄，倾听他讲述他体悟到的东西。特库姆塞利用这些大型聚会，号召各位酋长和战士们组成"泛部落联盟"，共同承诺不再向美国人出售土地，并组成单一的实体与州政府和联邦政府谈判，而不是各部落和各村庄分头谈判，在走投无路时，大家还可以合为一个整体对抗。

在1812年的战事中，特库姆塞及其泛联盟成员站到了加拿大境内的不列颠人一边，指望他们能帮助自己将美国殖民者从俄亥俄清除出去。尽管印第安人帮了不列颠人大忙，包括帮助他们夺取了底特律，但当不列颠人帮助印第安人打仗时，他们却一次又一次表现得敷衍塞责，这让特库姆塞深感失望。

1813年10月，在如今加拿大安大略省摩拉维亚镇附近的泰晤士河畔，特库姆塞及其下属与不列颠和加拿大军队在一起时，前线传来消息，一支美国军队正在向他们这边推进。身兼不列颠和加拿大总指挥的亨利·普罗克特陆军准将打算后撤，特库姆塞斥责他是胆小鬼，还对他说，他尽可以逃跑，不过，他至少得把枪炮和弹药留下，以便印第安人投入战斗。普罗克特虽留了下来，然而，三轮交火过后，他就带着自己的人逃之夭夭了。

特库姆塞及其下属在战场上继续战斗，最后他中弹身亡。肯塔基的军人肢解了他的尸体，然后将其扔进一个万人坑。

法兰西皇帝拿破仑

（1769—1821）

拿破仑（Napoleon）是个能力无穷、魅力无穷、无限自我之人。18世纪90年代末，法兰西革命政府任命拿破仑担任指挥官。拿破仑不负众望，先后战胜了意大利人、奥地利人、埃及人。而这仅仅是拿破仑将法兰西推上西欧头号强国的第一步。

拿破仑早已将自己想象成了新查理曼大帝，他希望成为法兰西皇帝。1804年，拿破仑设法让教皇来到巴黎，在巴黎圣母院为他和准皇后约瑟芬戴上皇冠。最后一刻，拿破仑是自己动手，从教皇手中拿过皇冠，先后套在自己头上和妻子头上的。五个月后，他又赶往米兰，登基成为意大利国王。

拿破仑在奥斯特里茨打败了奥地利人和俄罗斯人，在耶拿打败了普鲁士人。不过，由于在特拉法尔加海战中失败，他把领海控制权丢给了不列颠人。他还入侵了西班牙，由于西班牙游击队和威灵顿公爵率领的不列颠和葡萄牙联军两面夹击，他对西班牙的掌控一直不稳固。

后来，1812年，拿破仑率军入侵俄罗斯。俄罗斯人依托广袤的国土，不断地撤退，将拿破仑越来越深地引诱到俄罗斯腹地。俄罗斯人没有将莫斯科拱手让给拿破仑，而是将整座城市付之一炬，然后撤退出去。拿破仑占领的是一座已成废墟的城市。同时，沙皇亚历山大一世拒绝与他谈判。由于冬季已然迫近，拿破仑只好将大军撤回法兰西。那次严酷的冬季大撤退让拿破仑损失了36万士兵的生命。

回到巴黎的拿破仑发现，他已经陷入四面楚歌的境地，元帅们拒绝再为他打仗。拿破仑只好退位，随后被流放到位于地中海的厄尔巴岛。1815年，他从海岛逃脱，乘车来到巴黎。在此地度过了令他兴奋的100天，他觉得他似乎将拿回曾经拥有的一切。不列颠人、普鲁士人，以及众多德意志公国联合起来，组成一支大军，意在永久摆脱拿破仑。在如今比利时境内的滑铁卢，拿破仑皇帝遭遇了彻底失败。这一次，各路敌人将他送到了离岸2000公里，位于大西洋深处的圣海伦娜岛。他一直生活在那座海岛上，直至离世。对于曾经以豪言壮语夸口的拿破仑来说，这样的日子堪称度日如年，他说："我不惧死亡，作为失败者灰溜溜地苟活，不啻为一天一死。"

雅克·大卫绘制的《跨越阿尔卑斯山的拿破仑》细节部分

杜瓦米什部落、苏卡米什部落，说"鲁书希德语"的所有部落的战时酋长西雅图

（约 1786—1866）

　　大酋长西雅图长大的时候，正逢美国西北部靠近太平洋地区受到火器和莫名疾病的袭扰，这些情况打破了那一地区各部落的稳定，其恶果之一是，各部落之间的争斗比以前凶狠了许多。对于各部落之间的互相攻击，西雅图（Seattle）并未置之度外，实际上，年届61岁的他还领导了一生中最后一次的进攻。不过，随着更多美国殖民者迁入如今的华盛顿州，西雅图用外交手腕代替了战争手段。

　　在原住民中，西雅图以英勇善战和能言善辩著称。《西雅图酋长的演说》是他最著名的演说，尤其为环保人士称道，不过却很可能是后人杜撰的。据说，西雅图发表这篇演说的时间是1854年，但当时没有留下文字记录。最早的文字记录出现在1887年，即老酋长去世二十一年后。20世纪后半叶，这篇演说又出现了另外三个版本。无论这些文字出自何人的手笔，看起来都写得相当精彩，我们从后文摘录的段落即可窥其一斑："很久以前，这片土地上到处都是我们的人民，犹如微风吹皱的海面下的海床：到处都是贝壳；不过，那些往事在很久以前就已经消逝了，一同消逝的还有部落的辉煌，唯有伤感残留在记忆里。我们过早地衰败，我不想赘述，也不想哀悼，更不想谴责白人兄弟们加速我们的衰败，毕竟在一定程度上我们也难辞其咎。"

　　随着更多殖民者进入西雅图所属部落的领地，他与能接触到的最有影响力的一些人建立了友谊，结成了同盟。看到天主教神甫们受到的无上尊重，西雅图甚至也皈依了天主教。出于对西雅图此举的赏识，华盛顿州首任美国州长艾萨克·史蒂文斯任命他为本地区所有部落的大酋长。1853年，普吉特（Puget）海湾殖民点的数位领导都认为，应当以他的名字为当地命名，作为对这位酋长的追思。

祖鲁国王恰卡

（1787—1828）

恰卡（Shaka）的父亲是祖鲁人的酋长。酋长与他母亲有过一段情缘，便有了他。恰卡出生不久，酋长的村人将他和母亲赶出了村子。恰卡在其他村子也不受欢迎，他孤身一人在困苦的环境中长大。这些幼年时期的精神创伤铸就了他的人格：长大成人后，他对母亲不离不弃；他不怕任何磨难；在各种比赛中，他不制伏对手，绝不罢休。

恰卡十多岁时，酋长丁吉斯瓦约允许他和母亲在姆特瓦（Mthethwa）部落跟他们一起生活。恰卡成长到了可以打仗的年龄后，便被丁吉斯瓦约编入战斗队伍。丁吉斯瓦约总是以强凌弱，为的是扩张势力，形成一个大联盟，以便姆特瓦部落成为本地区最强大的部落。1816年，恰卡的父亲亡故，他的同父异母兄长成了祖鲁国王。母亲和他遭遇的种种不公使他要复仇。恰卡首先征得了丁吉斯瓦约酋长的同意，然后制定了报复方案，接着，在丁吉斯瓦约的军队支援下，他杀掉了兄长，宣布自己为祖鲁国王。

在如今的南非境内，恰卡今生第一次拥有了充分的行动自由，他改组了祖鲁部落，使其拥有了一支最骁勇善战的军队。他吸纳新战术，包括利用传统大盾牌做武器，摈弃远投标枪，换为刺杀用的长矛，这些武器在近战肉搏时极为顺手。他要求战士们对他绝对忠诚。只有在战场上英勇杀敌的战士，才能得到结婚的权利。

恰卡征服了一个又一个部落，随后废除了酋长制，将所有权力集中在他一个人手里。不过，他铸就了一个大错，没有将在纳塔尔港创建殖民地的欧洲交易商和"狩猎者"驱逐出去。随着时间的流逝，欧洲人终将在数量上超过祖鲁人。

1827年，恰卡的母亲去世，他下令祖鲁人陪伴他参加频繁、冗长的悼念仪式。转过一年，恰卡亡故。他是死在两个同父异母兄弟和贴身仆人手里的。

努嘉土著酋长雅冈

（约 1795—1833）

1829 年，来自不列颠的移民抵达澳大利亚西部的天鹅河，在那里开垦农场。那片地区早已有努嘉土著人居住，由于误将他们当成游牧民，不列颠殖民者几乎没有从他们手里购买土地，或者说，他们根本就不做这样的尝试。相反，为开垦耕地和建设草场，殖民者非法入侵了努嘉土著人的猎场和"圣地"，数十亩数十亩地圈走了他们的土地，甚至切断了他们的水源。努嘉人进行了报复：他们偷窃入侵定居下来的殖民者的食物，杀死对方的牲畜，纵火焚烧地里的灌木丛——这些都是他们驱赶对手的传统方法，如今这种方法更有所扩大，连带烧毁殖民者的粮食和住房。

努嘉土著人和不列颠人之间的第一次激烈冲突发生于 1831 年，一个名叫托马斯·斯梅德利的殖民者开枪杀死了雅冈家族的一个远支成员，那人当时正在偷土豆。雅冈（Yagan）和父亲米吉古鲁以及该部落另几位战士攻击了斯梅德利所在定居点的一所房子，不过，他们杀错了对象，杀死的殖民者实为埃林·恩特维斯托。

雅冈和另两位部落成员遭到逮捕，被判不定期关押在卡纳克岛，该岛是土著人的流放地。然而，一个月后，雅冈和几个朋友偷了一条小船，乘船逃到了大陆。

雅冈成了让殖民者头痛的人，他私闯定居者房子，索要食物和财物。一个殖民者枪杀他弟弟后，他的袭扰更加暴力。他伏击了一辆满载货物的大车，用标枪刺死了两个殖民者。殖民政府出赏金要他的人头——30 英镑，死活不拘。

威廉·济慈和詹姆斯·济慈两兄弟当年只有十多岁，他们认识雅冈，这笔赏金对他们有着巨大的诱惑力。1833 年 7 月 11 日，雅冈和几个部落人光顾济慈家族所在农场时，两个男孩意识到，获得赏金的机会来了。威廉射杀了雅冈，弟弟詹姆斯射杀了另一位努嘉部落的战士，然后他们转身往河边逃跑。其他努嘉土著人追了过来，用标枪刺死了威廉，不过，他们没有追上詹姆斯，因为他一头扎进河里，游到了安全地带。詹姆斯跟随一批携带武器的定居者返回时，活着的努嘉土著人已经不见了踪影。前来的一个不列颠人砍下了雅冈的头颅当战利品。后来那颗头颅一直在伦敦展出，1993 年才返还给澳大利亚。

　　罗伯特·希区柯克创作的雅冈雕像

汤加国王肖斯·乔治·图普一世

（约 1797—1893）

历代汤加国王的世系可以追溯到 10 世纪。汤加精神领袖的头衔为"图依汤加"，即汤加王国的超级酋长，也就相当于国王。整个汤加王国包括 171 座海岛。不过，图依汤加不理朝政，不问王国的政事，日常事务由他的两个兄弟负责。数世纪后，历代图依汤加的后人及其兄弟渐渐成了一批独立的小统治者。时间移至 19 世纪，王国境内爆发了内战，各敌对方为争夺最高权力打成一片，争权者之一为陶法阿豪，他早已为汤加设想了一种新型的领导方式：国家只设一个国王，并同时拥有政治权力和精神权威。1826 年，陶法阿豪打败了最后一位名叫劳菲力汤加的图依汤加。陶法阿豪没有处死劳菲力汤加，而是将其流放了。综合各方面的情况看，陶法阿豪从那时起即开始成为汤加国王。

1830 年，两位"不列颠卫理公会"传教士来到汤加群岛。陶法阿豪清楚，不列颠帝国正在亚洲和澳大利亚扩张势力，他唯恐不列颠人控制他的王国。为阻止这种事发生，他依照欧洲人的方式，重塑了自己的国王形象：他和妻子接受了洗礼，还起了欧洲式的名字乔治和夏洛特。选择这两个名字，为的是表示对英格兰国王乔治三世和王后夏洛特的推重。同年，陶法阿豪公告天下，自称汤加国王肖斯·乔治·图普一世。他还身穿欧洲服装，把自己的王国尊奉给基督教上帝。由于卫理公会基督教在人民中间的传播，他鼓励人民接受欧洲生活方式。他还颁布了一套新法律，在各种汤加传统庆典中禁止性别歧视，禁止酒精饮料，他还宣布，不准在星期日工作。

图普一世的措施奏效了。对汤加的西方化以及成为基督教国家，不列颠人印象深刻，因而没有对这个岛国进行殖民。不过，图普一世仍有担忧，欧洲人也许会通过获取王国的土地扩大势力。为阻止这种事发生，他设定了限制，唯有汤加人才能拥有土地的所有权。

一天，图普一世离开家，到海里游泳，当时他已将近 100 岁。这项活动显然远远超出了他的能力，当晚，他就离世了。

390

尽管国王改信了基督教，一些汤加岛民仍然对传教士心怀敌意

沙捞越拉者詹姆斯·布鲁克

（1803—1868）

詹姆斯·布鲁克（James Brooke）曾是个士兵、探险家、业余科学家，也是第一位在亚洲建立王朝的欧洲人。他在印度出生，在英格兰接受教育，在缅甸为"东印度公司"效力。1833年，他继承了一笔遗产，用这笔遗产购买了一艘游艇，然后乘游艇前往婆罗洲北部，在那里从事科学研究。

布鲁克到达那里时，文莱苏丹正面临民众造反。布鲁克和手下的船员们帮助苏丹镇压了反叛。为表示感谢，苏丹任命布鲁克为沙捞越总督。沙捞越位于中国南海沿岸，面积7.7万平方公里。苏丹还给了他一个"沙捞越拉者"的头衔——"拉者"的意思就是"大首领"。布鲁克是欧洲人，因而他以"白人拉者"闻名。

长期以来，沙捞越沿海居民点不断地遭受达雅克族海盗袭扰，那些人是彪悍的武士和凶狠的强人。布鲁克在余生中一直尝试将海盗清除出沙捞越领海，然而，他始终未能彻底做到。

除了达雅克族海盗，因不满布鲁克的统治，一些马来族和伊班族臣民造了他的反。布鲁克渐渐意识到，仅凭一己之力，他无法维持对沙捞越的完全控制。因而他向不列颠政府提议，以领土换取不列颠军队的支持。不过，不列颠人拒绝了他。布鲁克开始琢磨将沙捞越交给荷兰人，然而，经侄子劝说，他放弃了这一想法。这位侄子是他的继承人。

布鲁克从未结婚。不过，他至少有一个情妇，并同她有一个非婚生子。布鲁克有恋童癖，十多岁的男孩是他的最爱。他与一个沙捞越王子巴德鲁丁有过一段孽缘，另一位是个名叫查尔斯·格兰特的英格兰男孩。布鲁克亡故后，将头衔传给了侄子查尔斯·约翰逊。出于对拉者叔父的尊重，这位侄子更名为查尔斯·布鲁克。布鲁克家族以拉者身份统治沙捞越，一直延续到1946年。是年，最后一位拉者查尔斯·维纳·德·温特·布鲁克将沙捞越交给英国管辖。自此，沙捞越成了英国的直辖殖民地。

暹罗国王蒙固特·拉玛四世

（1804—1868）

　　蒙固特·拉玛四世（Mongkut Rama Ⅳ）是纽约百老汇音乐剧《国王与我》中的国王原型，世人熟知他皆因此故。在泰国（暹罗如今的称谓），喜欢这一音乐剧的人不多，泰国民众很反感创作者罗杰斯和汉默斯坦以幽默手段演绎他们的国王，也反感这两人对佛教的肤浅解析。

　　成为国王前，蒙固特曾经在曼谷某寺庙当过二十七年和尚。对西方国家的兴趣致使他经常向美国和法兰西传教士们求教，在学习科学、西方语言、西方政治方面，传教士给了他许多帮助。让蒙固特兴奋的是，西方的技术和贸易有可能为他的国家带来无量的前途，同时他也担心，由于法兰西和不列颠两国正忙于在东南亚扩张势力，这两个国家可能会夺占他的国家，使之沦为殖民地。他与美国、日本、大不列颠签署了协议，打开了泰国与外国通商的大门。他还为法兰西和不列颠挖了个坑，让这两个国家互斗，从而成功地捍卫了暹罗的领土。

　　1862年，蒙固特邀请一位英格兰寡妇安娜·丽奥诺文斯来他的朝廷，与他们一起生活，用西方的教育方式给他的孩子、妻子、嫔妃授课。丽奥诺文斯在蒙固特的朝廷生活了五年，专职为王室成员授课，就西方各国政治问题为国王出主意。国王原打算将这样的教育方式扩大到普通臣民，却遭到大多数贵族的反对。他们拒绝接受西方观点。

　　离开暹罗后，丽奥诺文斯撰写了一部回忆录，书名为《英国女教师在暹罗朝堂》。这部回忆录改编成了舞台剧《安娜与暹罗国王》的脚本，后来又改编成百老汇音乐剧的脚本。蒙固特的传记作家阿博特·罗·莫法特批评丽奥诺文斯描写的宫廷生活过于夸张，还有她将蒙固特描写成了一个暴君。

法兰西皇帝拿破仑三世和皇后欧仁妮

（1808—1873，1826—1920）

　　拿破仑三世是大名鼎鼎的拿破仑的侄子。虽然此时的法兰西已经成为共和国，但人们始终没有失去对拿破仑这一名字的兴趣。1848年，拿破仑三世当选法兰西共和国总统。1849年，令法兰西天主教徒兴奋的是，拿破仑三世率领一支大军前往罗马护驾，使教皇免受革命者的袭扰。由于法兰西立法机构拒绝接受总统连任的修正案，拿破仑三世利用其在民众中超高的人气发动政变，推翻了共和制，重新建立了君主制，终于当上了皇帝。为确保自己的权威性，他呼吁进行公民投票，结果750万人投了赞成票，反对票仅为65万。

　　作为皇帝，拿破仑三世发起了一些大型公益项目，例如开凿运河，修筑铁路。他还扩大了银行业的覆盖面，让更多人更加容易获得信贷。他还引进了自由贸易的方式。

　　1853年，皇帝迎娶了迷人的西班牙女伯爵欧仁妮·德·蒙蒂若（Eugénia de Montijo）。如果说，英格兰女王维多利亚为社会树立了道德规范，欧仁妮为社会树立的则是时尚标准，她仅凭一己之力就让带裙撑的裙子成了时尚界的明日黄花，再也流行不起来了。不过，欧仁妮没有让自己的影响止于树立时尚潮流，她在政治和社会活动方面是个保守派，她尝试过改变丈夫，让其放弃一些过于超前的政策。

　　1870年，西班牙人请来一个普鲁士亲王担任国王，拿破仑三世表示反对，他不能容忍南部边境和北部边境都有敌人。7月，法兰西和普鲁士走向了战争，不过，战争9月就结束了。当时，普鲁士军队将拿破仑三世率领的8万大军围困在了色当。随着皇帝的投降，他的帝国倾圮了，法兰西重返共和时代。欧仁妮和皇太子路易·拿破仑前往英格兰避难，不出几个月，皇帝也尾随而来。

　　1873年，拿破仑三世由于膀胱结石摘除手术失误而亡故。应征参加不列颠军队的皇太子于1879年在南非与祖鲁人作战时阵亡。欧仁妮在英格兰的法恩伯勒修建了圣迈克尔修道院，将丈夫和儿子安葬在修道院的地下室内。1920年，欧仁妮亡故，人们将她和她丈夫、儿子葬在了一起。

奇里卡瓦·阿帕切部落战时酋长科奇西

（1810—1874）

数十年来，阿帕切人和墨西哥人之间战事不断。不过，对在亚利桑那定居的美国人，科奇西（Cochise）酋长倒是没有敌意。1858年，他在与美国政府官员迈克尔·斯泰克会面时做出保证说，只要美国人不给阿帕切人添乱，他可以永远和美国人做朋友。作为回报，斯泰克定期向阿帕切人提供大量食品。

后来，1861年，一个名叫乔治·巴斯康姆的专横的副官邀请科奇西前往位于阿帕切关口的帐篷里"议事"，他谴责酋长绑架一个白人男孩。科奇西原原本本地告诉巴斯康姆，他把事情弄拧了——那孩子在另外一帮印第安人手里。巴斯康姆不听解释，他打算扣押科奇西，直到阿帕切人归还孩子。没等对方的人出手抓捕，科奇西抽出刀子，划开帐篷，一路狂奔逃进了沙漠。巴斯康姆实施报复，抓捕了科奇西的妻子、儿子、弟弟，以及他的两个侄子。科奇西反过来抓获了四个美国人，然后派人捎信给巴斯康姆，提议用手里的俘虏交换他的家人。巴斯康姆当即予以拒绝。

科奇西将俘虏折磨至死，然后将尸体摆放在美国军队必经之处；巴斯康姆则绞死了科奇西的弟弟和两个侄子，仅留下他的妻儿做活口。接下来是绵延十一年的战争。其间，美国人诱捕了科奇西最要好的朋友和盟友曼加斯·科洛拉达斯酋长，然后将其折磨至死。而后，科奇西发了毒誓，立志永世不与美国人议和。

然而，科奇西和阿帕切人在数量上处于劣势。时间移至1871年，酋长终于认识到，如果坚持战斗下去，他的族人最终会灭绝。有两个白人非常同情科奇西，一个是军队侦查部门的托马斯·杰福兹，另一个是印第安行政长官奥利弗·霍华德将军，这两人运用其影响力，使科奇西及其族人得到了专用地，地点在亚利桑那东南部原本属于他们的土地上，这样他们便可以在那片土地上存留下来。

希伦人国王奥托

（1815—1862）

希腊是民主的摇篮，因此，让人感到错愕的是，从土耳其人手里获得独立未久，希腊人竟然建立了绝对的君主政权。更让人错愕的是，希腊第一位国王竟然是德意志人！

凭借大不列颠、法兰西、俄罗斯的支持，希腊赢得了革命胜利。三大国达成共识（未经希腊本国同意），希腊应当实行君主政体，他们将王位交给了16岁的巴伐利亚亲王奥托。从表面上看，是因为奥托的一些先人曾经是科穆宁王朝成员，曾经统治过拜占庭帝国。

奥托带着3500个巴伐利亚军人和3位巴伐利亚谋臣抵达希腊。他没有邀请任何希腊人参政；选择的结婚对象是个德意志公主，婚礼也在德意志举行。此外，他还是个虔诚的罗马天主教徒，绝无可能改信希腊东正教。这些都得罪了大多数希腊臣民。

当时，希腊的财政状况糟得不能再糟了，为偿还罗斯柴尔德家族银行的债务，奥托迫不得已提高了税收，税率甚至超过土耳其人统治时期。即便如此，也不足以让国家渡过难关，奥托只好向几个大国借贷6000万法郎。这让几个大国自认为有权干预希腊内政。

1843年，希腊人强烈呼吁制定一套宪法。同年9月3日，两位受人尊敬的军官率领步兵进驻雅典城皇宫前的广场。市民们加入了军人行列，拒绝返回家里，除非国王授权制定一套宪法，设立一个全国代表大会，允许希腊人在政府机构工作。奥托让步了，接受了公众的要求。

即便奥托做出了让步，他在希腊人民中获得的支持也非常少。1862年，希腊反叛者发动政变时，不列颠、法兰西、俄罗斯同时指示奥托不要反抗。一艘不列颠战舰将希腊国王和王后护送到了德意志。历史学家托马斯·加兰特总结奥托的一生说："其残忍不足以让人害怕，其悲情不足以让人爱怜，其能力不足以让人尊敬。"

奥托国王进入雅典

埃塞俄比亚国王狄奥多尔二世

（约 1818—1868 ）

青年时期的狄奥多尔（Theodore）一身罗宾汉气质，例如他既打家劫舍，又将劫获的财物慷慨地施舍给穷人。那一时期，他用的是本名卡萨，他祖上好几辈人都是勇武的战神。由于家族的社会关系，加上他的领袖气质以及他作为江洋大盗的成就，在崇尚暴力的人群里，他赢得了大批追随者。他的强盗团伙很快成长为一支军队，凭借这支军队，他打败了各路敌人，征服了埃塞俄比亚中部和北部。他的势力变得如此强大，以至于可以对"埃塞俄比亚东正教"的主教发号施令，让他们同意自己成为国王。他为自己取了个新名字狄奥多尔，用埃塞俄比亚的"阿姆哈拉方言"拼出来，即为特沃德罗斯。在民间传说中，这原本是个传奇国王的名字，这位国王为人民开启了一个和平和正义的新纪元。

狄奥多尔希望他的人民享有欧洲和美国才能享有的技术进步。他请来了一些工程师，在他的国家修筑道路和桥梁，还请来一些工匠，将制造长枪和大炮的方法传授给埃塞俄比亚人。不过，向贵族和教会课以税赋，征收教会的土地，这两件事从一开始就遭到了抵制。他的每一步改革都会遭遇各特权阶级的反抗，迫使狄奥多尔始终保持一支人数多达5万的常备军，以便每当贵族和主教掀起小规模造反时，随时可以进行镇压。为维持规模如此庞大的军队，狄奥多尔甚至提高了向农民征收的税赋，而农民是支持他的中坚力量。由于农民感到养家糊口越来越艰难，他们也开始掉过头来反对国王。

19世纪60年代，北方的贵族打败了狄奥多尔的军队，同时，南方各省的穆斯林也发动了针对国王的战争。狄奥多尔向法兰西人和不列颠人求救，不过，他的要求无人理睬，他直接给维多利亚女王写了一封信，但不知怎么搞的也没了下文。遭遇如此蔑视，刺痛了狄奥多尔，他向受邀前来帮助埃塞俄比亚人民的欧洲人下了手。他逮捕了数十人，包括女人和孩子，将他们关押在名为麦格德拉的山间城堡里。他对一些男性囚徒动用酷刑，还威胁要处死所有囚徒。

不列颠政府派遣一支军队前去营救囚犯时，狄奥多尔在麦格德拉城堡里蹲守，在战斗过程中，他才意识到，不列颠人的火力远远超过了他这边的火力。不列颠军队涌入城堡时，狄奥多尔自杀身亡。

狄奥多尔二世视察正在埃塞俄比亚山区修筑的过山道路工程

俄罗斯沙皇、解放者沙皇亚历山大二世

（1818—1881）

美国南北战争——超过400万黑奴获得自由——爆发前四年，美国南北战争——超过400万黑奴获得自由——爆发前四年，亚历山大二世（Alexander II）让超过4000万俄罗斯农奴获得了解放。这引起了贵族们对其政策的不满。亚历山大对一群贵族讲话时指出："从上往下的实施，远比从下往上推动好得多。"根据沙皇的激进政策，农奴们将获得自己原来耕种的土地，用于养家糊口（这与他们从主人那里租借土地耕种截然不同）。另外，有能力的农奴们可以多购买土地。不过，既然主人不再向农奴提供日常所需，政府必须介入，给农奴提供一切，从医疗到修路都得管起来。

亚历山大的改革触动了俄罗斯社会的方方面面。他引进了陪审制——这在俄罗斯法学史上尚属首次。他解除了大学对教学内容和学术争议的限制。他要让军队的征兵由俄罗斯社会各阶层均等承担，而这在以往主要来自农民和其他劳动阶层。说来未免滑稽的是，能够同时推动如此众多大刀阔斧的民主性改革，却完全借助于亚历山大的专制。

不过，俄罗斯的激进势力并没有因此得到满足，亚历山大推行的各种改革远没有达到让他们满意的深度。"土地和自由社团""组织社团""人民的意愿社团"等社会团体强烈要求推行更多改革，一些人还进而采取极端方式表达诉求。例如1866年，一名刺客向亚历山大连开六枪，令人难以置信的是，每一枪都打偏了！沙皇做出回应，放手让秘密警察对付这些激进分子，这样反而促使了那些人更加狂热地反对俄罗斯政权。

1881年3月1日，亚历山大乘坐四轮马车沿着圣彼得堡叶卡捷琳娜运河前行，一位刺客投出一枚炸弹。炸弹没有炸中马车，却炸死了一名哥萨克骑兵，还炸伤了车夫和数位旁观者。趁沙皇从车里出来安慰伤者之际，另一位刺客投出第二枚炸弹，这枚炸弹落在了沙皇身边。爆炸的巨大威力几乎炸飞了沙皇的双腿，不过，亚历山大仍然活着。人们将他抬回了冬宫，他在那里亡故。亚历山大二世的儿子亚历山大三世在事发地点修建了一座教堂，将其命名为"圣彼得堡救世主喋血大教堂"。

大不列颠女王、印度女皇维多利亚

（1819—1901）

维多利亚（Victoria）是世间少有的君王之一，她的影响极为广泛，以至于人们用她的名字命名了一个时代。她在位六十四年——在不列颠历史上最为长久——"工业革命"在全世界范围内发生，不列颠帝国也实实在在地扩张到全世界每一个角落，戏剧性的社会动荡和经济动荡更是自始至终地贯穿了这一时期。

维多利亚个头不高，约1.52米，年轻时的体形有点过于丰腴，但她有一双蓝色的大眼睛。18岁那年，她成了女王。1840年，她嫁给了堂兄德意志公爵阿尔伯特。婚后最初几年，维多利亚实际上不愿意让丈夫在政府里拥有任何公职。阿尔伯特是个才思敏捷、精力充沛的人，最不喜欢无所事事。随着时间的流逝，维多利亚逐渐认识到阿尔伯特捭阖高层政治游刃有余的能力，因而夫妻双方对于他参政一事都重新做了调整。

维多利亚和阿尔伯特有9个孩子，多数孩子与欧洲其他王室结了亲。同样的事发生在这对王室夫妻的孙辈身上，因而，到1900年，欧洲大陆所有王室都成了英国女王事实上的嫡亲或姑表亲。

阿尔伯特于1861年亡故，这件事彻底击垮了维多利亚，她陷入了深深的悲痛，不再与外界接触，不再过问政事，这种过分的做法导致某些政治家公开质疑这个国家是否还需要君主立宪政体。与外界隔绝数年后，维多利亚的确回到了公众视野里，不过，她永远身穿黑色丧服，而且从不改变。

维多利亚认为，大儿子阿尔伯特·爱德华（又名伯蒂）是个懒散的饭桶和公子哥儿，因而没有让他负责任何政事。由于无聊，伯蒂越来越深地陷入了放浪形骸的泥淖，这反过来又加深了他给母亲的负面印象。

对女王而言，19世纪70年代是美好的十年，因为她喜爱的本杰明·迪斯雷利成了首相。本杰明·迪斯雷利为她争得了印度女皇的头衔，还让英国得到了苏伊士运河，这让不列颠舰船获得了一条通往印度的更为便捷的通道。

1897年，不列颠和整个大英帝国为维多利亚举办了一场"钻石庆典"，这标志着她作为女王已有六十载。四年后，她离开人世，死前念叨着大儿子的名字伯蒂。伯蒂继承了王位，后来成了人们最喜爱的英格兰国王之一。

加冕仪式上的维多利亚女王

意大利国王维克托·伊曼纽尔二世

（1820—1878）

　　直到19世纪，意大利尚未统一成单一的国家，相反，意大利半岛被人为地划分成八个小王国、公国，以及位于意大利中部由教皇治理的教皇国。若是有人在这些国家公开主张"建立民主政体"，此人定会遭到牢狱之灾。不过，革命在美国、海地、希腊、法兰西等国的成功，鼓舞着意大利持不同政见者废除独裁统治、建立统一的意大利共和制的斗志。然而，时间移至19世纪50年代末，形势已经变得十分明朗，与共和制相比，意大利民众的绝大多数更喜欢生活在君主立宪体制下。为此，人们团聚到了维克托·伊曼纽尔（Victor Emmanuel）身边，当时他是皮德蒙特、萨沃伊、撒丁岛三地的国王。

　　1849年，继位不久的维克托·伊曼纽尔根本不把革命者放在眼里，他嘲笑那些人是一伙"病态的脏货"。不过，首相卡米洛·迪·加富尔伯爵已经看出来，统一意大利运动风头正劲。加富尔劝说维克托·伊曼纽尔，希望他支持统一意大利运动，告诉他如此一来，成为整个意大利国王便指日可待。

　　统一是个缓慢而时时充满血腥的进程。北方的伦巴底和南方的那不勒斯、西西里都支持意大利统一。1861年，维克托·伊曼纽尔公告天下，自己是全意大利的国王。不过，整个半岛还有很大一部分不服他统治，其中有威尼斯、翁布里亚、罗马，以及教皇国。直到1871年，维克托·伊曼纽尔才控制了教皇国。维克托·伊曼纽尔刚刚控制教皇国即宣布，新意大利首都为罗马。教皇的反击方式为，将新国王逐出教会（直到维克托·伊曼纽尔临终回光返照之际，教皇才解除了禁令，让他有了接受临终祈祷和基督徒葬礼的资格）。

　　维克托·伊曼纽尔算不上才思敏捷，更谈不上是个魅力超凡的国王。尽管如此，在统一运动盛行的日子里，意大利人都以为他会成为理想的君王。事实上，在能力方面，他是个平庸之辈，只不过他具备纯净正宗的血统，又在正确的时间出现在了正确的地点。

毛利国王塔华欧

（1822—1894）

  塔华欧（Tawhiao）成为国王时，正赶上毛利人丧失独立。最初，不列颠殖民者曾经承认单一民族的毛利王国是新西兰境内的独立国家。不过，时间移至19世纪60年代，在不列颠殖民者的眼里，毛利王国似乎成了他们的绊脚石，有碍于他们在新西兰南北众多海岛的殖民。

  1863年，不列颠殖民政府派遣一支1.4万人的军队进入毛利王国。塔华欧提议，毛利人应当采取游击战对付入侵者。不过由于他手下主管战事的酋长的坚持，改为修筑夯土防御工事。对这些工事，不列颠人要么直接摧毁，要么绕道而行。当今有人认为，如果毛利人当初采纳塔华欧的战略战术，他们会取得更多胜利。也许他们没有可能赢得战争的胜利，不过仍有可能从不列颠方面获得更为有利的待遇。战事一直持续到1881年，那时候，不列颠人已经攻占了毛利王国600万亩领土，塔华欧被迫带领人民向最南部的一片地区转移，那片地区因他得名塔华欧。

  怀揣索回失地的希望，塔华欧远渡重洋，前往英格兰，直接向维多利亚女王表达诉求。尽管他是英联邦体制内的君王，女王却不愿意接见他；主管殖民事务的国务大臣对塔华欧国王连哄带骗说，他的抱怨纯属内部事务，只能由新西兰人内部协商解决。

  这次失败直接导致毛利人对塔华欧失去了信任。各部落开始分崩离析，那些仍然尊重塔华欧的部落也感到，他们已经没有义务服从他的指挥。塔华欧的政治影响力消失殆尽。

  塔华欧国王最持久的影响力是在宗教方面。许多毛利人依然相信他早年的预言：上帝的信使们会说毛利语，他们成双成对行走在世间，他们会穿越太平洋，来到新西兰，为毛利人带来一种崭新的"福音书"。前往新西兰的美国摩门教传教士会说流利的毛利语，而且总是成双成对到处游走。因此许多塔华欧的手下人以为，他以前的预言实现了，这些人从而改信了摩门教。至于塔华欧本人，"耶稣基督后期圣徒教会"（即摩门教教会）的档案里没能找到他成为摩门教徒的记载。

　　　　　　　　　　　　　塔华欧展示用于宗教仪式的面部刺青

巴西皇帝佩德罗二世

（1825—1891）

佩德罗二世（Pedro Ⅱ）9岁时已经是巴西皇帝了，在大西洋彼岸，他15岁的姐姐玛丽亚二世成了葡萄牙女王。两人都是最高统治者，全凭着他们的出身——他俩是布拉干萨王朝后裔，自14世纪以来，这一家族一直统治着葡萄牙。

1808年，为躲避拿破仑，葡萄牙王室成员逃往国外，成立了流亡政府，其间，布拉干萨王朝成员来到了葡萄牙殖民地巴西。1821年，约翰六世国王返回欧洲时，让儿子佩德罗——佩德罗二世的父亲——留下来当巴西皇帝。佩德罗一世对巴西的上等阶层过于纵容，对知识精英过于保守，不过，普通民众却喜欢他，这为他儿子当皇帝扫清了道路。年轻的佩德罗二世几乎受到所有人的欢迎，他通过促使巴西实现现代化，让自己更加受爱戴。

佩德罗二世修建了巴西第一条铁路，开通了第一条跨大西洋电报线路，开展了最早的电话服务。他从国外引进了修建道路的方法，还在巴西全国各地创办文法学校、高级中学、大专院校。他建立了图书馆，还向巴西艺术家和作家提供资金支持。1840年，他开启了解放巴西奴隶的渐进过程，并首先从解放自己通过继承得到的40位奴隶做起。

巴西有立法机构，不过，根据宪法，皇帝可以凭借所谓"协调权"否定议会通过的提案，或者直接解散下议院重新进行选举。

为了国家，佩德罗二世殚精竭虑，尽管如此，他在政治方面可谓一败涂地。这主要是因为从19世纪最初几年开始，南美洲一直饱受革命浪潮的冲击。废除奴隶制让佩德罗二世失去了缙绅阶层对他的支持，而紧紧攥住君主特权不放，又惹恼了知识精英阶层。由于支持佩德罗二世的势力日渐衰微，1889年，一场政变将他赶下了台，他和家人被迫离开巴西，去了法兰西，两年后，他在法兰西故去。

1920年，人们将佩德罗二世和妻子特丽萨的尸体运回巴西，安葬在彼得罗波利斯大教堂内的一间圣堂里。

朝廷上的佩德罗二世

祖鲁国王塞奇瓦约

（1826—1884）

　　塞奇瓦约（Cetshwayo）是大有成就的恰卡·祖鲁的侄子。塞奇瓦约当朝时，正赶上英国以及荷兰殖民势力开始在南非侵蚀祖鲁王国的势力。德兰士瓦殖民地的荷兰人沿祖鲁王国边境向其施压之际，塞奇瓦约向纳塔尔港的英国人示好，强烈要求他们居间调停。纳塔尔港的英国殖民政府官员认为，塞奇瓦约的抱怨合理合法，不过，伦敦方面指示他们，不要采取任何行动，以免伤及英国人与南非的荷兰人的友好关系。因而英国人收了手，同时做好了各种军事准备，以防跟祖鲁人爆发战争，然后他们才把对祖鲁人极为不公的最终决定通知了塞奇瓦约。

　　1879年1月，真的爆发了英国人与祖鲁人之间的战争，祖鲁人赢得了一些胜利。他们在战场上杀死了23岁的法兰西皇太子路易·拿破仑，这让英国人和法兰西人悲痛不已。不过，祖鲁人无法与敌方的火力抗衡。1879年8月，塞奇瓦约投降了。

　　英国人废除了祖鲁人的君主政体，剥夺了塞奇瓦约的权力，然后将其流放。而后，英国人着手将祖鲁王国划分为13个区块，殖民政府还指定人选，每片地区由一个人实施统治。如此安排，成功地打破了祖鲁王国的统一，同时也唤醒了各种新仇旧恨。为恢复祖鲁的秩序，英国人同意塞奇瓦约赶赴伦敦，商讨如何理顺一团乱麻的局面。

　　英国人对塞奇瓦约委以重任，将他派回国，让他居住在祖鲁核心区，却没有恢复他的王权，祖鲁王国继续保持分裂状态。一场新的战争在祖鲁人之间爆发了，一派人不愿意接受眼前的解决方案，另一派人则愿意接受现状。

　　为躲避血腥的残杀，塞奇瓦约求得了英国人的庇护。他亡故于翌年。按照验尸官的说法，他死于心脏病，而追随者们相信他死于毒杀。

奥地利皇帝、匈牙利国王弗兰茨·约瑟夫

（1830—1916）

在位六十八年间，弗兰茨·约瑟夫一直试图满足臣民的某些自治要求，以及保留自己的绝对权威，与此同时，还要维护帝国的完整。匈牙利人、波希米亚人（即如今人们熟知的捷克人）、塞尔维亚人不停地要求独立，而这是皇帝不可能同意的。作为妥协，弗兰茨·约瑟夫在奥地利和匈牙利建立了制宪政府，让每个国家都得以掌管自己的内部事务，却没有采取任何行动满足波希米亚和塞尔维亚人的民族主义要求。

作为斯拉夫族和东正教成员，塞尔维亚人转向了俄国沙皇亚历山大二世，请求他支持塞尔维亚人的事业，沙皇同意了。为抗衡俄罗斯人对他的帝国的威胁，弗兰茨·约瑟夫与"德意志皇帝"结成同盟。1879年的结盟，是欧洲两极分化的第一步，最终导致了第一次世界大战。

年轻的弗兰茨·约瑟夫皇帝原定迎娶巴伐利亚公主海伦。可是结果他喜欢上了海伦的妹妹伊丽莎白（茜茜公主），那是一位美得令人惊异的女孩。他深深地爱上了对方，因此违背了婚约。不过，伊丽莎白厌恶维也纳皇室生活——她觉得古老的皇家繁文缛节让人窒息，为了逃避这一套，她的一生大部分时间都在四处游历。伊丽莎白经常不在皇帝身边，这让皇帝非常痛苦。

1889年，麻烦接踵而至，弗兰茨·约瑟夫的儿子和继承人鲁道夫皇太子先杀死了情人玛丽·维兹拉男爵夫人，然后自杀殉情。在1898年，访问日内瓦的伊丽莎白皇后被一个无政府主义者刺穿了心脏。那人向警察解释作案动机说："我只想杀个王室的人，无所谓杀的是谁。"

塞尔维亚一位民族主义者暗杀了王位的家族继承人弗朗茨·斐迪南和他的妻子苏菲。这对于本已悲痛不已的皇帝，不啻往伤口上撒了一把盐。这件事还成了第一次世界大战的借口。

弗兰茨·约瑟夫于1916年亡故，当时"一战"的战事正酣。奥匈帝国比他命长，却也没有长多久。弗兰茨·约瑟夫的继任者是他的侄孙卡尔，君主政体和帝国解体前，卡尔当政不过三年。

洪克帕帕-苏族酋长坐牛

（1831—1890）

坐牛（Sitting Bull）14岁时就成功地在与克罗族武士的交手中取胜。这一交手相当不易，因为他不但必须要在搏击中击倒对手，还不得伤及对方。坐牛渐渐长大成人后，最终以实际行动证明了自己是特别勇猛的武士，同时也是笃信宗教之人。他掌握了苏族人神圣的秘密宗教仪式（名为拉科塔），由于经常参加祭祀仪式，他的胸部和背部到处都是疤痕。疤痕是参加一种须自残身体的"太阳舞"仪式时留下的。

坐牛年轻时一直与敌对部落作战。从三十多岁开始，他常年与美国人作战，结果总是徒劳无功。大量美国人涌入他的部落所属的领地，在那里淘金、建农场、构筑要塞……一些苏族部落投降了，前往各保留地定居下来，等候华盛顿的联邦政府分配口粮。然而，坐牛和奥格拉拉–苏族的战时酋长疯马拒绝投降。他们沿袭了苏族人一贯的生活方式，在黄石–保德河谷一带有野牛生活的地域栖居。

1868年，美国政府与苏族人签署了一项协议。根据协议。定居者承诺不得靠近苏族人的圣地黑山。然而，美国人在黑山发现黄金后，便将协议和根据协议所做出的承诺忘到了脑后。随后而来的"大苏族战争"终极时刻于1876年到来。当时坐牛和疯马率领上万印第安人在利特比格霍恩，又称大小角，以绝对优势压倒并全歼了乔治·阿姆斯壮·卡斯特中校和他率领的"第七骑兵团"大约二百名士兵。1881年，数量占绝对优势的美国军队以及野牛数量的不断减少，迫使坐牛接受了失败。他在一片保留地居住了一段时间，后来，有着野牛绰号的美国人比尔·科迪雇用他参演《荒蛮西部秀》。巡演期间，坐牛成了吸引眼球的明星。

1890年，坐牛引退到了立岩印第安保留地，后来他成了著名的"幽灵舞"宗教运动领导人之一。监管保留地的美国政府公开呼吁铲除坐牛。在坐牛的住地，几名印第安警察破门而入，他们正推推搡搡往外走时，坐牛的追随者动起手来，一场枪战瞬间爆发，混战中，一位印第安警察开枪射杀了坐牛。

坐牛的照片，拍摄于北达科他州俾斯麦城

墨西哥皇帝马克西米利安一世和
皇后卡洛塔

（1832—1867，1840—1927）

1863年，在位于的里雅斯特的宫殿里，时年32岁的奥地利大公马克西米利安（Maximilian）和窈窕的妻子夏洛特（后来改名为卡洛塔）正闲极无聊时，有人通知他，他已经被选为墨西哥皇帝。由于事先毫不知情，马克西米利安以为，让他当皇帝是墨西哥人民的选择。实际上，是法兰西的拿破仑三世选择了他，想用他的手镇压墨西哥的自由主义革命，继而让墨西哥成为法兰西帝国的组成部分。一支法兰西军队护送这一对皇室人物前往墨西哥，他们在那里受到了墨西哥保守派的狂热欢迎。

让保守派盟友惊恐万状的是，马克西米利安反倒大力推行革命者贝尼多·华莱士倡导的一些政策，例如皇帝号召重新分配土地、宗教自由、由文官掌控军队、将选举权扩大到包括墨西哥所有阶层的人士，等等。

然而，对于马克西米利安的做法，贝尼多·华莱士及其追随者并不买账，因为马克西米利安依旧是皇帝，更糟糕的是，他是外国势力安置的、受外国军队支持的外国人。为明确表示对皇帝的藐视，华莱士的追随者向所有支持皇帝的人胡乱开枪。崇尚思想意识自由的马克西米利安采取了与其思想相悖的行动，他如法炮制对手的做法，下令枪杀华莱士的所有支持者。

1866年，美国开始向华莱士的军队提供武器；同年，拿破仑三世下令法兰西军队撤出墨西哥。卡洛塔前往欧洲游说各国君王，请求他们出手帮助她受困的丈夫。然而，国王们全都以各种理由推托，都说不便卷入其中。华莱士的人在克雷塔罗抓获了马克西米利安，将他送交军事法庭审判，并处他以死刑。社会各界人士均出面请求华莱士手下留情，甚至诸如朱塞佩·加里波第那样的自由主义者也出面说项。不过，华莱士坚持认为，对马克西米利安执行死刑足以让全世界明白，外人必须远离墨西哥国内事务。

1867年6月19日，马克西米利安与其两位将军的死刑由行刑队执行。听到这一消息，卡洛塔的情绪瞬间崩溃了，从此再未恢复。在漫长的余生中，她一直与世隔绝。

　　　　　　　　　　　　对马克西米利安皇帝（头戴墨西哥帽那位）行刑的场景

中国太后慈禧

（1835—1908）

    慈禧是个出身卑微的妃子，然而，她做到了中国当朝皇帝的所有后妃都没能做到的事——为皇帝生了个儿子。没过多久，老皇帝亡故。宣读遗诏时，人们得知，已故皇帝指名慈禧摄政。慈禧喜欢行使权力，不过，儿子达到执政年龄后，慈禧便悄悄引退了，去了雕梁画栋的北京颐和园。几年后，慈禧的儿子亡故，继任为新皇帝的是她儿子的堂弟兼表弟，那孩子时年仅有3岁。慈禧应召再次摄政。男孩达到执政年龄后，慈禧又退到了一边，然而这并未持续多久。1898年，慈禧发动了一场针对侄儿兼外甥的宫廷政变，夺取了执政权。

    慈禧对权力和特权情有独钟，她是操纵宫闱权谋的天才，而且跋扈到了专横的程度。对国家进行政治改革和社会改革的所有建议全都遭到她的拒绝。为修建宏伟壮丽的颐和园，她不惜挪用国家为建设海军拨付的专款。终于决定整治官僚机构时，她首先处死了两名最重要的官员——这么做仅仅是为了更加清楚地表明，她的意志必须不折不扣地得到执行。

    太平天国农民起义向世人揭示，为保住权力，慈禧什么事都做得出来。这场起义由一个名叫洪秀全的狂人领导，此人坚信，他是耶稣基督的小弟，奉苍天上帝之命灭掉满族人。洪秀全的追随者们自称太平军。而慈禧为剿灭太平军使中国付出了1100万生命的代价。

    西方众强国梦想将中国揽入他们的海外版图。出于对西方众强国的仇视以及对西方商人和传教士的怀疑，慈禧于1900年支持了义和拳（即义和团）运动。义和团遍布中国各地，它以恢复中国传统价值观的名义，号召人们杀死生活在中国的所有西方人以及受西方价值观污染的中国人，例如中国的基督徒。英国人、法国人、德国人、俄国人、日本人、美国人、奥地利人、意大利人组成八国联军，一举摧毁了义和团，也迫使慈禧接受了一份颜面尽失的条约，根据该条约，慈禧同意赔款3.33亿美元，并同意向西方国家做出价值不菲的贸易妥协，还同意西方国家在中国驻军。

    慈禧于1908年亡故，葬于她生前修建的陵园。那里布满了令人叹为观止的亭台楼阁及华美的建筑，每一细微之处都贴满了金箔。

國慈禧皇太

比利时国王利奥波德二世

（1835—1909）

19世纪那会儿，一旦拥有诸多海外殖民地，每个君主国都可以让国家变得既富裕又强大，利奥波德二世（Leopold Ⅱ）对此深信不疑。让他深感失望的是，比利时政府和人民都与他的观点相左。后来，国王突然开了窍，想到不妨设立一个完全属于他的私人殖民地，由他自己经营管理。

1876年，利奥波德雇用探险家亨利·莫顿·斯坦利（他曾于五年前找到了失踪的有医生资格的传教士大卫·利文斯敦）为建立殖民地寻找一个适合的地点；斯坦利提议选择刚果。在1884年末至1885年初召开的柏林会议上，与会的美国代表和另外14个欧洲国家的代表承认，利奥波德是刚果的唯一产权人。与比利时相比，那片领土的面积超过比利时的国土面积76倍之多。该殖民地产出的所有利润直接进了利奥波德的腰包。为维持刚果的秩序，利奥波德雇用了一支私人军队。颇具讽刺意味的是，这支军队以"公共军队"的名义闻名于世。

利奥波德私人殖民地最赚钱的产业之一是橡胶业。国王的工头像对待奴隶一样对待刚果的男女老少。敢于违抗比利时人的刚果人要么饱受酷刑，要么直接被杀。在一次巡回视察中，不列颠领事罗杰·凯塞门看到，对那些不愿意干活或者干活不利索的孩子，工头就要采取惩罚措施：剁掉每个孩子的一只手。每周生产粮食和编织箩筐数量不足的刚果人，必然会遭受极其残忍的鞭笞，还会因此留下终身不愈的伤痕。另外，天花等传染病以及其他疾病在奴隶劳工居住的村庄和营地之间肆虐，奴隶和劳工由于身体过于虚弱、营养不良，无法抵御这些传染病，成千累万地死去。在利奥波德国王统治期间为其劳作死去的非洲人至少有200万，不过，一些学者声称，死亡人数高达1500万。

罗杰·凯塞门的报告促成了世界上第一次国际人权运动，结果是比利时国会迫使利奥波德签署协议，将刚果交给比利时政府。

利奥波德殁于1909年，灵车载着他的遗体在布鲁塞尔数条大街上驶过之时，路旁的民众嘘声不断。

夏威夷群岛女王利留卡拉妮

（1838—1917）

利留卡拉妮（Liliuokalani）降生时，夏威夷的王室成员正模仿欧洲君王的生活方式，过着君王一样的生活。利留卡拉妮在美国传教士开办的学校上学，接受西式教育。上学期间，她在音乐和诗歌方面显露出特殊的天分。她一生创作了150首歌，包括经典歌曲《珍重再见》。

1887年，利留卡拉妮的哥哥卡拉卡瓦当国王期间，他前往英格兰，与世界各国君王们一同参加维多利亚女王登基50周年金色庆典。回到夏威夷后，利留卡拉妮听人们说，他的哥哥签署了一部新宪法，让夏威夷君王几乎成了有名无实的摆设。1891年，卡拉卡瓦亡故，利留卡拉妮成了女王。

生活在夏威夷的美国居民以"兼并主义者"而著称，他们急于让整个群岛成为美国的领土。然而，利留卡拉妮希望她的家乡继续保持独立。她试图通过一部新宪法，以恢复夏威夷君王所曾经拥有的权力和威仪，这让"兼并主义者"获得了期待已久的借口。美国驻岛国公使以"保护美国人的生命和财产"为由，招来了美国军队，与此同时，"兼并主义者"发动了一次政变，将利留卡拉妮赶下了王位。她没有反抗，反而请求美国总统格罗弗·克利夫兰帮助她恢复权力和国家独立。克利夫兰仅对女王表示同情，却拒绝利用其政治影响帮助她恢复王权。

1894年，"兼并主义者"刚刚建立夏威夷共和国，原住民即刻群起反对新的政府。利留卡拉妮有可能参与了暴乱。暴乱被镇压下去后，利留卡拉妮唯有接受现状，她发誓效忠共和国，然后就从公众视野里消失了。通过投票，当地立法机构投票表决每年给她4000美元退休金，还给她一个占地3.6万亩的甘蔗种植园作为补充。而她在自己的遗嘱里申明，身后所有财产归"利留卡拉妮女王托管基金会"，用于资助贫困的孩子和孤儿。这个基金会至今犹存。

利留卡拉妮的照片，上面有女王赠送照片给海军部长时的亲笔题签

To the Hon. Josephus Daniels
Secretary of the Navy.
From
Liliuokalani

内兹珀斯酋长约瑟夫

（1841—1904）

内兹珀斯族酋长与美国政府代表签署了一项协议，根据该协议某些条款的规定，所有内兹珀斯族成员将被限制在如今俄勒冈州的一小块保留地内。一开始，内兹珀斯保留地比如今大得多，然而，随着矿工和其他定居者大量涌入俄勒冈，用地的需求猛增，联邦政府决定，向定居者开放更多原本承诺给印第安人的土地。

约瑟夫（Joseph）酋长的父亲感觉被人欺骗了，因而他率领自己的族群东出落基山脉，前往野牛栖息地，其他内兹珀斯族酋长也追随他而去。约瑟夫在那一带长大成人，结婚生子，有了家庭，夫妻二人生育了5个女孩和4个男孩。1871年，约瑟夫成了酋长。后来，1877年，联邦政府机构坚决要求内兹珀斯族所有族群返回保留地。约瑟夫和另几位酋长同意了。不过，在返回俄勒冈保留地的途中，内兹珀斯族某族群的几个人杀死了一些美国定居者，约瑟夫和几位同行的酋长唯恐联邦军队会因此惩罚整个内兹珀斯族，便掉头往东而去。

历经四个月，内兹珀斯族500位族人迁徙了1600公里，先后穿越了爱达荷州、蒙大拿州，他们的目标是跨越边境进入加拿大，因为美国士兵不能进入加拿大追捕他们。他们一路东行，边行进边战斗，让美国军队吃了好几次败仗。约瑟夫不允许手下的战士伤害白人妇女和儿童，不允许肢解死去的士兵和定居者的尸体。这一政策为他赢得了尊重和同情。然而，一路走来，厄运一直与内兹珀斯族人相伴相随。1877年10月，这族人还没有进入加拿大，约瑟夫已成了唯一在世的酋长。虽然边境线就在不足30公里开外，但由于疾病和体弱，使得妇女、儿童、老人已经无力向安全地带做最后冲刺了。在向纳尔逊·迈尔斯将军缴枪投降时，约瑟夫发表了感天动地的讲话，这篇讲话至今仍然是美国演说词的经典。他说："寒气逼人，我们没有铺盖，年幼的孩子们冻得要死。听我说，各位酋长，我已经累垮了，我的心满是负罪感和悲凉感。只要阳光普照世间，我再也不会打仗了。"

约瑟夫原本希望美国政府把他送回位于俄勒冈州的瓦洛厄山谷，相反，他被限制在了堪萨斯州的保留地内，当时那一地区属于俄克拉荷马州。最终，约瑟夫在华盛顿州内斯皮勒姆于睡眠中与世长辞。

大不列颠国王、印度皇帝爱德华七世

（1841—1910）

爱德华（Edward Ⅶ）的双亲维多利亚和阿尔伯特认为，儿子伯蒂（他们如此称呼这个儿子）太没有责任心，因而不能把任何政治权力委托给他。伯蒂18岁时，父亲曾经写下一段文字："他随时有可能应召接管政府，每每想到这一点，我总会感觉不寒而栗。"由于父亲对他缺乏信心，伯蒂的心灵遭到创伤，他做事甚至更加缺乏责任感。他游手好闲，把时间花费在醉酒欢宴上，追逐女性，参与运动消遣，引领男性时尚标准。他真心爱着妻子亚历山德拉，不过，他无法拒绝诸如著名女演员莉莉·兰特里之类美艳女性的吸引。

尽管伯蒂让皇亲贵戚们感到失望，但在国内外民众中，他却广受欢迎，还受人尊敬。实际上，他本人与欧洲大陆每一位国王和王后相识，或者与他们保持着某种关系。他利用这种关系在各个冲突国之间展开斡旋，因而获得了"和平缔造者"之美名。一些历史学家相信，正是伯蒂的作为，使得第一次世界大战爆发的时间有所推迟。

爱德华七世于1901年登基，当时他60岁，已经秃顶，体态臃肿，健康状况不佳。在位九年间，他没有像他的母亲那样做过对国家和世界有影响力的事情，而且几乎没有时间做这些。不过，他在外交方面获得了几项重大的成功：与日本结盟、与法国达成谅解、与俄罗斯保持友好关系。与这些大国针锋相对的是德奥意三国同盟，该同盟由爱德华那位好战且狂妄自大的外甥凯撒·威廉一手建造。

爱德华在世期间，国王与皇帝经常互访，欧洲权贵们依然处在社会顶端，上等阶层的财富和权力实际上并未受到挑战，而第一次世界大战和"俄国革命"把这一切荡涤一空。爱德华亡故时，旧时代好像也要追随他一去不返。至少有九位国王陪伴他的遗体前往墓地，后来的君王再也没有过这样的待遇。

爱德华七世的照片，摄于他登基前一年

马赫迪穆罕默德·阿赫迈德

（1844—1885）

    根据伊斯兰教义，存在着一位"马赫迪"——即救世主，他会赶在世界末日到来前，在世界上建立起公正的终极时代，让信仰恢复到最纯粹的状态。19世纪末，一个神秘的名叫穆罕默德·阿赫迈德（Muhammad Ahmad）的人在苏丹宣称，他就是"马赫迪"。他的部分使命是将奥斯曼土耳其人、埃及人、不列颠人驱逐出苏丹。他曾经对追随者们说："我就是马赫迪，是至尊先知之神的后代。不要向异教徒土耳其人交税了。见到土耳其人就杀吧，土耳其人都是异教徒。"埃及官方派军队进入沙漠寻找穆罕默德·阿赫迈德的帐篷，对他实施抓捕。然而，"马赫迪"的追随者——他们自称安萨尔（ansar）或"助手"——伏击并屠杀了几乎所有的政府官兵。

    1883年，这位"马赫迪"取得了一系列令人瞠目的胜利。首先，他的追随者击溃了4000名埃及职业军人，而他们的武器不过是长矛和刀剑。埃及人做出回应，派出一支由不列颠军官威廉·希克斯率领的8000人大军进入苏丹，以惩罚"马赫迪"。然而，这支军队被4万名安萨尔全歼了。每一次胜利都让穆罕默德·阿赫迈德在人民中的地位更加稳固。得悉安萨尔不断地战胜人民的宿敌，人们相信此人一定就是"马赫迪"。

    最终，安萨尔打败了由4000名不列颠人组成的军队。这次胜利让不列颠政府下决心放弃苏丹，将干涉政策限制在保卫红海沿岸港口方面，包括保卫喀土穆。1884年，政府派遣查理·戈登将军前往喀土穆，营救那里的欧洲人和埃及人。戈登是个不按规矩出牌的常胜将军。"马赫迪"和安萨尔合拢包围圈，在切断喀土穆城里和城外的交通联络前，戈登仅仅送出城2500名非苏丹人。

    经过九个月围城，一个支持"马赫迪"的喀土穆市民偷偷打开了尼罗河沿岸的城门，安萨尔蜂拥进城。在随后的屠杀中，他们将所有守城官兵斩尽杀绝，戈登也被砍死并被枭首。那些人将戈登的头颅放在一棵树上，供来往的人观看。

    胜利夺取喀土穆六个月后，"马赫迪"亡故。没有了他的领导，他倡导的运动成了一盘散沙，不列颠军队和埃塞俄比亚军队趁机打击并驱散了安萨尔。

MONTBARD.

巴伐利亚国王"疯子王"路德维希二世

（1845—1886）

　　在英语国家，路德维希（Ludwig）因"疯子王"绰号而闻名，这一绰号源自他遭到废黜的理由："精神不稳定"。不过，在德语地区，他却因"童话国王"的绰号而著称，他疯狂地痴迷于德意志民间传说，对各种中世纪风格的城堡情有独钟。

　　毫无疑问，路德维希是那种一旦爱上，就会不顾一切的人。他对理查德·瓦格纳的歌剧更是偏爱有加，他不仅是最狂热的瓦格纳迷，还成了瓦格纳的资助人。遇到心中的英雄瓦格纳时，路德维希19岁。瓦格纳对王子也同样印象至深。王子和作曲家，双方均表示了相见恨晚的心境。"天呐，他如此英俊睿智，高尚可爱，"瓦格纳记述道，"让我担心的是，在如此世俗的世界里，他的生命难免会像诸神赐予的梦境一样，转瞬间灰飞烟灭。"1872年，路德维希开始修建纪念剧院，这个剧院专为上演瓦格纳的歌剧而设计。路德维希在那里观看了为他专场演出的几个早期版本的瓦格纳音乐套剧《尼布龙根指环》。路德维希还有一处更为私密的演出场所：他在林德霍夫宫修建了一个人工洞穴，在那处地方，他乘坐一艘状如贝壳的小船泛舟波光之上，歌剧演员们在洞穴里为他引吭高歌。

　　路德维希第二个最大的爱好是城堡，他留给世人最精美的建筑成果是在一座陡峭的大山顶端修建的"新天鹅城堡"。在高耸的城垛背后，数座童话般的塔楼直插云霄，城堡的各面内墙装饰着不同的壁画，所有内容均源自瓦格纳歌剧的布景。路德维希用自己的财力支付了前述建筑项目以及其他建筑项目。到了1885年，他欠下的债务已经达到1400万马克。他的奢华让大臣们头痛不已，他们搜集了一大堆关于国王行为怪癖的材料，以及来自仆人们的闲言碎语，这些全都成了国王精神错乱的证据。路德维希被废黜两天后，他和一位医生到湖边散步，正是这位医生宣称，国王的精神状态已经不适宜统治国家。数小时后，人们发现，国王和医生的尸体漂浮在浅水湾里。时至今日，没有人知道那天在湖边究竟发生了什么，是别的什么人谋杀了路德维希和医生，还是国王先杀了医生，然后溺水自尽。

日本天皇明治

（1852—1912）

从17世纪初开始，日本开始闭关锁国，与外部世界隔绝，仅允许与欧洲、美国以及其他亚洲国家进行有限的贸易，除此再无与外界的接触。在将近250年里，日本在时间通道上凝滞了，滞留在中世纪的幕府世界里，武士们的一言一行绝对不容置疑，而武士表现着刻板的武士道精神。农民们对统治阶层唯有顺从。在这样的体制下，虽然日本人尊奉天皇为天神的后代，在政治层面，天皇只是个有名无实的首脑。是年，美国海军准将马修·佩里率领几艘战列舰开进如今的东京湾，强迫日本人结束了闭关锁国政策，给日本带来了天翻地覆的变化，天皇家族首先做出表率，对这种变化予以支持。

明治出生在佩里准将登陆日本那年。他接受的是与日本毫不相干的教育，此种教育向他揭示，欧洲的君王们手握真正的权力。对年幼的天皇实施这种教育宣告了一个时代的结束，即听话的日本天皇和中世纪日本时代的结束。

明治开始掌权时，他的誓言是全新的，显然是为他量身定做的，例如他发誓设立立法机构，废除封建制度，按照西方模式建立日本的行政、经济、军事体系。

明治天皇身穿西式服装，享用西式餐饮，为带领日本跨入现代世界，他工作特别勤奋，生活非常简朴，从不显露任何奢华迹象，为后代树立了榜样。

对许多日本人来说，明治天皇强加给他们的变化过于剧烈和陌生，让他们一时难以适应，因此天皇采取了另一种战略。虽然他已经手握可以随意行使的权力，但他却将自己塑造成了天神一样的人物，成了王国的活化身。他不再过问世俗事务，因而，对判断失误、政策失败、立法失策，等等，天皇永远不会负有任何责任，所有错误均由政府首脑和立法者承担。

明治天皇亡故时，日本实际上已经完成了现代化进程，日本于1905年在战争中完全战胜俄罗斯即是证明。

明治天皇（坐在右边椅子上）与家人

奥地利皇太子鲁道夫

（1858—1889）

鲁道夫皇太子生命短促，也谈不上幸福。他的自由派政治观念和社会理念与父皇弗兰茨·约瑟夫相左，他父皇差点以为，这个独苗儿子说不定是个颠覆分子。皇帝和首相爱德华·冯·塔菲伯爵实行反制措施，将皇太子阻挡在所有国家事务以外。至于鲁道夫的母亲伊丽莎白皇后，她的许多观点反倒与儿子有相似之处，诸如希望给予帝国内部一些族群更多自治权。不过，在感情方面，她与儿子始终相当疏离。皇后不认可鲁道夫的妻子比利时公主史蒂芬妮，斥其为"白痴"，母子间的关系因而愈加僵化。鲁道夫和史蒂芬妮有了女儿伊丽莎白·玛丽后，夫妻两人的关系反而变糟了，于是皇太子开始在外边寻找异性伴侣。

急于有所建树的鲁道夫开始为一份政治上激进的报纸撰写匿名文章，他还资助一份具有划时代意义的内部刊物，向世人详细展现奥匈帝国生活的方方面面。鲁道夫还异想天开地希望说服波兰人选举他为波兰国王，或者，若有可能——这事当然得从长计议——劝说父亲任命他为匈牙利国王。这一系列涉及王权的野心最终都没能开花结果，鲁道夫因此开始不断表现出抑郁症候。

1887年，鲁道夫得到了梅耶林庄园，那是一座位于维也纳郊外的花园式庄园。他将其作为狩猎的居所。同年，他遇到一位奥地利外交家的女儿玛丽·维兹拉女男爵，她当年17岁。两人开始了一段延续大约18个月的恋情。

1889年1月29日，鲁道夫的车夫将这对恋人送到了梅耶林庄园。第二天一早，人们发现两人死于鲁道夫的房间里。一个多世纪以来，围绕两人的死亡，阴谋论盛行。不过，最有可能的情况是，鲁道夫开枪杀死了玛丽，然后掉转枪口，也杀死了自己。

这次自戕事件过后，父亲弗兰茨·约瑟夫和母亲伊丽莎白从未走出心理阴影。一些历史学家争辩说，随着鲁道夫的死亡，奥匈帝国的倾圮在所难免，因为，其他继承人没有哪个具备皇太子的改革热情。

"幽灵舞"先知沃乌卡

（1858—1932）

　　1887年1月1日，由于患病和高烧，北方尤特族酋长沃乌卡（Wovoka）的灵魂飘飘忽忽去了来世，在那里接受了"来自苍天的启示"。上帝命令他担任传统舞蹈"祈雨舞"（即后来广为人知的"幽灵舞"）的领舞，还答应赋予他超自然的神力以及相当于美国总统的政治权力。沃乌卡的追随者们说，经历过这次奇迹，他能让冰块出现在夏季最炎热的日子里，炸药也无法伤害他。上述的后一项"神奇能力"导致他创造了"幽灵舞衫"，一种来自神灵的服装，人们相信，穿上这种衣服，即可刀枪不入。1890年，200名拉科塔族男人、女人、孩子穿着"幽灵舞衫"在伤膝谷遭到美国军队枪杀。

　　许多部族的代表前来看望沃乌卡，打听他所经历的奇境以及他得到的启示。随着时间的流逝，他所得到的启示与其他印第安神秘人物得到的启示有了矛盾。例如拉科塔族人相信，沃乌卡曾经承诺，"幽灵舞"会铲除所有白种人，从死去的拉科塔族人里唤回他们的所有家人和朋友。另有一位名叫瓦德奇瓦布的尤特族先知曾经承诺过相同的事，不过，至今人们也说不清，沃乌卡是否向人们宣扬过这种事。

　　沃乌卡在威尔逊家族的大型农场里长大，白人们称呼他杰克·威尔逊。威尔逊家族都是虔诚的长老会教义信奉者，当地还有许多四处游走、宣扬死人在野地复活的牧师，因此，沃乌卡的所谓宗教奇境不过是基督教和传统印第安信仰的混合物。印第安人一群群地到来，为的是见证沃乌卡与苍天对话，过后人们还要向他献上贡品。这一切与人头攒动的复活仪式上常见的场景如出一辙。

　　伤膝谷惨剧过后，许多印第安人指责沃乌卡是骗子，另一些人则威胁要杀死他。出于对自身安全的考虑，沃乌卡不再说教。但他依然向游客兜售过去那一套，不过，他仅仅在私底下向游客讲述他所经历的那次奇迹。他还向游客兜售老鹰的翎羽、红色的赭石，甚至兜售他喜欢的"40斤级别"的斯泰森牛仔帽。据他说，他售卖的所有东西都有疗伤功能。他创造奇迹的名声在印第安族群里依然有市场，例如第一次世界大战爆发时，一些印第安人言之凿凿地说，为帮助伍德罗·威尔逊总统，沃乌卡会让大西洋结冰，如此一来，美国军人仅凭双腿即可抵达法国。

德意志皇帝威廉二世

（1859—1941）

　　威廉二世（Wilhelm Ⅱ）是近现代历史上最出格和最危险的王室人物之一，他渴望人们的关注，尤其渴望英格兰王室亲戚们的关注，如外祖母维多利亚女王、舅舅爱德华七世、表弟乔治五世的关注。他对自己的亲生父母则是一肚子不满，因为他们计划将德意志变为君主立宪制国家。

　　威廉特别希望像沙皇表兄那样行使权力。远不止如此，他还把自己想象成伟大的军事指挥官，遵循腓特烈大帝套路的指挥官。实际上，他缺少领导才能，军事经验有限，仅仅是个痴迷各种军装和各种军事庆典的军迷。刚当上皇帝的威廉立即做了几件事，其一是解除奥托·冯·俾斯麦的职权。数十年来，俾斯麦一直让德意志置身战争之外，而皇帝本人则急于参战。

　　威廉显露的军国主义姿态，以及重整德意志海军军备的举动，让他的外祖母维多利亚伤心不已，她担心自己的外孙会像自己的儿子爱德华七世一样，因自负而把欧洲拖入战争。第一次世界大战席卷欧洲之际，威廉完全没有驾驭局势的能力。很快，他的军队开始两线作战：西线是大不列颠和法兰西；东线是俄罗斯。美国参战后，德意志陷入了真正的麻烦——美国军队是新生力量，本土还有数量庞大的后备兵力，与德意志日益缩小的储备相反，美国的战争资源看起来永无止境。

　　1918年11月9日，即签署停战协议前两天，威廉退位，和家人一起离开德国，前往荷兰多伦的一处庄园。1940年，阿道夫·希特勒征服法国后，威廉向其发去一封贺电。元首希特勒憎恨这位皇帝，纳粹军队入侵荷兰时，一支德军列队经过威廉位于多伦的庄园门口，然而，没有任何一位德国军官停下向这位前皇帝表示敬意。

奥地利大公弗朗茨·斐迪南

（1863—1914）

奥地利皇太子鲁道夫自杀一事，让弗朗茨·斐迪南（Franz Ferdinand）大公成了奥匈帝国第一顺位继承人。与伯父弗兰茨·约瑟夫皇帝不同，弗朗茨·斐迪南认为，奥匈帝国已经处在重大危机的边缘。在塞尔维亚族、波希米亚族、波斯尼亚族、克罗地亚族、匈牙利族等众多民族里，势头正盛的民族主义正在压迫帝国内部各民族统一的神经。弗朗茨·斐迪南提出组建全新的奥地利合众国，按照民族区域划分国家，承认各小国享有主权独立的解决方案。

弗兰茨·约瑟夫对弗朗茨·斐迪南的提议很冷淡，这与他对侄儿的妻子苏菲不怎么上心如出一辙。由于苏菲身世平庸，没有贵族背景，皇帝曾试图阻止这门婚事。然而，弗朗茨·斐迪南一味坚持，所以皇帝打出了手里最后一张牌：苏菲不会得到任何王室头衔，永远不得登基成为皇后，她生育的孩子没有继承王位的资格。

弗朗茨·斐迪南和苏菲遭遇谋杀，这一结局是司机开车时拐错方向所致。这一对夫妻访问萨拉热窝期间，一位塞尔维亚族刺客向他们乘坐的敞篷车投掷了一枚手榴弹。他投偏了一点点，手榴弹从汽车的机箱盖上弹跳出去，在汽车另一侧爆炸了。事后，弗朗茨·斐迪南和苏菲一再坚持让人们将他们送往救助伤者的医院。行驶途中，为他们开车的司机认错了路，拐进了一条小街，无独有偶，另一位刺客加夫里洛·普林齐普当时正独自行走在这条街上。他拔出手枪，快步冲向汽车，连续开了两枪，一枪击中苏菲的胸部，另一枪击中弗朗茨·斐迪南的颈部。

失去知觉的苏菲倒向丈夫，只听弗朗茨·斐迪南喊道："苏菲，亲爱的！苏菲，亲爱的！你可别死！为了孩子们，你得活下来。"施救的人赶到时，弗朗茨·斐迪南大公本人也倒在了车里，只听他嘴里不停地念叨着："会没事儿的。会没事儿的。"这些都成了他的临终遗言。

遭遇暗杀数分钟前，弗朗茨·斐迪南和妻子苏菲走向等候他们的汽车

俄罗斯大公爵夫人伊丽莎白

（1864—1918）

像妹妹亚历山德拉一样，伊丽莎白（Elizabeth）的命运也与罗曼诺夫王朝挂上了钩。亚历山德拉嫁给了末代沙皇尼古拉二世；伊丽莎白嫁给了尼古拉二世的叔父谢尔盖大公爵。

伊丽莎白和谢尔盖是青梅竹马的玩伴儿，他们的关系一直像朋友而非情侣。不过，谢尔盖第一次求婚，伊丽莎白就答应了。

两人的婚姻很快就破裂了，原因在谢尔盖，他是同性恋，嗜酒成性，经常妒性大发。皇家其他成员都为伊丽莎白（家人都称呼她埃拉）感到惋惜，因为她是个招人喜爱的姑娘，理应嫁得更好。让所有人大感不解的是，伊丽莎白似乎真的爱着谢尔盖！

1905年2月，克里姆林宫高墙内，一位革命党人向乘坐马车的谢尔盖投掷了一枚炸弹。爆炸威力如此巨大，大公爵的身子简直可以说被炸成了碎块。当时埃拉正在克里姆林宫内一座宫殿里，听到爆炸声，她立刻跑了出来，却没有看见任何人影，雪地上到处散布着血淋淋的肉块。

经过四年守孝，彷徨于如何度过余生的埃拉变卖了所有珠宝首饰和身外之物，在莫斯科修建了一座修道院，她亲自担任院长。随后加入她的行列与她共事的女性均自称为"圣玛莎和圣玛丽修女"。为救助穷人，她们还经营着一家医院、一所孤儿院、一家大药房。埃拉有时候会去看望王室的亲人们，不过，1916年最后一次相见却不欢而散。那次她是去看望妹妹亚历山德拉，劝其放弃拉斯普京，她解释说，拉斯普京一直在暗中破坏君主政体。亚历山德拉不仅没听劝告，反而终止了与埃拉的所有联系。

1918年，即沙皇及其政权倒台一年后，列宁的人下令逮捕了埃拉以及另外五位与她沾亲的罗曼诺夫家族成员。红军士兵将他们押上大车，拉到阿拉帕耶夫斯克镇郊外的丛林里，将他们抛进一口废弃的矿井里，然后往井底扔了些手榴弹，以便结果尚未摔死的伤者，那些人接着还把燃烧的枝条和木块用铁锹铲进井口，以便彻底了断尚未断气的活口。数周后，一些忠于沙皇的白俄人将井底的尸体搬到了地面，其中一位罗曼诺夫亲王的头上缠着埃拉的围巾——她临死前竟然为受伤的人包扎了伤口！

446

ELIZABETH

俄罗斯沙皇尼古拉二世和皇后亚历山德拉

（1868—1918，1872—1918）

由于君王们的世界观依旧停留在17世纪，20世纪初，尼古拉和亚历山德拉已经完全不适宜统治国家了。尽管"革命"已经在整个欧洲铺开，并且在俄罗斯扎了根，对宗教自由、开办学校、改善就医条件、改善工厂的工作环境、向少数民族放权等等呼声，尼古拉一概充耳不闻。1905年革命以后，尼古拉做出了一个让步：同意在俄罗斯组建国家"杜马"（即议会）——或称由民选代表组成的国会。不过，他保留了任凭他随时解散"杜马"的权力。

尼古拉和亚历山德拉育有四个女儿和一个儿子。当他们发现儿子阿列克谢患有血友病后，这个家庭陷入深深的绝望。亚历山德拉求助于西伯利亚神秘主义者格雷戈里·拉斯普京。阿列克谢曾经好几次受伤，血流不止，每次都是拉斯普京为他止住了血。亚历山德拉依赖拉斯普京到了不可理喻的程度，对揭露后者真实面目的报告——比方说，拉斯普京是个酒鬼、色魔、亵渎神灵的坏蛋，她一概不信。俄罗斯全国各地遍传拉斯普京猥亵亚历山德拉和她女儿的小道消息，但即便如此，她也没有放弃拉斯普京。

第一次世界大战敲响了沙皇一家的丧钟。面对高度机械化的德国和奥地利军队，俄罗斯没有与之抗衡的铁路、工厂以及技术。俄罗斯拥有的无非是数以千万计的人力，然而，国家没有能力提供足够的武器、弹药、食品、御寒服装，甚至没有办法提供足够的靴子。在前线作战的士兵要么成批成批倒向敌人，要么作鸟兽散。由于全国各地的市民饱受食品和燃料匮乏之苦，各城市充斥着暴力和罢工罢市。

1917年3月，国家"杜马"成员已经忍无可忍，因而他们组建了临时政府，要求尼古拉将皇位让给儿子。由于担心孩子的体质，尼古拉代表阿列克谢宣布，他们父子两人同时退位。新政府原打算将皇室成员转移到境外，还没容他们采取实际步骤，列宁领导的社会民主工人党就推翻了临时政府，建立了布尔什维克国家，并且宣判尼古拉、亚历山德拉以及他们的五个孩子死刑。1918年，在叶卡捷琳堡一座破败的房子的地下室里，沙皇全家以及数位跟随他们的仆人被行刑队枪杀处死。

罗马尼亚王后玛丽

（1875—1938）

　　罗马尼亚的玛丽在其当政期及至一生，魅力、丑闻、勇气始终与之如影随形。作为维多利亚女王的孙女，她是欧洲任何王公的绝配。而她选择了罗马尼亚未来的国王斐迪南。1893 年，她嫁给了这位王储。

　　玛丽先后生育了六个孩子，三个儿子，三个女儿。斐迪南是哪几个孩子的父亲，至今仍存争议；另外可能还有个"神秘的孩子"存世。1897 年，婚后仅仅四年，玛丽和一个名叫肯塔库齐诺的军官有了绯闻。发现自己怀有身孕后，玛丽去了德国城市科堡，和母亲一起在那里长住下来，一直到孩子出世。那孩子是男是女，以及孩子后来的命运，这些秘密都跟随玛丽进了坟墓。

　　随着岁月的流逝，玛丽意识到，她几乎无法忍受丈夫。在写给朋友葛迪·富勒的一封信里，她曾经表达过自己对丈夫的感觉："从让人生厌升级成了极度的厌恶。"她与罗马尼亚首相巴布·斯特贝伊亲王有过绯闻，亲王极有可能是她儿子米尔恰和女儿依莲娜的父亲；另一个女儿玛丽亚的父亲可能是俄罗斯的鲍里斯大公爵——至少玛丽对公公卡罗尔国王这么说过。1903 年，儿子尼古拉即将出世之际，波林·阿斯特从美国赶到罗马尼亚陪伴玛丽。循着王后的生活轨迹回溯，人们即可推测，孩子的父亲是波林的哥哥沃尔多夫·阿斯特。至于斐迪南，他接受了玛丽的所有孩子。

　　第一次世界大战期间，玛丽展现给世人一个罗马尼亚忠贞爱国者的形象。德国军队蹂躏了王国的大部分领土，一些罗马尼亚军官主张军队全面撤退，撤到俄罗斯领土上。玛丽和几位高级将领则反其道而行之，他们一起制定了一套战略，按照计划，军队将在国家的一处要地共同作战，而那里没有任何退路。

　　战事结束后，罗马尼亚政府希望索回罗马尼亚族裔占人口多数的、如今分属奥匈帝国和俄罗斯的领土。为确保这些领土回归罗马尼亚，玛丽亲赴凡尔赛，利用自身的魅力和魔力——外加明智的施压——获取所有她想得到的东西。

伊拉克国王费萨尔一世

（1885—1933）

奥斯曼帝国的倾圮，让费萨尔（Faisal）看到了由阿拉伯人实施地方自治的机会。费萨尔是阿拉伯半岛几个最著名的穆斯林家族的子弟。1915年，费萨尔前往伊斯坦布尔申明自己的主张，虽然奥斯曼人已经处在临终抢救阶段，他们依然拒绝向阿拉伯人做出让步。费萨尔的下一站是大马士革，在那里，他与其他阿拉伯领袖们签署了《大马士革议定书》。按照承诺，领袖们将组织一次反抗奥斯曼帝国的"阿拉伯大起义"，以此支援英国人作战。作为回报，英国支持在阿拉伯半岛和美索不达米亚地区创建独立的阿拉伯国家。

1916年，"阿拉伯大起义"在伊斯兰圣城麦加竖起了大旗。费萨尔率军反抗奥斯曼帝国的同时，英国入侵了巴勒斯坦（如今的以色列）。与费萨尔联合作战的是28岁的托马斯·爱德华·劳伦斯。他是个情报官、业余考古学家，具有爱尔兰血统，对阿拉伯人深为同情，他更有一个为人熟知的诨名："阿拉伯的劳伦斯"。费萨尔和劳伦斯一起破坏了土耳其人的铁路线，一起夺取了亚喀巴港。在帮助费萨尔获取英国军用物资装备部队方面，劳伦斯是个不可多得的人才。战后，劳伦斯向"英国中东事务部"提议，将费萨尔立为国王，疆域是如今的伊拉克。

1919年，费萨尔会见了"世界犹太复国主义组织"主席哈伊姆·魏茨曼。他们一起签订了一份协议，根据协议，若哈伊姆·魏茨曼保证犹太定居者尊重阿拉伯农民的宗教信仰权和财产权，费萨尔就会同意犹太人向巴勒斯坦移民。费萨尔坚信，既然英国人承诺他在美索不达米亚地区建立阿拉伯国家，便有了足以平衡犹太人在巴勒斯坦建立定居点的保证。

为了让自己的王朝合法化，费萨尔号召进行全民公投。对他成为伊拉克国王，96%的投票人给予了肯定。人们的信任得到了很好的回报：历史证明，费萨尔是个精明的国王，他能让英国殖民官员、阿拉伯民族主义者、部落酋长都感到满意。可惜的是，随着他的亡故，伊拉克陷入了数十年的动荡之中。

参加凡尔赛和平大会的费萨尔和顾问，国王身后左侧站立者为阿拉伯的劳伦斯

埃塞俄比亚皇帝海尔·塞拉西一世

（1892—1975）

　　海尔·塞拉西（Haile Selassie）一生最引人注目的时刻是在1936年。这一年，意大利军队在贝尼托·墨索里尼率领下征服了埃塞俄比亚，那是一次极为残忍的侵略，因为意大利人对埃塞俄比亚人使用了毒气。被赶出国门的皇帝去了日内瓦，请求"国际联盟"（联合国前身——译者注）施以援手。他在大会发言中说："我国人民正面临种族灭绝的威胁，唯有国际联盟伸出援手，才能阻挡致命的一击。既然国际联盟规定，各成员国均享有平等规则，此时此刻，可否允许我不再保持沉默，以最坦诚的心态、用最直白的方式，向各位表达我的心声？……我想知道的是，与会各位可能采取何种措施？"

　　出乎他意料的是，"国际联盟"竟没有采取任何措施！不过，英国人于1941年解放了埃塞俄比亚。海尔·塞拉西回国了。

　　在当今世界，埃塞俄比亚王室可谓绝无仅有：王室成员们自称是所罗门王和希巴女王的直系后代，他们统治的地区在宗教上分为东正教和伊斯兰教两部分（人口中还有相当一部分埃塞俄比亚犹太人），人们严格遵循传统，对现代技术真的是一无所知。海尔·塞拉西希望带给国家一部成文宪法，实现金融系统现代化，让军队装备进入20世纪，让自己的人民享有西方世界认为理所当然的奢华和便利。不过，抱残守缺的埃塞俄比亚传统主义者认为，皇帝的步子迈得太大，他带来的那些改革没人需要，也没人想要，反而损害了国家独一无二的特征。海尔·塞拉西不仅没有与传统主义者斗争，而是放慢了改革步伐。

　　海尔·塞拉西鼓励埃塞俄比亚学生赴海外上大学，然而，学成归国的学子们却发现，他们极少有机会能将所学知识结合到建设国家的实践中去。

　　20世纪60年代末和70年代初，埃塞俄比亚经历了一系列灾难——诸如饥荒、经济萧条、城市贫困人口不断上升等。随后，阿拉伯石油禁运导致汽油价格直线蹿升。1974年，一伙执政军人逮捕了82岁高龄的皇帝，将他投入监狱。这位皇帝何时因何而死，葬在了何处，至今无人知晓。

　　　　　　　　　　　　　　　　　　　　　　　　　　　　　　一身加冕礼盛装的海尔·塞拉西

大不列颠国王、印度皇帝爱德华八世

（1894—1972）

爱德华八世（Edward Ⅷ）在位仅326天，时间刚好够他遵照仪轨前往威斯敏斯特大教堂接受加冕。然而，节外生枝，出了状况——爱德华爱上了一个离过两次婚的美国女人，他想娶这个女人，让这个女人加冕为王后。英国政府、英格兰教会、英国民众里相当一部分人认为，这个女人不是恰当的人选。因而，1937年，爱德华宣布放弃王位，接着还发表了一篇广播讲话，解释弃位原因说："我已经意识到，离开我钟爱的女人的帮助和支持，我不可能如我所愿担当如此重大的责任，同时也无法履行作为国王的义务。"想当初，世界各地许多人觉着，爱德华的退位，彰显了一种爱情至上的浪漫情怀。可是，随着岁月的流逝，一些传记作家挖掘出了更多关于爱德华和妻子沃丽丝·沃菲尔德·辛普森的信息，这一对情人看似远不如从前那么如胶似漆了，似乎民众对于他们的事情也失去了兴趣。

退位以后，爱德华前往法国，在那里与辛普森夫人成婚。他的弟弟乔治六世国王授予夫妇两人温莎公爵和公爵夫人头衔。根据事先约定，称呼公爵夫人时不得使用"尊敬的殿下"称谓。爱德华从未原谅家人对他的怠慢，针尖对麦芒，王室也从未原谅爱德华的自私行为。

公爵和公爵夫人开启了无休无止的寻欢作乐生活：打高尔夫球、乘游艇出海、现身各种各样的晚会、在"里维埃拉"号邮轮上度假。1937年，他们去了希特勒治下的德国，这种行为加深了英国王室和政府对他们的敌视——前英国国王现身德国，等于默认纳粹政权合法。1939年，第二次世界大战爆发，公爵自告奋勇为国家服务。不过，这一表态引发谣言四起，比如，纳粹阴谋推翻国王和王后，让公爵和公爵夫人取而代之，因为公爵夫妇希望与德国达成和平。为阻止兄长走上这条路，乔治六世国王将爱德华派往百慕大群岛任总督。

战争结束后，公爵和公爵夫人返回欧洲，再续一轮又一轮的消遣享乐生活。1972年，公爵临终前，伊丽莎白女王、菲利普亲王、查尔斯王子等人前往巴黎看望公爵夫妇。爱德华亡故后，伊丽莎白女王结束了家族内部的隔阂，坚持用正规的皇家葬礼安葬爱德华，公爵夫人在葬礼上受到了高规格的礼遇和对待。

前国王和沃丽丝·辛普森婚礼当天拍摄的照片

大不列颠国王乔治六世和王后伊丽莎白

（1895—1952，1900—2002）

兄长爱德华八世退位，将乔治推到了聚光灯下。乔治本是个害羞之人，说话稍有语言障碍，对他而言，在公众面前讲话是一种折磨。不过，夫人伊丽莎白则雍容大度，既沉稳又不失魅力，无论在什么场合与什么人交往，她都显得如鱼得水。夫妇两人育有两个可爱的小女孩，一个叫伊丽莎白，一个叫玛格丽特。他们这种组合，像是典型的英国家庭——不同的是，他们是国王、王后以及一双公主。在爱德华、辛普森夫人以及他们一大帮时髦的朋友浮夸和世故的生活做派之后，对大不列颠平民来说，这个刚刚崭露头角、极为普通的王室家庭还是让百姓们易于接受的。

生活在非同寻常的时代，注定了国王一家人的命运。乔治加冕三年后，纳粹德国入侵了波兰，整个世界被抛进了另一场世界大战。在希特勒的闪电战面前，欧洲国家一个接一个倒下，实际上，英国很快也陷入了为生存而斗争的孤立境地。一批又一批纳粹轰炸机几乎每到夜间都会前来攻击英国的城市和乡镇。为了安全起见，一些英国父母将孩子送往乡下生活，另一些人则干脆将孩子送往遥远的加拿大。大轰炸期间，内阁强烈要求王后带她的孩子离开伦敦，认为或许她们应该直接前往加拿大。但伊丽莎白王后公开表示："我不离开，孩子也不会离开；我不会离开国王，而国王永远不会离开英国。"白金汉宫数次遭受纳粹轰炸机轰炸，之后谈到遭受极其惨烈的狂轰滥炸的伦敦某居民区时，王后说："我很高兴我的家也遭到了轰炸，如今我可以跟伦敦东区的穷人面对面交流了。"简单朴素的言语表达着勇气和团结，让身处困境的英国民众大受鼓舞。

"二战"结束后，面对不列颠帝国的解体，成了乔治不可推卸的义务。巴勒斯坦变成了以色列国。乔治曾经是印度皇帝，而今这个国家却一分为二，成了印度和巴基斯坦两个国家。

第二次世界大战引发的忧虑以及帝国的解体，对乔治的健康造成了损害。医生查出他患有多种疾病，最严重的是肺癌和动脉硬化。乔治六世殁于1952年，女儿伊丽莎白随之继位。

从那往后，伊丽莎白这位乔治六世的遗孀继续在世50年，并且成了最受欢迎的英国王室成员。

乔治国王在欣赏弹奏钢琴的伊丽莎白王后

卢森堡女大公夏洛特

（1896—1985）

第一次世界大战期间，统治卢森堡的人原本是夏洛特（Charlotte）的姐姐玛丽·阿黛拉伊德女大公，不过，她与德国占领军过从甚密，这让国民感到愤怒，也鼓舞了国内激进分子的斗志。他们认为，卢森堡被君主统治的日子已经屈指可数了。

1919年，迫于社会舆论的敌对情绪，玛丽·阿黛拉伊德宣布退位，由妹妹继位。诸如延续王朝，继续执政，确保卢森堡的独立（国内许多自由主义者大声疾呼卢森堡与比利时合并）等，这些责任全都落在了夏洛特身上。夏洛特向政府做出保证，她乐于成为立宪君主，不过，无论如何她都不会同意卢森堡成为比利时的附属国。而后，政府拒绝了并入比利时的计划，在公民投票中，卢森堡77%的选民投票赞成大公家族继续领导国家。这番"双重"胜利过后不出几周，夏洛特嫁给了波旁–帕尔马王朝的费利克斯王子。随着时间的流逝，他们有了六个孩子，因而王朝的延续有了保障。

1940年，纳粹德国入侵了荷兰、比利时、卢森堡这三个曾宣布过保持中立的国家！夏洛特和家人逃到了英格兰，然后去了加拿大，一直在那里居住到战争结束。身在加拿大的夏洛特通过英国广播公司定期向国民发表广播讲话，号召国民坚定信念，"同盟国"一定会打败纳粹，卢森堡会再次获得自由。这些满怀希望的预言让女大公在国民中很有人望。

"二战"结束后，夏洛特鼎力支持卢森堡与荷兰、比利时共同组建"荷比卢经济联盟"，还批准卢森堡加入"欧洲共同市场"，即"欧洲联盟"的前身。

1963年，夏洛特成了仍然在世且在位时间最长的欧洲君王。为庆祝这一经历，美国总统约翰·肯尼迪和第一夫人杰奎琳·肯尼迪盛情邀请女大公前往白宫，出席为她精心安排的国宴。第二年，夏洛特女大公宣布退位，将大公位让给了长子让（Jean）。

日本天皇裕仁

（1901—1989）

　　究竟什么才是裕仁（Hirohito）天皇的真实性格，20世纪30年代到40年代，日本军国主义迅猛扩张时期，他究竟卷入有多深，对于这些，历史学家们和传记作家们至今仍然争论不休。在一些人的笔下，裕仁胆子小，对研究海洋生物的兴趣远比对管理政府的兴趣大；另一些人则坚持认为，司令官们的所有决策，裕仁不仅知情，而且全都经他亲自批准，包括在中国境内的残酷战争，以及针对珍珠港美军舰队的突然袭击。激烈的争论至今仍然在持续。

　　裕仁当朝时期，恰好赶上日本历史变革最剧烈的几十年。日本的整体规划是，经由南太平洋，将帝国疆域扩大到亚洲大陆。1937年，日本军队入侵中国，这不过是整体计划的第一步。1940年，日本签署了"三国公约"，该公约让日本与纳粹德国和法西斯意大利结成了盟国。1945年，两颗原子弹摧毁了广岛和长崎，过后，日本向同盟国无条件投降，第二次世界大战宣告结束。

　　战后天皇的命运成了未定之数，许多西方人坚持认为，裕仁应当作为战犯接受审判。而刚刚受命担任盟军驻日本最高司令官的美国将军道格拉斯·麦克阿瑟的政策是，让日本非军事化，建立民主政府。因为他相信，审判裕仁会激怒日本人民，从而让他的政策泡汤。或许麦克阿瑟拯救了裕仁的生命，不过，他也剥夺了裕仁的所有权力。1946年，天皇宣布放弃皇权神授的说法以及太阳女神后裔的身份。1947年，日本人接受了（麦克阿瑟主持下制定的）新宪法，保留了天皇的职位，然而将其限制成了日本社会一种纯礼仪性的角色。

　　1975年，裕仁对美国进行国事访问期间，曾经就日本在第二次世界大战中给各国造成的痛苦和磨难进行正式道歉，当时美国人不知道应当如何解读这个道歉——是官方的？抑或是天皇的个人表示？

裕仁和美国总统杰拉尔德·福特

中国皇帝溥仪

（1906—1967）

慈禧太后临终前下诏，由溥仪继任皇帝。成为中国皇帝时，溥仪还差数周才满三周岁。人们将这个小男孩从家人身边带走，置于北京紫禁城建筑群高墙内，经允许，他的乳母得以与他同行。除了乳母，溥仪身边全都是陌生人：护卫、官僚、仆人，为满足他的无论什么任性的要求，还有一小群太监在他身边伺候。

1912年，溥仪年满六周岁时，一场席卷全国的革命让中国变成了共和制国家。人们同意溥仪保留皇帝头衔，还将紫禁城北半部以及颐和园划出来作为他的寓所。1924年，一位名叫冯玉祥的军阀将他赶出皇宫，他丧失了仅有的居所。日本人在位于中国北方的天津为前皇帝提供了一座别墅，供其居住。

十多年后，日本人发现，他们的皇家贵客还有点用处：作为征服中国计划的一部分，日本人在中国东北建立了伪满洲国，他们将溥仪立为傀儡皇帝。第二次世界大战结束之际，苏联红军占领了中国东北全境，逮捕了溥仪。1946年，苏联将其送往东京，为审判战犯出庭做证，然后将其关押在苏联的一座监狱里。1950年，作为友好姿态，斯大林将溥仪送还毛泽东。1959年，毛泽东签发了特赦令，此前溥仪一直被关押在中国的监狱里。

中国末代皇帝的生活变得很寻常。他在北京植物园找到一份工作，还娶了个护士做妻子；再后来他又找了个更好的工作，在政府的某个单位里当编辑。

20世纪60年代，"文化大革命"时期，在好斗的红卫兵看来，溥仪是个极为显眼的靶子，地方安全部门只好出面保护他。当时溥仪已经深受心脏病和早期癌症的折磨。溥仪亡故后，他的骨灰安葬在北京八宝山革命公墓里，那里恰好位于王朝时期埋葬历代嫔妃和太监的地方。

荷兰女王朱丽安娜

（1909—2004）

朱丽安娜（Juliana）经历过诸多国际危机和家庭矛盾的困扰。她以勇气和率真直面困难，让荷兰民众愈加爱戴她，甚至反君主制的荷兰工党成员也认为，她是"人民中的一员"。

1940年5月10日，纳粹德国入侵荷兰。德国人以为，24小时内荷兰就会垮掉。出乎意料的是，荷兰军队作战非常英勇，希特勒只好下令纳粹空军轰炸鹿特丹。15分钟内，机群向这座城市投掷了107吨高爆炸弹，炸死900位市民，炸伤逾万人，8万人无家可归。德国人还发出威胁，要用同样的方法对付另外三座城市：阿姆斯特丹、海牙、乌得勒支。荷兰人投降时，朱丽安娜、丈夫贝恩哈德、一岁的女儿贝娅特丽克丝及朱丽安娜的母亲威廉敏娜一行人逃到了英国。在随后的战争岁月里，贝恩哈德留在了英国，组建了一支流亡军队；朱丽安娜则带着女儿继续逃往加拿大，她们在那里一直居留到1945年。

战后，朱丽安娜的家庭遭遇了一个又一个变故。她对一个名叫格里特·霍夫曼斯的神秘主义者深信不疑，其痴迷程度危及了她的身心健康，以致丈夫和政府同时强烈要求她断绝与格里特·霍夫曼斯的联系。1964年，她的一个女儿秘密改信了天主教，随后嫁给了一位西班牙王子，且未按法定程序事先征得荷兰国会批准；1966年，她的另一个女儿贝娅特丽克丝嫁给了第二次世界大战期间曾经在纳粹军队服过役的克劳斯·冯·阿姆斯博格，因而掀起了抗议的轩然大波；随后而来的1976年，有人揭露她丈夫贝恩哈德接受过美国飞机制造商洛克希德公司的贿赂，这件事差点将朱丽安娜赶下王位。贝恩哈德辞去在荷兰军队数个部门以及私人企业担任的所有职务，这才扭转了局面。

尽管如此，朱丽安娜平安度过上述一系列巨变，而且人民仍然像以往一样爱戴她。荷兰喜剧演员威姆·卡恩经常挂在嘴边的一句话是："我希望荷兰能成为共和制国家，前提是朱丽安娜被选为第一任总统。"

伊朗国王穆罕默德·礼萨·沙·巴列维

（1919—1980）

人们可以将穆罕默德·礼萨·沙·巴列维说成是崇尚进步的，甚至是自由开放的专制君主。他独揽大权，但又充分利用这种权力，重新分配土地给国内的农民（保守的伊朗地主形容他是"布尔什维克式的国王"），解放妇女，在偏远地区兴办学校，禁止未满15周岁的人结婚，禁止未经正妻同意的纳妾，允许女性向男性提出离异，欢迎人们兴办产业，欢迎外国向伊朗投资，鼓励全民穿戴西方服饰。由于拥有巨量的石油储备，拥有中东地区最强的军力，从任何方面看，伊朗已经呈现出相当稳定的景象。

国王的许多西方式的改革措施遭到伊朗国内穆斯林保守派的反对。1963年，由于直言不讳地谴责国王的许多政策，伊朗最著名的宗教领袖之一阿亚图拉·鲁霍拉·霍梅尼银铛入狱。抗议逮捕霍梅尼的活动演变成了暴力冲突，国王最亲密的朋友和顾问阿米尔·阿萨多拉·阿拉姆向安全部队下达了杀无赦命令，多达百人倒在了血泊中。接下来数年，针对穆斯林反对派的镇压行动多次在伊朗重演。

从1963年到1976年，国王个性中傲慢与独断专行的一面使他的改革热情黯然失色。他武断地代替政府做决策，石油收入如何分配也是他一个人说了算，他还建立了一党专制的政体。与其他作为相比，一党的政治体制导致他的支持者对他敬而远之，而他的支持者多为具有西方色彩的知识精英和中产阶级民众。尽管在国内树敌过多，他在海外却有很多朋友，例如他解决了与伊拉克长期悬而未决的边界问题；他与苏联及以色列保持着友好合作关系；他还把美国当成最亲密的盟友。

然而，1977年，伊朗国内的政治形势和宗教形势都变得非常紧张，在伊朗人口中，农民占了半壁江山，在这些农民的带动下，全国各地到处都是回归伊斯兰法的呼声。1978年，伊朗全国大街小巷到处都充斥着示威者和安全部队之间的暴力冲突，在霍梅尼力推下，一场伊斯兰革命席卷了伊朗。眼看无法阻止这一切，国王只好逃离。两年后，他在埃及流亡期间死于胰腺癌。

穆罕默德·礼萨·沙·巴列维和妻子苏瑞亚王后

埃及国王法鲁克一世

（1920—1965）

1937年，法鲁克（Farouk）加冕，成为埃及国王。是年，两个影响广泛的群体在他的国家发展壮大起来，一个是穆斯林兄弟会，该组织倡导传统的伊斯兰宗教的价值取向；另一个是受过良好教育的阶层，该阶层对西方思想的兴趣和开放程度与日俱增。年轻的法鲁克国王推行专制主义，因而疏远了这两个群体。

英国自然而然地认为，埃及属于它的势力范畴，至少自第一次世界大战以来即是如此。第二次世界大战甫一爆发，法鲁克即宣布，他的国家将保持中立。不过，英国人认为，与英国政府私下交流时，国王理应更为鲜明地表现出对同盟国事业的支持。后来，各种谣言满天飞，说是埃及人与贝尼托·墨索里尼政府有接触，国王的内阁具有亲法西斯主义倾向。1942年，英国坦克群包围了法鲁克的王宫，英国大使应召前去递交国书，提出一个要求：国王必须解散内阁，从民粹主义的"华夫脱党"遴选人员，重新组阁。法鲁克屈服了，从那往后，他彻底失去了国内人民对他的尊重。

由于管理国家政务的权力基本上脱离了法鲁克的掌控，他放弃了国王角色，成了一个全天候的花花公子。他在埃及街头炫耀财富，参与赌博，花天酒地，追逐女性，身材变得奇胖无比。他这么做惹恼了埃及民众，尤其是笃信宗教的穆斯林信众。在1948年的战争中，以色列打败了埃及，国王成了国家无能的替罪羊。1952年，一群年轻的军人骨干分子在迦玛尔·阿卜杜尔·纳赛尔领导下发动政变，将法鲁克赶下了权力宝座。

对此，法鲁克国王似乎无所谓，他前往罗马，过起了流亡生活，继续着骄奢淫逸的生活方式。1965年某天夜晚，他前往一家夜总会，享受了一顿大餐。刚刚结束进食的他突发心肌梗死，当场毙命。

法鲁克（立于前排者）与阿拉伯国王和政治家在一起

摩纳哥国王兰尼埃三世和王后格蕾丝

（1923—2005，1929—1982）

　　温文尔雅的兰尼埃（Rainier）国王迎娶了文静的金发美女格蕾丝（Grace），他们的婚礼堪称童话故事般梦幻。因为，兰尼埃是时尚小国摩纳哥的国王，而格蕾丝·凯莉出生于美国费城，是好莱坞巨星之一。凯莉曾经参演过多部阿尔弗雷德·希区柯克的电影，包括《后窗》。希区柯克曾说，他"乐见凯莉找到这么好的伴侣"。尽管凯莉的家人同意这桩婚事，好莱坞却不肯放手，提出了条件：为了让凯莉顺利解除合约，成为摩纳哥王后，她必须同意电影公司拍摄她的婚礼，然后在电影院里公映。

　　这一对夫妻婚后住进了一座拥有200个房间的宫殿。格蕾丝王后试图让这座宫殿带有一些美国家庭生活的味道，她亲自下厨做饭，自愿从事一些工作，不向任何人炫富。她多次返回美国，看望家人和朋友们，据说，她甚至长期坚持向同一位美国牙医问诊。

　　兰尼埃国王继承的公国闻名遐迩，主要原因是，这个国家是个豪华的游乐场。不过，国王打算让它更上一层楼。他吸引新投资人的方法为，向各大公司推介在摩纳哥设立总部的优势——这个国家的一切都免税。由于兰尼埃的努力，摩纳哥经历了一次新的经济腾飞，致使这个小国（其国土面积仅有纽约中央公园那么大）变得越来越拥挤。兰尼埃只好填海造地，以便修建更多高层建筑和滨海豪华公寓。

　　1982年，王室遭遇了一场飞来横祸，当格蕾丝王后带着女儿斯蒂芬妮从位于法国的家中返回摩纳哥时，途中亲自驾车的她突发中风，失控的轿车翻滚着掉进陡峭的路堤底部。斯蒂芬妮自己从损毁的汽车里爬了出来，仅仅受了点轻伤，格蕾丝王后却在第二天亡故。痛失爱妻，击垮了兰尼埃国王，他伴着忧伤过起了恬淡的生活，基本上从公众视野中消失了，而且从未再婚。兰尼埃殁于2005年，人们将他安葬在摩纳哥圣尼古拉斯教堂内的格蕾丝王后墓旁。

沙特阿拉伯国王阿卜杜拉·本·阿卜杜勒·阿齐兹·阿勒沙特

（1924—2015）

自1932年建国以来，沙特阿拉伯一直由沙特王室家族进行统治。而且，这一家族的历史远比这个国家的历史悠久——其最早的先人早在15世纪中叶即已定居到如今利雅得郊外的迪里耶。

伊斯兰世界两个最神圣的城市麦加和麦地那都位于沙特王国领土内，作为这片土地的统治者，如何利用强力严格管控这片国土上的宗教，历代沙特国王都特别谨慎。其他限制暂且不说，在沙特境内，饮酒是绝对禁止的，且规定在沙特境内，沙特阿拉伯人只能在供穆斯林做礼拜的场所敬拜。

自2005年就职以来，阿卜杜拉（Abdullah）国王对外部世界如何看待他的国家以及他所信奉的宗教给予了一定程度的关注。他赞助了一些国际会议，出席会议的有穆斯林、天主教徒、犹太教徒，大家一起讨论共同关心的一些议题、原则、信念，等等。国王最为积极的作为是，设法清除那种为伊斯兰教恐怖主义行径张目的思想意识。

诸如"基地组织"之类的伊斯兰极端主义势力认为，国王对非伊斯兰世界示好，乐见西方人到沙特阿拉伯工作和生活，让美国在其境内驻军，这些都是对伊斯兰教的背叛。对于一系列发生在沙特境内的针对西方人和沙特人的恐怖袭击，阿卜杜拉的反应是，判定罪有应得的恐怖分子在大庭广众下斩首。

阿卜杜拉是全球最富有的国王之一（据信他的财富大约价值210亿美元），人们当然会期盼他成为慷慨的慈善家。2008年，中国四川地震后，阿卜杜拉国王捐赠了5000万美元，外加1000万美元的救灾物资。同年，他还捐出100亿美元作为新建成的阿卜杜拉国王科技大学的基金。

沙特阿拉伯不是西方式的世俗国家，阿卜杜拉国王也没有按照西方的世俗原则统治国家。他的安保部队参与虐囚，人们并非不知情。沙特阿拉伯极其严格地限制妇女和同性恋者的权利，这使得他每次前往欧洲和美国进行国事访问时，几乎都会遇到愤怒的抗议人群。

英国女王伊丽莎白二世

（1926—　　）

　　本书写到这里时（2009年），伊丽莎白二世在位已有五十七年，这意味着，她已经接近其先人维多利亚女王六十四年在位的记录。作为立宪君主，伊丽莎白二世没有实权，不过，她具有影响力。由于长期坚持认真阅读政府文件，她对英国国内和国际的情况了如指掌。更加令人印象深刻的是，她具有半个多世纪与各国政府打交道的经验，这成了英国政府的资源。

　　远观伊丽莎白二世，人们会以为，她形象文静、高贵。不过，自20世纪70年代以来，她开始热衷于人们津津乐道的"走进民众"举动，即从车里走出来，与路边的人群对话和交流。这一接地气的举动深得民心，而且屡试不爽，以至于女王的一句话"我必须站出来，让人们相信我不怕"成了名言。

　　在民众面前，历代英国王室一向注重维护自身行为的楷模形象，只是这么做并非总是特别奏效。仅就伊丽莎白二世的四个孩子而言，其中三个与自己的原配离了婚。以查尔斯王子为例，他妻子戴安娜王妃广受人们爱戴，但他与戴安娜分手以及他与卡米拉·帕克·鲍尔斯（2005年与查尔斯成婚）的绯闻，两件事均激起了民愤。

　　伊丽莎白二世崇尚传统。不过，她懂得，在恰当的时候，也应当表现得与时俱进。1992年，一场大火严重损毁了温莎城堡内的皇家建筑。伊丽莎白二世宣布，她会自己出资修复城堡，政府不必出资。更加出乎人们意料的是，她还宣称，包括她本人在内，全体王室成员放弃免税待遇。

　　伊丽莎白二世的前儿媳戴安娜1997年遇车祸身亡时，女王按照应对此类事务的恰当礼仪从公众视野中消失了。深陷悲痛的英国民众过分情绪化，他们从报章上得知女王的做法与他们的意愿不符，误以为她冷漠无情，毫无同情心。接踵而至的无端攻击出乎人们的意料。不过，伊丽莎白二世挺了过来，葬礼前一天，她向全国公众发表了讲话，而且，她带领全体王室成员向戴安娜的灵柩致以规矩的鞠躬礼，这是王室成员独享的礼仪。

　　伊丽莎白二世在国内外依然广受欢迎，没有迹象表明她会退位。如果她真的退位，人们最想知道的是，她会把王位传给年过六旬的儿子，还是直接交给孙子威廉，这是个问题。

　　　　　　　　　　　　　　　国会开幕典礼上的伊丽莎白二世女王

科威特"高贵统领"贾比尔三世：
艾哈迈德·贾比尔·萨巴赫

（1926—2006）

科威特从1946年开始生产石油。同年，该国王室让全世界大吃了一惊，因为王室宣称，来自油田的年收益将分配给所有科威特公民。作为埃米尔——"高贵统领"——贾比尔则更进一步，设立了"子孙后代基金"，以应对油井干涸那天的到来，他每年都会从石油收入中抽出10%拨付给这一基金。他过世那年，这笔基金平账后的余额已达638亿美金。

贾比尔是个行事低调的埃米尔。20世纪80年代，他喜欢身着便装，到王宫外自行购物。一位刺客在大街上认出了他，试图杀死他。刺杀事件过后，他只好放弃这一做法。

"两伊战争"期间，贾比尔站在了伊拉克一边。然而，1990年，伊拉克总统萨达姆·侯赛因开始威胁科威特，要求从该国石油收入中分一杯羹。贾比尔向伊拉克输送了上百亿美金，试图以此收买萨达姆。这些金钱却打了水漂——1990年8月2日，萨达姆的军队一窝蜂越过边境，侵入了科威特。王室家族匆匆逃往沙特阿拉伯，其间一个伊拉克狙击手枪杀了贾比尔的小弟弟法赫德。

虽有沙特阿拉伯庇护，贾比尔也只能眼睁睁地旁观各新闻台报道伊拉克军队针对科威特人的野蛮行径。1991年，由美国、英国以及许多第三方国家组成的联军开进了科威特，仅用数天时间就把伊拉克人赶了回去。回国后的贾比尔看到的是满目疮痍的大地。伊拉克人抢走了上亿美元钱财，临撤退时，他们将总计700口油井差不多都点燃了。

贾比尔回国时，欢迎人群洋溢着热烈的气氛。几个月后，科威特人已经开始抱怨，恢复基础设施的速度慢得出奇，犹如爬行。远不止如此，贾比尔许诺的自由主义改革根本没有兑现。直到1999年，贾比尔才完成立法，允许妇女投票和出门工作。又经过六年争吵和拖延，直到2005年，贾比尔临终前数月，新选举法才最终获得通过。

贾比尔三世和美国总统乔治·沃克·布什在哈姆拉宫讨论海湾战争

约旦国王侯赛因

（1935—1999）

　　侯赛因（Hussein）成为国王时，恰逢中东局势处在动荡关口，当时发生了几件大事：犹太人在巴勒斯坦领土上建立了以色列国；参与摧毁以色列战争的阿拉伯各国彻底战败；阿拉伯难民或称巴勒斯坦难民如潮水般越过边界，进入约旦境内。让形势更加复杂的是，约旦河西岸和东耶路撒冷这两片领土原属约旦，但以色列对其觊觎已久。如何在对抗以色列时守住疆土，如何扛住阿拉伯邻国咄咄逼人的气势，如何收容和养活众多难民，面对这些难题，年仅18岁的国王将如何作为，使不少富有经验的政治家们满腹狐疑！

　　侯赛因做的第一件事情是赢得约旦军队的支持。有军队做靠山，国王的地位就不那么容易受到侵害；外加有影响力的政治领袖和部落领袖给予支持，国王开始强化自己的权力。为增强约旦普通民众的支持，国王创办了更多学校，还下大力吸引新企业落户约旦。后来，1967年，侯赛因铸下了一个大错——他与埃及联手袭击了以色列！在人们后来称为"六日战争"的几天里，侯赛因失去了约旦河西岸，那里的人口和经济活动占约旦全国人口和经济活动的半壁江山！如果说，这次战败令他颜面尽失，后续形势则更加严峻，新的巴勒斯坦游击运动在约旦领土上的巴勒斯坦难民营里逐渐兴起。游击队员每发动一次针对以色列的袭击，以色列就会以轰炸约旦领土上的难民营作为回应。

　　从1967年到1973年，约旦战乱不休，有约旦军队和巴勒斯坦游击队之间的战斗，来自以色列的轰炸，来自叙利亚的入侵威胁，等等。为了给国家带来和平，侯赛因开始了数十年呕心沥血的努力，其间出台了种类繁多的议案，最后全都以失败告终。1994年，国王直接与以色列政府谈判，一项协议诞生了，结束了以色列和约旦之间长达四十六年的敌对状态。那是一次大胆的行动，为侯赛因国王赢得了"和平缔造者"的美誉。

侯赛因国王和妻子努尔王后

西班牙国王胡安·卡洛斯一世和王后索菲娅

（1938—　，1938—　）

1969年，弗朗西斯科·佛朗哥将军宣布，他退休后或死后，国家元首将由胡安·卡洛斯（Fuan Carlos）亲王担任。佛朗哥是个独裁者，自1939年以来，他一直统治着西班牙。1931年，人们将胡安·卡洛斯的爷爷阿方索十三世赶出了西班牙，从那时起，西班牙一直没有国王。不过，佛朗哥认为，一旦有个立宪君主，西班牙人民一定会团结在此人身边。

鼓励胡安·卡洛斯将佛朗哥当朋友交往的人是亲王的妻子索菲娅（她是另一位流亡君主希腊国王的女儿），也是她为亲王想出了适合候任立宪君主的头衔——西班牙国亲王。

1975年，佛朗哥死后，胡安·卡洛斯和索菲娅帮助政府从独裁体制平稳地过渡到了民主政体，具体措施有：国家允许政党和工会存在，使罢工合法化，让每一位西班牙成年男性和女性享有投票权。在新宪法框架内，首相是首席行政官，国王是全军总司令。1981年，一群军官发动政变，企图让胡安·卡洛斯拥有真正的政治权力。然而，政变以失败告终，因为国王拒绝参与其中。不仅如此，国王还号召忠于他的官员和各军兵种保卫政府。

胡安·卡洛斯不仅在西班牙广受欢迎，2008年的一项民意调查显示，中南美洲人民将他推选为最受欢迎的世界级领导人；2006年，葡萄牙进行了一次民意调查，结果显示，如果让胡安·卡洛斯当葡萄牙国王，28%的葡萄牙人会乐见葡萄牙并入西班牙！

进入21世纪的人们已经习惯于国王和王后在公开场合发表冠冕堂皇的言辞，不过，胡安·卡洛斯和索菲娅一向心直口快。在2008年的一次采访节目中，索菲娅就婚姻和家庭命题为自己的传统观念大声辩护。2007年，在智利出席元首峰会期间，口无遮拦、言辞激烈的委内瑞拉总统乌戈·查韦斯发言时，胡安·卡洛斯抢了他的风头。当查韦斯大声斥责西班牙首相何塞·玛丽亚·阿斯纳尔是"法西斯主义者"时，国王打断他说："怎么不闭上你的嘴！"

文莱苏丹哈桑纳尔·博尔基亚·穆伊扎丁·瓦达乌拉

（1946—　　）

1997年，《福布斯》杂志评选哈桑纳尔·博尔基亚苏丹为全球最富裕的人，文莱王室也是全球最富裕的王室。按照当时的估算，他的财富价值556亿美元。12年后，这位苏丹的财富缩水为200亿美元，在全球最富裕的君王排名榜上，他位列第四。

准确计算出哈桑纳尔·博尔基亚的个人财富数目很困难，因为它随着市场的波动而起落。哈桑纳尔·博尔基亚对文莱的财政拥有绝对控制权，对国家的石油收入，他也拥有无限的使用权。

不仅如此，其他君王自中世纪以来不曾享有的许多权力，这位苏丹全都拥有。作为国家元首，他拥有对整个国家的行政权，此外，他还兼任首相、国防部长、财政部长。2006年，他修改了文莱宪法，用宪法规定他的所有行为均无过错。另外，他于2004年恢复了42年前解散的立法机构。考虑到苏丹的权力凌驾于国家之上，人们很难设想立法机构对政府事务会有什么影响。

哈桑纳尔·博尔基亚的名气来自他是个疯狂的高档汽车收集者。根据"吉尼斯世界纪录"记载，他收集有500辆劳斯莱斯车，是拥有该品牌汽车最多的收集者，其中包括有史以来最后一辆劳斯莱斯幻影六型车。他收集的汽车存放在五个飞机库里，由一个专家团队负责保养。

这位苏丹居住在世界上最大的宫殿里，该宫殿占地面积达23万平方米，内含1700个房间，包括至少250个卫生间。

哈桑纳尔·博尔基亚有12个孩子：7个女儿和5个儿子。目前他有两个妻子，一位是第一任妻子拉贾·伊斯特里·本基兰·阿纳·哈贾·沙莱娜，她是苏丹的表妹；另一位是曾经担任马来西亚电视台新闻播音员的本基兰·伊斯特里·亚兹丽娜·玛兹哈，她是哈桑纳尔·博尔基亚的第三任妻子；而第二任妻子本基兰·伊斯特里·玛丽娅姆曾经是文莱皇家航空公司的空姐，2003年，哈桑纳尔·博尔基亚与其离婚，并剥夺了她的所有王室头衔。穆赫塔迪·比拉王储是苏丹与第一任妻子生育的第一个儿子。

威尔士王妃戴安娜

（1961—1997）

从1981年与查尔斯王子订婚，到1997年悲剧性的离世，在全球民众的广泛关注下，戴安娜从看见镜头就害羞的未来王妃，最终成长为她那代人里最泰然自若、最信心满满的女性之一。长期以来，人们总是说媒体对戴安娜如何如何穷追不舍，明摆着的现实情况是：她是街头小报永恒的消息来源。说实话，戴安娜不仅是媒体的牺牲品，更是技术娴熟的媒体操控人。她心里清楚，无论她做什么，在哪里现身，总会有一大帮记者和狗仔跟踪她的一举一动。她充分利用新闻的这种覆盖力，推广她喜爱的慈善事业，在世界范围内高调宣传禁用地雷，展示对深受艾滋病困扰的儿童的关爱。

戴安娜和查尔斯的婚姻始于众多镜头带来的众目睽睽，也止于同样的万众瞩目。1994年，首先是王子，然后是王妃，两人先后通过直白的采访节目谈到了他们陷于困境的婚姻。最让人难忘的时刻是，谈到丈夫长期以来的情人卡米拉·帕克·鲍尔斯时，戴安娜说："这么说吧，这段婚姻涉及我们仨，因而显得有点挤。"这次电视采访成了致命的一击：伊丽莎白女王向儿媳建议，她和王子最好考虑离婚。

1997年，戴安娜和多迪·阿尔-费伊德开始了一段恋情。后者是埃及亿万富翁、电影制片人，也是穆罕默德·阿尔-费伊德的儿子。这位父亲是英国标志性百货公司哈罗德公司的老板。1997年8月31日，入夜，这对恋人乘车前往阿尔-费伊德位于巴黎的公寓时，司机未能控制好疾驰的汽车。撞车后，戴安娜、阿尔-费伊德、司机三人当场亡故。戴安娜的离世震惊了世界，让英国民众陷入了情绪紊乱状态，成百上千人整宿整宿在戴安娜居所外的街上哭泣！伊丽莎白女王以身作则，王室成员们全都从公众视野中消失了。为情绪所困的人群强烈要求女王现身，与人民一同哀悼。女王走进人群，向全国发表广播讲话，这才平息了全民躁动的局面，女王在讲话中说："每一位熟悉戴安娜的人永远不会忘记她；上千万从未见过她和自认为熟悉她的人会永远记住她。"

1996年4月，戴安娜在巴基斯坦参观伊姆兰·罕资助的肿瘤医院时，怀抱着一个生病的孩子